속국

민주주의론

속국 屬國 / 민주주의론 民主主義論

일본은 미국의 지배에서 벗어날 수 있을까?

우치다 다쓰루 × 시라이 사토시 지음 | 정선태 옮김

모요사

　우치다 다쓰루 선생과 함께한 대담을 책으로 묶는 것은 두 번째입니다. 첫 번째 책『일본전후사론日本前後史論』(도쿠마쇼텐, 2015년)에서는 제목대로 '일본전후사'를 테마로 이야기를 나누었고, 이번에는 '현재'를 어떻게 포착할 것인가 그리고 어떻게 '현재'를 극복할 것인가에 대화의 중점을 두었습니다.

　'현재'가 어떤 상태에 있는지를 표현하기 위해 '속국 민주주의'라는 말을 골랐습니다. 이 책의 간행을 준비하는 동안에도 정말이지 이 말의 내실을 적나라하게 보여주는 꺼림칙한 사건이 일어나고 말았습니다. 그것은 오키나와현 우루마 시에 사는 20세 여성이 2016년 4월 28일부터 행방불명되고, 다음 달 5월 19일 미군 군속 32세 남성 신자토 케네스 프랭클린이 '사체 유기 혐의'로 체포된 사건입니다. 이 사건을 보면서 저는 말로는 차마 표현할 수 없는 충격과 분노를 느낍니다. 우리들은 또다시 오키나와에서 희생을 치러야만 했던 것입니다.

　이러한 사건이 발생한 것 그 자체뿐만 아니라 이상하게 흘러간 사건의 경과는 속국의 속국성을 다시금 한층 두드러지게 보여줍니다.

　용의자는 5월 16일 경찰로부터 임의 취조를 받은 다음 날 다량의 수면제를 복용해 병원으로 긴급 수송되었고, 그다음 날에는 다량의 위스키를 마셔 다시 병원으로 옮겨졌습니다. 용의자가 체포된 것은 그다음 날입니다. 우리들은 이 과정이 이상하다는 것을 명료하게 인식하지 않으면 안 됩니다. 임의 취조 후에 용의자가 자살을 시도했다는 것은 분명합니다. 이러한 경우(자살의 가능성뿐이라 해도) 일반적으로 경찰은 즉각 용의자의 신병을 구속합니다. 만약 정말로 자살했다면 경찰이 큰 실수를 범한 셈이 됩니다. 그런데 이번 사례를 보면 오키나와 경찰은 최초의 자살 미수에도 신병을 구속하지 않았고, 용의자가 두 번째로 자살을 시도하는 것을 사실상 허용했습니다. 이처럼 일련의 이상한 일들에 비춰보건대, 이 사건에 관해 오키나와 경찰의 상층부로부터 혹은 가장 '높은 곳에서' 이 사건을 무마하려는 압력이 있었고, 그 압력에 저항하기 위해 오키나와 경찰의 현장 담당자가 이 사건을 언론에 흘리면서 용의자를 체포하지 않을 수 없었을 것이라는, 일부 언론이 보도하고 있는 '의혹'도 충분한 근거가 있을 것이라고 생각할 수밖에 없습니다.

그리고 이 원고를 쓰고 있는 5월 30일 시점에서 아직껏 이 사건이 '사체 유기' 사건으로 보도되고 있는 것도 이상합니다. 이미 분명해졌듯이 이 사건은 '강간 살인 사체 유기' 사건이라고 해야 할 텐데 웬일인지 그렇게 불리지 않습니다. 마찬가지로 1995년에 발생해 충격을 준 미군 병사의 초등학생에 대한 집단 강간 사건은 지금도 여전히 '오키나와 미군 병사 소녀 폭행 사건'으로 불리고 있습니다. 속국이라는 사실을 직시하지 않는 것이 일본의 대미 종속이 갖는 특수성이자 고질병의 근원이라는 것은 우치다 선생과 제가 공유하는 견해입니다만, 현실을 직시하지 못하게 하는 이러한 '말 바꾸기'는 그야말로 상징이라 할 수 있습니다.

그러나 아무리 회피하려 해도 머잖아 반드시 한계에 이를 것입니다. 가까운 시일 안에 본토의 일본인은 오키나와에서 벌어질 한층 더 격렬한 반기지운동 또는 독립운동에 직면하게 될 것입니다. 그때 우리들은 자결, 즉 자기결정을 바라는 오키나와의 요구는 본래 우리들도 그들과 마찬가지로 내걸어야만 하는 것이었다는 사실을 알게 될 터입니다. 하지만 '알게 될 터이다'라는 말은 물론 희망 섞인 관측에 지나지 않습니다. 그래서 우리들은 이 책을 포함한 여러 기회를 활용해 '현재'의 구조적 실상을 밝히려 힘쓰고 있습니다.

대담 후부터 간행에 이르는 시기에 일어난 사건을 하나 더 덧붙이고 싶습니다.

5월 27일 오마바 대통령이 히로시마를 찾아왔습니다. 그의 유창한 장광설의 내용을 검토할 여유는 없습니다. 다만 미일 화해, 핵 폐기와 같은 중대한 목표를 염두에 두고 미국의 국가원수가 좋든 싫든 히로시마를 찾아왔다는 사실은 대단히 중요하다고 확실히 말할 수 있습니다.

그러나 그를 맞이하는 쪽(일본 정권)의 기본 동기는 무엇이었을까요. 그것은 단적으로 말해 '선거 대책'입니다. 영속패전 체제의 순수 형태인 아베 정권이 원폭 투하에 대해 내심 어떻게 인식하고 있는지에 관해서는 저의 책『'전후'의 묘비명』(긴요비, 2015년)에서 근거와 함께 언급했습니다. 그 분석에 따르면 오바마를 맞이하는 정권 쪽의 동기는 코앞으로 다가온 참의원 선거 대책 말고는 있을 수 없습니다.

오바마 대통령 방문이라는 사실의 '무거움'과 선거 대책이라는 '가벼움'의 대비를 앞에 두고 저는 현기증을 느낍니다. 이 정권을 선택한 것은 우리들입니다. 우리들은 이 지경까지 추락했습니다.

　　이러한 현실을 지켜보노라면 참으로 마음이 무겁습니다. 그러나 그것을 똑똑히 지켜보아야만 우리들은 진실한 의미에서 출발할 수 있을 것입니다.

시라이 사토시

차례

1

더욱 속국화하는 일본의 민주주의　　　　13

2

제국화하는 국민국가와 영성^{靈性}

3

코스파화하는 민주주의와 소비사회

4

진행 중인 일본 사회의 유치화

5

1

더욱 속국화하는 일본의 민주주의

가속하는 속국화

시라이 2015년은 안보법안 문제로 일본이 온통 요동친 해입니다. 아베 신조 정권은 2014년 7월 각의 결정에 따라 헌법 해석을 변경하고 2015년에는 이를 법안화한 〈평화안전법제정비법〉, 〈국제평화지원법〉이라는, 이른바 안보 관련 두 법안을 국회에 제출했습니다. 심의 중 열린 중의원의 헌법심사회에 참고인으로 출석한 하세베 야스오長谷部恭男, 고바야시 세쓰小林節, 사사다 에이지笹田榮司 세 명의 헌법학자가 모두 '위헌'이라 단언하고 일본 곳곳에서 반대의 목소리가 터져 나오는 가운데 9월 국회에서는 두 법안 채결을 강행했습니다. 이에 따라 정부는 "설령 일본이 공격을 받지 않는다 해도 동맹 관계에 있는 미국이 공격 받을 경우에는 무력을 이용하여 반격한다"는 집단적 자위권을 공공연하게 용인한 것입니다. 이들 법안에 대하여 '안전보장관련법에 반대하는 학자들의 모임' 소속 1만 4천 명의 학자와 연구자가 반대 서명을 했고, 일본의 헌법학자 중 98퍼센트가 위헌이라 생각하고 있다고 합니다.

이러한 아베 정권의 움직임은 아베 정권 출범 전인 2012년 8월, 미국의 전 국무부 부장관 리처드 아미티지Richard Armitage와 전 국방부 차관보 조지프 나이Joseph S. Nye가 연명으로 발표한 이른바 「아미티지-나이 보고서(아시아의 안정을 위한 미일동맹)」의 내용을 결사적으로 반영한 것이었습니다.

이 보고서는 "일본은 세계 속에서 일류 국가이기를 원하는가 아니면 이류 국가로 남아도 그만인가. 일류 국가가 되기를 바란다면 국제사회에서 상응하는 역할을 하지 않으면 안 된다"라면서, 일본에 "시대에 뒤처진 억제를 해소하고 아시아·태평양 지역에서 미국의 방위전략을 보완할 것"을 요구했습니다. 아베 정권은 「아미티지-나이 보고서」의 요구를 충실하게 따라 여기에 적혀 있는 내용대로 TPP[●] 교섭에 참가하기로 결정했고, 헌법 해석의 변경을 단행했던 것입니다. 헌법 위반이라는 지적이 있고 국민 대다수가 반대하는 안보법안에 대해 국민의 찬반 의견도 묻지 않고 강행 채결로 내달리는 모습을 보노라면, 정말이지 미국이 하라는 대로 하는 꼴이고, 다시금 '속국화가 점점 가속하고 있다'는 생각을 떨치기 어렵습니다. 아니, 미국이라는 국가가 하라는 대로 한다고도 말할 수 없습니다. 아미티지와 나이 둘 다 신분상 민간인에 지나지 않습니다. 미국 국가 전체의 입장에서는 일본은 이 정도 힘 있는 사람들을 통해 적당히 대접해주면 된다는 생각인 것이겠지요.

우치다 전쟁이 끝난 지 70년이 지났는데도 왜 지금까지 일본에 미군 기지가 있는가. 그것이 원리상 옳은지 그른지부터 묻지 않으면 안 된다고 생각합니다.

연합국 측이 제2차 세계대전 중에 발표한 포츠담선언에서는 일본 점령군이 일본 영토를 점령할 수 있는 **기한**을 명기하고 있습니다. 그것은

● **환태평양경제동반자협정**Trans-Pacific Partnership. **무역장벽 철폐와 시장개방을 통한 무역자유화를 목적으로 하는 아시아·태평양 지역 국가들의 다자간 자유무역협정.**

"새로운 질서가 수립되고""일본의 교전력$^{War-Making Power}$이 파괴되었다고 확증할 수 있을" 때까지입니다. 그 목적이 달성되면 "점령군은 가급적 속히 일본에서 철수한다$^{The occupying forces of the Allies shall be withdrawn from Japan as soon as these objectives have been accomplished}$"라고 분명하게 말하고 있습니다. 'as soon as' 라는 표현에 주목해야 합니다. 그렇다면 대일본제국 전쟁지도부가 공직 추방◆으로 일소된 상황이었기 때문에, 선언의 문면대로라면, 점령 개시로부터 일 년 후 미군은 철수했어야 맞습니다. 그런데 샌프란시스코강화조약까지 미군은 포츠담선언의 규정을 명백히 위반하면서 일본 점령을 이어 나갔습니다. 시간을 질질 끌면서 말이지요. 그리고 동서 냉전 발발 후 미일안보조약에서는 불법 점령이라는 기성^{既成} 사실을 다른 이유로 추인했습니다. 1951년의 옛 안보조약 전문^{前文}을 보면 이렇습니다.

"일본국은 무장 해제되었기 때문에 평화조약 효력 발생 시 **고유의 자위권을 행사할 유효한 수단을 갖지 못한다.** 무책임한 군국주의가 아직 세계에서 구축^{驅逐}되지 않았기 때문에 전기^{前記}의 상태에 있는 일본국에는 위험이 있다. [중략] 일본국은 방위를 위한 잠정적 조치로서 일본국에 대한 무력 공격을 저지하기 위해 일본 국내 및 그 부근에 미합중국이 그 군대를 유지하기를 희망한다."

말이 교묘하게 바뀌었다는 것을 알 수 있습니다. 포츠담선언에 따르면 일본에 '교전력'이 남아 있는 한 미군의 점령은 정당화됩니다. 1951년의

◆ 1946년 GHQ(연합군 최고사령부)의 지시에 따라 전범·군인·전쟁협력자를 직장에서 추방한 정책.

옛 안보조약에 따르면 일본에 "고유의 자위권을 행사할 유효한 수단the effective means to exercise its inherent right of self-defense"이 갖추어져 있지 않은 한 미군의 점령은 정당화됩니다. 결국 일본에 전력이 있으면 (그것을 파괴하기 위해) 미군이 주둔해야 하고, 전력이 없어도 (그것을 보완하기 위해) 미군이 주둔해야 한다는 얘기지요. 미국은 그렇게 주장하고 있는 것입니다. 그뿐 아니라 그것은 일본이 '희망'해서 그렇게 되었다고 말합니다. 이에 따라 덜레스John F. Dulles는 미국이 일본 국내에 "원하는 만큼의 병력을, 원하는 장소에, 원하는 기간만 주둔시킬 권리를 확보"했다고 공공연하게 말했습니다만, 이것은 일본이 미국의 군사적 속국이 되었다는 것을 국제사회에 선언한 것이나 다름없는 굴욕적인 조문條文입니다. 전후사戰後史를 볼 경우 이 사실을 하나의 기점으로 확인해둘 필요가 있다고 생각합니다.

시라이 예, 대부분의 일본인이 그 사실을 제대로 보지 않고 넘길 수 있었던 원인 중 하나는 오키나와에 기지가 집중해 있기 때문이겠지요. 이것은 2016년 4월에 출판한『전후정치를 끝낸다─영속패전에 앞서戰後政治を終わらせる─永続敗戦の、その先へ』(NHK출판사)에서도 논했습니다만, 미군이 병력을 파견해 거대한 기지를 유지하고 있는 것은 실은 일본을 지키기 위해서도 세계의 질서를 지키기 위해서도 아닙니다. 전후 70년 동안 수많은 우여곡절이 있어서 주일미군의 지위가 변화되기도 했지만, 이제야 본래의 성격이 적나라하게 드러나고 있습니다. 주일미군이 지키고 있는 것은 궁극적으로는 자민당 정권이라는 이름의, 자기들의 입맛에 딱 맞는 꼭두각시 정권입니다. 그렇게 함으로써 국익을 확보하고 있는 셈이지요.

거꾸로 꼭두각시 정권인 자민당 쪽에서 보면 미군이란 자기들을 지켜주는 최강의 파수견이나 다름없습니다. 자기들의 권력을 지켜주는 훌륭한 파수견에게는 맛있는 먹이를 주어야만 합니다. 어차피 자신의 속이 쓰릴 일이 아니니까 선심성 예산이든 뭐든 점점 늘려서 어떻게든 지금처럼 그곳에 있어주기를 바라는 것이지요. 바로 그런 구조입니다. 자민당이 자칭 '보수'니 '내셔널리스트'니 하면서 외국의 군대가 계속 주둔하고 있는 상태ー본래의 내셔널리스트에게는 굴욕적인 상태ー를 조금도 해소하려고 하지 않는 배경에는 이러한 구조가 있습니다.

우치다 1951년 안보조약을 체결했을 때 일본 열도에 전개된 미군기지는 '동서 냉전에서 대소련전의 전초기지'라는 위치를 차지하고 있었습니다. 그래서 오키나와에 전체의 75퍼센트나 되는 기지가 집중해 있습니다. 그것은 일본 내에서 오키나와가 소련으로부터 가장 멀기 때문입니다. 홋카이도에 상륙한 소련군이 북쪽에서부터 잇달아 자위대의 방어선을 격파하고 일본 열도 전체를 제압한다 하더라도 미군 주력 부대는 여전히 오키나와에 온존합니다. 그와 같은 대소련전을 상정한 기지 배치입니다. 일본인을 지키기 위해 미군이 오키나와에 있는 것이 아닙니다. 미군을 지키기 위해 일본 열도의 주민이 있는 것입니다.

그런데 그 후 소련이 무너지면서 동서 냉전 구조 자체가 사라졌습니다. 본래대로라면 이 시점에서 일본의 미군기지는 전략적 의의를 거의 잃습니다. 그러니까 전면 철수까지는 아니더라도 축소는 가능했을 터입니다. 그러나 그렇게 되지 않았습니다. 변함없이 오키나와의 기지는 "군 전략상 필수 불가결하다"라고들 말합니다. 이번에는 "해양으로 진출하는 중국의 위협에 대비하기 위해서"라고 하지요. 하지만 그런 이야기는 '금시초문'이었을 겁니다. 냉전 종결 시점에서는 중국 해군의 위협 따위는 아무도 문제 삼지 않았습니다. 동서 냉전 후 일단 미군기지 철수를 검토했고, 중국의 군사적 진출로 다시 기지의 필요성이 커져서 계속 주둔하게 되었다면 그런대로 이야기의 맥락은 통합니다. 실제로 필리핀에서는 그랬기 때문입니다. 그런데 일본에서는 다릅니다. 오키나와 미군기지의 존재이유는 지금까지 몇 번씩이나 바뀌었고, 그때마다 적당한 이유가 덧붙여졌던 것입니다. 앞에서 몇 번이나 말했습니다만, 지정학적 환경이 일변했음에도 군 전략상의 중요성이 전혀 변하지 않은 기지가 있다면, 그것은 '있어도 그만 없어도 그만'인 기지라는 말과 다를 게 없습니다. 논리적으로는 그렇습니다. 오키나와 미군기지의 존재이유는 지정학적 환경이 바뀔 때마다 새롭게 떠오르곤 합니다. 오키나와 미군기지는 필요해서 존재하는 것이 아닙니다. **존재하기 때문에 그 필요성에 관한 근거를 어디에선가 찾아내는 것**입니다. 이야기의 순서가 바뀐 것이지요. 그래서 우리들이 아무리 현실적인 근거를 바탕으로 "기지의 필요성이 없다"는 것을 논증해봤자 아무런 소용이 없습니다. 그런 것쯤은 저쪽에서도 잘 알고 있을 테니까요.

시라이 그야말로 니체가 말한 '원근법적 도착倒錯'이군요!

우치다 쿠바의 관타나모 기지와 같습니다. 미국-스페인 전쟁의 혼란을 틈타 미국은 이 해안 일대를 쿠바 정부로부터 조차해 그곳에 항구적인 기지를 건설했습니다. 쿠바 정부는 지속적으로 반환을 요구했지만 말할 것도 없이 미국은 응하지 않았습니다. 그리고 연간 조차료 4천 달러(4천만 달러가 아닙니다! 단 4천 달러입니다)를 지불하기 때문에 '합법적'이라고 둘러대면서 지금까지도 기지를 유지하고 있습니다. 사실 미국으로서는 쿠바에 기지를 계속 유지해야만 하는 적극적인 필요성 따위는 없습니다. 하지만 내놓지 않습니다. 관타나모 기지는 국제법도 미국의 국내법도 적용되지 않고 미군법만 적용되는 치외법권 지역입니다. 따라서 그곳에서 아무리 비인도적인 인권 침해 사태가 벌어져도 그것을 제어할 법리가 없습니다. 테러리스트 용의자를 제멋대로 고문하는 일이 발생하는 것도 이상하지 않습니다.

시라이 얼마 전 아주 분명해진 것은 오키나와 미군기지의 유지를 가장 강렬하게 바라는 쪽은 미국 정부라기보다 오히려 일본 정부라는 사실입니다. 오키나와 기지에 주둔하고 있는 제3해병 원정군은 미국 국외에 사령부를 둔 유일한 해병대로 알려져 있는데, 지금은 상주하는 부대가 극히 적고 대부분 로테이션으로 올 뿐입니다. 군사적인 시점에서만 보면 미국 정부가 굳이 오키나와에 기지를 둘 의미는 더 이상 없습니다. 오히려 중국의 미사일 성능이 나날이 좋아지고 있기 때문에 오키나와에 기지가 집중해 있는 것은 도리어 위험하기까지 합니다. 조지프 나이마저도 이러한 견해를 피력한 바 있습니다.

그러니까 우치다 선생의 말씀대로 "존재하기 때문에 그 필요성에 관한 근거를 어디에선가 찾아내는 것"이 어떻게 진행되었는지 음미할 필요가 있습니다.

1960년 안보 개정 당시 미일 양국은 이른바 극동조항에서 조약 수준으로 재일미군기지의 존재이유에 대해 언급합니다. 1960년 안보 개정까지는 "일본은 헌법상 전쟁 포기 상태에 있다. 이것은 올바른 태도이긴 하지만 현실적으로 세계에는 무장을 하고 있는 나라가 다수 있고 실제로 전쟁도 일으킨다. 이러한 상황에서 군비를 포기하고 침략을 당한다면 어떻게 될까. 그때는 미국에게 지켜달라고 해야 할 것이다"라는 해석이 있었는데, 이는 일종의 과도기적 조치로서 평화헌법과 미일안보를 정합적으로 생각한 것이었습니다.

그런데 일본 정부는 안보조약의 다른 한편에서 자위대를 만들어 실질적인 재무장을 시작했습니다. 그리고 1960년 안보 개정에서는 조약 개정에 의해 "미일동맹은 앞으로도 반영구적으로 지속한다"고 했습니다.

결국 "군비를 갖지 않는 대신 지켜달라"는 자세에서 "군비가 있는 나라끼리 서로 협력하자"는 자세로 바뀌었습니다. 그 결과 "이러면 군사동맹이 아닌가. 이건 이상하다. 안보조약은 전쟁을 포기했다는 헌법의 조문과 어긋난다"라는 말이 나올 수밖에 없는 상태에 처하게 됩니다.

그러자 극동조항이라는 것을 만들었습니다. 극동조항에 따라 "주일미군은 일본을 지키기 위해 존재하는 것이 아니다. 극동지역 전반의 질서와 안정을 위해 존재하는 것이다"라는 내용을 덧붙임으로써 재일미군기지의 존재 의의가 다중화^{多重化}했습니다.

이 조항이 국회에서 논쟁거리가 되었습니다. "도대체 극동이란 것이 어디에서 어디까지를 가리키는 말이냐"는 의문이 제기되었고, 기시 노부스케岸信介 당시 수상은 답변하느라 적지 않은 고생을 했습니다. 지구는 둥글기 때문에 동이니 서니 하는 개념은 실은 융통무애融通無碍해서 지구 뒤쪽을 극동으로 부르지 못할 것도 없습니다.

그 후의 역사를 돌이켜보면, 1990년 전후 공산권이 무너지고 미일안보의 존재 의의를 재정의해야만 했을 때 끌어들인 것이 바로 극동조항의 사고방식이었습니다. 이 조항에서 주일미군은 "아시아에서 중동까지를 포괄하고 이 지역의 질서를 유지하기 위해 존재한다"라고 그 의미가 다시 정의됩니다. 결국 주일미군을 '팍스 아메리카나Pax Americana'를 운영하기 위한 장치로 자리매김했던 것이지요.

이처럼 주일미군은 상황이 변할 때마다 표면적인 존재이유를 계속 바꿔왔습니다. 그런 가운데 시종일관한 것이 무엇이었는지를 생각해보면 "일본의 특수한 대미 종속 체제를 호지護持하기 위해서"라는 이유가 떠오릅니다. 바꿔 말하면 "일본을 계속 미국의 속국으로 두기 위해 주일미군의 존재가 필요하다"는 얘기입니다. 게다가 역설적이게도 1951년의 안보조약이 명백한 점령군의 주둔 연장을 위한 조약이었던 데 비해 1960년의 새로운 안보조약은 상대적으로 대등한 입장에서 맺은 것이라는 점에서 다르긴 합니다만, 이제 와서는 주일미군의 점령군적 성격이 다시 회귀하고 있는 것이지요. 이렇든 저렇든 냉전구조가 붕괴했음에도 불구하고 냉전구조라는 조건에 의해서만 존재를 허락받은 권력이 아직껏 권력의 자리에 앉아 있기 때문이겠습니다만.

우치다 속국의 입장을 수용하고 "이 시스템에 동의합니다"라고 맹세한 자만이 이 나라의 지배층을 형성할 수 있습니다. 그것이 전후 70년이 지난 일본의 지배구조로 자리를 잡아버렸습니다.

이러한 지배구조가 존속해야만 미군기지의 존재는 확실하게 '효과가 있다'고 생각합니다. 오키나와 이외의 기지, 예컨대 일본 수도의 공역空域도 요코다 기지의 미 공군이 지배하고 있습니다. 일본인은 그것을 일이 있을 때마다 뼈저리게 느낍니다. 특별히 요코다에 기지 따위가 있을 필요는 더 이상 없습니다. 실제로 그 옆을 지나다보면 알 수 있습니다만, 이미 비행기 따위는 변변히 배치되어 있지도 않으며, 드넓은 주택 지역도 인기가 거의 없습니다. 하지만 바로 그렇기 때문에 **아무도 없는 무용한 미군기지의 현존이 미국이 속국 일본의 종주국이라는 사실을 압도적으로 어필하고 있는 것**이지요. 그것은 옛날 왕후귀족이 무위도식하는 식객을 몇백 명씩이나 먹여 살렸던 것과 같습니다. 쓸데없는 일, 아무런 의미가 없는 일을 할 수 있는 것이 특권의 본질입니다. 필요 불가결한 것만으로 구성된 궁전은 '호사스런' 것으로 보이지 않습니다. 불요불급한 것에 막대한 재산을 탕진할 수 있는 사람이 권력자입니다. 미군기지는 어떨까요. 매일같이 병사들이 부지런히 움직이는 모습이 펜스 너머로 보이고 아침부터 저녁까지 전투기가 이착륙한다면, "그 나름대로 군사적으로 의미가 있는 일을 하고 있구나"라고 우리들도 생각하겠지요. 하지만 아무 일도 하지 않습니다. 이따금 훈련이라도 하는지 '개자식'이라고 외치는 소리가 주위를 위압할 뿐이지요. 이런 상황에서 지역 주민들은 "무의미한 기지를 위해 광대한 부지를 제공하고 무의미한 소음에 시달리고 있다"는 사실에 직면할 수밖에 없습니다. "우리들은 속국민이다"라는 사실을 받아들이지 않을 수 없는 것이지요.

시라이 선생이 지적했듯이 재일미군기지가 존재하는 이유는 지정학적인 것이 아닙니다. 미일 간 외교상 상징적인 의미를 지닌다는 것, 기지와 더불어 일본 영토 목구멍 한가운데에 출입제한지역^{off limits}이 있다는 것, 바로 그것이 일본이라는 국가보다 더욱 높은 곳에 일본을 지배하는 치외법권적인 존재가 있다는 것을 말해줍니다. "일본은 속국이고 미국은 종주국"이라는 사실을 무언중에 되풀이해 과시하고 있는 것이죠. 미군기지는 그 사실을 암묵적인 메시지로 삼아 70년 동안 일상적으로 일본인에게 전달하고 머릿속에 새겨 넣기 위한 장치로 존재해왔다고 생각합니다.

시라이 동감합니다. 상징이라고 말씀하셨습니다만, 미군 주택의 특징을 보면 공간의 사용 방식이 완전히 '미국식'입니다. 넓은 정원, 넓은 도로, 넓은 잔디밭이 펼쳐진 공간에 듬성듬성 집을 지어놓았습니다. 울타리 이쪽에는 집들이 빈틈없이 빽빽하게 들어차 있습니다. 이런 풍경을 보고도 미일동맹은 양국의 마음에서 우러난 신뢰와 우정에 기초한 것이라는 그럴싸한 말을 믿는 사람은 바보라고 할 수밖에 없을 듯합니다. 일본은 미국이 지난번 전쟁에서 얻은 전리품이었구나! 그야말로 절실하게 느끼지 않을 수 없지요.

그런데 국회에서 야마모토 다로^{山本太郎} 의원이 "아베 정권의 핵심 정책은 「아미티지-나이 보고서」를 그대로 베낀 것이 아니냐"고 추궁한 적이 있습니다. 정말 정확한 지적이지요. 그런데 그 말을 들은 다른 의원들의 반응이 상징적이었습니다. "그런 얘기를 하면 끝장이다"라는 말도 나올 법한 분위기에서 묘하게 시큰둥한 반응을 보였습니다. "그 정도는 국회의원이라면 누구나 안다. 알고 있으면서도 그 말을 입 밖에 내지 않으니까 우리가 국회의원 시늉도, 정치가 시늉도 할 수 있는 게 아니냐. 그런데도 당신은 촌뜨기처럼 그런 소리를 하는 것이냐"라는 반응인데, 결국 "일본은 미국의 속국"이라는 상황을 완전히 용인한 셈입니다. "저런 것들이 일본 국민을 대표한다"는 것을 생각하면 분통이 터집니다.

우치다　논의의 장에서 "일본은 주권국가가 아니다. 따라서 국가 주권의 회복이 급선무다"라는 말을 한 사람은 얼마 전까지만 해도 에토 준江藤淳밖에 없었던 것 같습니다.

시라이　그렇습니다. 좌파나 리버럴 쪽에서도 그런 논점은 오랫동안 빠뜨리고 있었지요.

우치다　『9조 어떻습니까9条どうでしょう』(히라카와 가쓰미, 오다지마 다카시, 마치야마 도모히로와 공저, 마이니치신문사, 이후 2012년 치쿠마문고에서 재출간)는 2006년 간행된 책입니다만, 내가 "일본은 미국의 군사적 속국이다"라고 쓴 것은 이 책이 처음이었습니다. 이 한 줄을 쓸 때 "정말 이런 말을 해도 괜찮을까. 호되게 비판받지는 않을까"라며 마음을 졸였던 게 지금도 기억납니다. 그런데 아무도 코멘트를 하지 않더군요. 동의하는 사람도 없었고 반론을 제기하는 사람도 없었습니다. 완전히 무시당한 셈이지요. 나는 스스로 '호랑이의 꼬리'를 밟을 작정이었지만 실제로 밟은 것은 "그 누구도 꼬리가 있다고 생각하지 않는 곳"이었습니다.

2013년 〈플래툰〉과 〈월스트리트〉를 만든 영화감독 올리버 스톤이 히로시마에 와서 강연을 한 적이 있습니다. 그때 그는 "일본은 미국의 위성국Satellite State이자 속국Client State이다. 일본의 정치가는 그저 미국의 심부름을 하고 있을 따름이다. 미국의 말을 듣지 않는 정치가는 즉각 워싱턴에 의해 목이 잘린다. 따라서 일본의 정치가 가운데 국제사회를 향해 설득력 있는 메시지를 발신한 사람은 한 명도 없다"라고 잘라 말했습니다. 이런 말을 하다니 참 대단한 사람이라고 생각했습니다. 이 말은 상당히 물의를 빚을 것이라고 생각했습니다. 그런데 전혀 화제가 되지 못했죠. 신문도 텔레비전도 무시했어요. 미국의 영화감독 올리버 스톤이 히로시마에 와서 강연을 했다는 것까지는 기사화했습니다. 하지만 '속국 발언'에 관해서는 완전히 눈을 감아버렸습니다. 이상한 일이 아닐 수 없습니다. 올리버 스톤이 말한 대로라고 생각하면 "그대로다"라고 쓰면 그만이고, 틀렸다고 생각하면 "실없는 소리를 하는군. 일본은 훌륭한 독립주권국가이지 미국의 속국 따위가 아니다"라고 쓰면 됩니다. 그러나 일본의 미디어는 그저 무시했을 따름입니다. 일본은 미국의 속국이지 주권국가가 아니라는 얘기는 일본인의 입장에서 볼 때 옳고 그름을 논할 토픽이 아니라 처음부터 "화제로 삼아서는 안 되는 것"이라는 사실을 그때 사무치게 깨달았습니다.

시라이 병이 깊군요. 그야말로 '부인否認'으로 일관하는 태도입니다. 알고 있으면서도 현실로 인정하지 않는 것이지요. 게다가 철저하기까지 합니다. 이것은 꼭 '터부'라고도 할 수 없을 듯합니다. '일본=속국'이라는 말이 터부라면 이 말을 입에 올리는 우리들은 맹렬한 반발에 부딪힐 터인데, 그렇지도 않습니다. 언제 그런 얘기가 있었냐는 듯 아무렇지도 않게 행동합니다. 그러니까 "속국이라는 것을 부인하는 속국"이라는 점에 일본 대미 종속의 특이성이 있을 것이라고 생각합니다.

이러한 부인을 계속하기 위해 사회 전체에서 막대한 에너지가 쓸데없이 소비되고 있습니다. 눈앞에 들이닥친 사태를 부인하는 것은 대단히 부자연스러운 일인데, 이렇듯 부자연스러운 짓을 하는 것은 손이 많이 가는 사업일 겁니다. 아베가 이끄는 자민당류의 개헌이니 뭐니 하는 것은 그야말로 그러한 사업의 전형이라고 할 수 있겠지요. 아베 정권 같은 권력이 '자주^{自主}' 헌법을 입에 올리다니 정말로 웃기는 이야기입니다. 올리버 스톤의 지적을 무시하는 데 특별히 비용이 드는 것은 아닙니다만, 지금까지 개헌운동에 터무니없이 많은 에너지가 투입되었어도 이렇다 할 아무런 성과가 없습니다.

그런데 일본에서 평범하게 살아가는 사람들은 이 이상한 상태를 별다른 위화감 없이 예사스럽게 받아들이곤 하지요. 나 자신의 과거를 되돌아보건대, 내가 "국가의 독립성이란 무엇인가"라는 문제를 생각하게 된 계기 중 하나는 해외유학이었습니다. 나는 1999년부터 2000년까지 러시아에 유학하면서 외국인을 위한 러시아어 강좌를 들었습니다. 일본인 이외에 여러 나라에서 온 학생들이 그 강좌를 함께 수강했는데, 그들 가운데 중국인 여성이 있었지요. 수업 중에 정치가 화제로 떠올랐을 때, 그 여성이 "일본은 독립국이 아니다. 주권국가가 아니다. 왜냐하면 미국에 점령당한 상태이기 때문이다"라고 말하더군요. 그때는 깜짝 놀라기도 했고 화가 나기도 했지만 적당히 받아넘겼습니다. 화가 난 원인을 분석해보면, 그렇게 친한 사이도 아니면서 느닷없이 그런 말을 하는 것은 사람으로서 예의가 아니라는 것이 그 이유 중 하나였습니다. 하지만 당시 저는 "네 나라는 주권국가가 아니다"라는 말을 듣고서 정색하는 것은 점잖지 못하다고 느끼는 것이 전후 민주주의·평화주의의 성과라고 생각했습니다. 그러나 그 후 이 경험의 의미를 더욱 깊이 생각할 기회가 좀처럼 오지 않았습니다. 하토야마 정권의 좌절 등을 거치면서, 그렇게 머릿속에서 국가주권의 개념을 상대화하는 것만으로 끝날 수 없는 현실이 있다는 것에 관해 작심하고 생각하게 되었습니다.

국가주의로부터 거리를 두고 늘 회의적·비판적인 포지션을 취한다는 견식見識은 틀림없이 전후 민주주의의 성과라 해야겠지요. 그러나 밖에서 일본을 바라보는 사람들과 논의할 경우, 자국의 독립성이나 국가주권 본연의 모습에 관해 객관적인 현실 인식을 전제하지 않으면 서로 이야기가 되지 않습니다. 저를 포함한 일본인 일반은 이런 문제들에 관해 아무런 생각 없이 지내왔다고 해도 지나치지 않을 것입니다.

"결국 일본은 미국의 비호 아래 있기 때문에 독립이나 주권 따위는 생각도 하지 않고 살 수 있었겠지요. 그것은 결국 뜨듯한 목욕물에 몸을 담그고서 '기분 좋다'라고 말하는 것이나 다를 바 없을 겁니다"라는 얘기를 들으면, "예, 그렇습니다"라고 말할 수밖에 없습니다. 지금 일본의 참상을 보건대 그것이 사실이라고 생각합니다.

그렇다면 어떻게 해야 그 문제를 회피해온 일본의 전후 사상을 바로잡을 수 있을까요. 그것은 지금 일본의 사상계가 직시해야 할 대단히 중요한 과제라고 생각합니다.

우치다 1970년대 무렵까지는 보수정권의 정치가 중에도, 속국이라는 사실을 일이 있을 때마다 입에 올릴 정도는 아니지만, 어떻게든 그런 굴욕적인 입장에서 벗어나 주권국가의 길로 가야 한다고 생각한 사람들이 있었던 것 같습니다. 창당 이래 자민당의 자주헌법제정운동에서도 그 근본에는 "주권국가로 돌아가고 싶다"는 소박한 바람이 있었다고 생각합니다. 1972년 중일공동성명에서도 다나카 가쿠에이田中角榮는 미국의 허락을 얻지 않고 외교교섭을 하는 것은 주권국가라면 당연한 권리라는 명확한 의사표시를 했습니다. 바로 그랬기 때문에 대통령 보좌관(훗날 국무장관)이었던 키신저가 이때 "다나카는 절대로 허락하지 않는다"라고 말했던 것입니다. 일본과 중국의 국교회복은 닉슨의 방중과 미중의 화해 이후의 일이기 때문에 문맥상 언젠가는 분명히 미국에서 "중일 국교회복을 추진하도록 하라"는 지시가 내려왔을 것입니다. 따라서 정책적으로는 다나카가 미국에 불이익을 안길 일을 한 것은 아닙니다. 문제는 일본 정부가 미국의 **허락을 빼먹고** 독자 외교를 펼쳤다는 점이었습니다. 일본은 주권국가가 아니기 때문에 미국의 허락 없이 제멋대로 외교를 하는 것은 허락하지 않는다는 것이 미국의 생각이었던 셈이지요. 미 상원에서 시작된 록히드 사건으로 다나카가 실권한 것은 일본이 속국적 입장에서 벗어나고자 할 때 무슨 일이 일어날 것인지를 일본의 관민官民에게 명확하게 보여주었습니다. 그리고 중일공동성명은 일본이 주권국가 자격으로 행동한 사실상 마지막 기회였습니다.

다나카 가쿠에이가 찌부러진 후 일본은 "외교가 안 된다면 이제 경제로 가자. 경제로 미국을 능가해 압도적인 경제력을 배경으로 미국으로부터 상대적인 자유 재량권을 얻어내자"는 방향으로 선회했습니다. 우회적이긴 합니다만 어쨌든 미국과 '비등비등한 승부'를 펼치고 싶다는 생각은 일본인 전체에 은밀하게 있었던 것 같습니다.

시라이 "언제까지나 속국이어서는 좋을 리가 없다"는 생각을 갖고 있었던 사람은 수상으로는 오히라 마사요시大平正芳까지가 아니었습니까. 그 후 나카소네 야스히로中曾根康弘 정권부터는 더 이상 이런 마음가짐을 찾아보기 어렵게 된 것 같습니다만.

우치다 나카소네가 '대미 종속을 통한 대미 자립'이라는 요시다 시게루吉田茂 이래의 기묘한 국가 전략을 인격적으로 체현해 보여준 최후의 총리대신이었던 듯합니다. 그는 "주권국가가 되기 위해서는 미국으로부터 '베스트 파트너'로 인정받는 길밖에 없다"고 믿고 미국에 다가섰습니다. 그때의 '론-야스' 관계●라는 것이 하나의 전환점이 되지 않았을까요. 나카소네까지는 '대미 종속을 통한 대미 자립'이라는 논리 모순을 개인적인 갈등으로 치부하며, 몸을 비틀어가면서 어떻게든 혼자서 수습했지만, 그 후의 정치가에게 그것은 더 이상 갈등이 아니었습니다. 정치가가 갈등할 만한 '용량'을 갖추지 못했기 때문이지요. 그리고 정신을 차리고 보니 우회적인 수단이었을 터인 '대미 종속' 그 자체가 어느 사이에 국가 목적으로 슬쩍 바뀌어 있었습니다.

● 1983년 1월 나카소네 야스히로 수상은 로널드 레이건 대통령과 첫 정상회담을 갖고 미국 측의 요구에 따라 방위비를 증액하기로 했는데, 이후의 양국 간 밀월 관계를 가리킨다.

천황보다 위에 있는 미국

시라이 망측스럽게도 "베스트 파트너로 인정받고 싶다"는 욕망을 표출한 것이라서 저 '론-야스'라는 말은 불쾌하기 짝이 없습니다. 그 연장선상에서 고이즈미 준이치로小泉純一郎는 엘비스 프레슬리를 흉내 내며 즐거워하는 모습을 보였습니다.◆ 지금 정계에서는 이러한 사례를 얼마든지 찾아볼 수 있습니다. 지금 돌이켜보면 나카소네 정권은 역사상 동서 대립의 끝이 시야에 들어온 무렵이자 일본이 대미 종속의 합리성을 상실하게 된 전환점에 위치하고 있습니다. 바로 이때 "미국은 일본을 사랑하고 있다"는 환상을 굳건히 해야만 했던 게 아닐까요. '론-야스'라는 것은 그 상징입니다. 이리하여 종속의 합리성이 사라졌는데도 그것을 계속 주장했기 때문에 "종속하기 위해 종속하는" 상태로 떨어졌습니다.

사랑해줄 것이므로 충성을 다합니다. 아베 정권이 국민의 맹렬한 반대를 무릅쓰고 안보 관련 법안을 고집하는 모양을 보고 있노라면, "도대체 누구에게 충성을 바치겠다는 것인가. 누가 보아도 국민이 아니라 미국을 향하고 있는 듯하다"는 느낌을 지우기 어렵습니다. 존황양이尊皇攘夷가 아

◆ 2006년 6월 30일 미국의 부시 대통령은 엘비스 프레슬리의 광팬으로 알려진 고이즈미 총리를 '에어포스 원'에 태우고 엘비스의 고향 저택 그레이스랜드를 방문했다. 고이즈미는 부시 대통령 부부가 지켜보는 가운데 〈러브 미 텐더〉를 부르면서 엘비스를 흉내 내고 춤을 추었다.

니라 존미양이尊米攘夷라고나 할까요. 나카소네 시대에는 양이의 대상이 되는 이적夷狄으로 소련이 있었습니다만 이미 사라진 마당에 이제는 중국을 그 자리에 놓고 싶어 하는 것 같습니다.

사토 마사루佐藤優 씨와 얘기를 나누다가 폭소를 터뜨린 적이 있습니다. 자기 입으로 자신이 왜 체포·기소되었는지를 단적으로 이렇게 설명하더군요. "나는 전적으로 대미 종속파다. '미일안보 체제, 이것은 일본 외교의 기본이므로 견지해야 한다'라고 말했지. 그랬더니 외무성의 주류인 미국 추수파追隨派는 이렇게 생각했던 것 같아. '당신의 말에서는 진심을 느낄 수 없다. 입에 발린 말일 따름이다.' 내 말을 진심으로 받아들여주지 않아 감옥에 갈 처지가 되었지." 그렇습니다. 정말이지 '진심'이 문제입니다.

그러니까 "제2차 세계대전 후 미국이 일본의 천황이 되어버렸다"는 것이 나의 지론입니다. 일본의 천황보다 위에 워싱턴이 군림하게 되었고, 워싱턴이 사실상 천황이 되어버렸지요. 이것은 흔히 말하는 지배국/종속국의 관계가 아닙니다. 이런 상태는 단순히 정치적인 문제에 머무르지 않으며, 일본국의 입장에서 볼 때 이것이야말로 본조本朝가 개벽한 이래의 영적靈的인 위기이기도 하다고 생각합니다.

2015년 여름 아베 수상이 발표한 '전후 70년 담화'에서도 가장 들어줄 만한 부분은 이 특수한 속국의식의 표출이었습니다. 이전의 세계대전에 관해 "'새로운 국제질서'에 대한 '도전'이었다"라고 총괄합니다. 이 말을 들으면서 "저 전쟁에 관한 반성을 피력할 때는 좀처럼 사용하지 않는 표현"이라고 생각하기도 했고 동시에 "어디선가 들어본 적이 있는 말"이라고 생각하기도 했습니다. 실은 일본 정부가 영토 문제에 관하여 러시아나 중국을 비판할 때 사용하는 말과 같았습니다. 그 경우에는 "국제질서에 도전할 셈인가. 당치 않은 소리다"라는 식으로 사용합니다. '전후 70년 담화'에서는 그런 말로 역사를 총괄한 다음 마지막에 한 번 더 "금후 일본은 평화국가의 발걸음을 보다 굳건하게 내디딜 것이다. 두 번 다시 국제질서에 대한 도전자가 되지는 않을 것이다"와 같은 취지의 관용구를 늘어놓습니다.

오늘날 세계에서 '국제질서'라고 말할 때 구체적으로 무엇을 가리키는지를 생각해보면, 그것은 흔들리고 있긴 하지만 팍스 아메리카나, 다시 말해 미국의 군사력을 배경으로 한 국제질서를 뜻할 것입니다. '70년 담화'에서는 이것에 대한 반역, 그러니까 미국을 적대시하는 것 자체가 범죄라고 말하고 있는 셈이지요. 이것은 본래 우익이 격노하지 않으면 안 되는 말입니다. 현재의 팍스 아메리카나야말로 고노에 후미마로近衞文麿가 말했던 '영미 중심의 세계질서'의 연장선상에 있는 것이기 때문입니다. 일찍이 일본은 영미 중심의 세계질서를 배척하고 동아 신질서를 건설하겠노라며 전쟁을 시작했습니다. 그것이 대동아전쟁의 대의大義였지요.

그런데 이제 와서는 그 당시 내걸었던 대의 자체가 범죄적이었다라고 총괄하고, 두 번 다시 그러한 범죄를 저지르지 않겠다고 선언합니다. 지켜야 할 것은 미국 중심의 질서이고, 그것을 거스르는 행위는 대역죄, 즉 국체國體의 부정이라고 말합니다. 정말이지 '천양무궁天壤無窮의 국체'라는 개념이 딱 들어맞는 표현입니다.

우치다 그렇습니다. "대동아전쟁은 팍스 아메리카나에 대한 도전이었기 때문에 잘못한 일이었다"라고 총괄하고 있는 셈이지요. 확실히 이런 말은 속국의 통치자밖에 입에 올릴 수 없습니다.

시라이 보통의 속국에서는 이런 말을 하지 않습니다. 일본의 경우, 천황제를 전제로 한 속국에서 천황이 미국으로 바뀌었기 때문에 이런 발언이 나오는 것입니다.

아베 수상 개인의 발언만이 아니라 최근 10년, 20년 동안에 정부 계열의 기관이 발표하는 문서의 면면을 살펴보면 대미관계가 절대화하고 미국이 천황화하고 있다는 것을 알 수 있습니다. 내각부의 안전보장 관련 문서를 보면 "미일동맹은 우리나라 안전보장의 전제이다. 이를 더욱 강화하지 않으면 안 된다"라고 씌어 있습니다. 20년 전에도 그렇게 썼고, 15년 전에도 그렇게 썼으며, 10년 전에도 5년 전에도 아니 최근에도 똑같이 쓰고 있습니다. 얼마나 강화해야 마음이 놓일까요. 이것은 이른바 "미일동맹은 천양무궁하다"라는, 국체를 축복하는 일종의 축사와 다르지 않습니다.

다만 미일 관계가 그렇다는 것은 어떤 측면에서는 어쩔 수 없다고 말할 수도 있습니다. 모든 게 전쟁에서 진 결과이기 때문이지요.

우치다 맞습니다. 졌기 때문입니다. 이건 어찌해볼 도리가 없습니다.

시라이 일본 측의 최대 문제는 일본이 미국의 속국이라는 현상을 긍정하면서도 그 원인이 패전이라는 사실을 의식 속에서 확실하게 인정하지 않는다는 것입니다. 그래서 나는 "'패전의 부인'이야말로 전후 일본인이

지닌 역사의식의 핵심이다"라고 여러 차례 강조했던 것입니다. 그것을 순수하게 체현하고 있는 사람이 아베 수상입니다. 변함없이 대미 종속 노선을 따르면서도 "일본이 져서 그렇게 됐다"라는 역사인식을 부정하려 합니다. 그러나 아베와 같은 사고가 일본인의 압도적인 다수의 세계인식을 대표하고 있는 이상, 아베 정권이 높은 지지를 받는 것은 어떤 의미에서는 당연하다고 생각합니다.

'패전의 부인'이 초래한 심각한 문제는 패전을 부인함으로써 일본인이 스스로가 처한 상황을 정확하게 인식할 수 없게 되었다는 것입니다. "주를 두려워하는 것이 지혜의 시작이다"(잠언 9:10)라는 말이 있습니다만, "일본은 패전의 결과 미국에 종속돼 있다. 지금도 종속 상태에 있다"라고 의식한다면 "어떻게 해야 그 안에서 꿋꿋하게 살아갈 수 있을까"라는 지혜도 나올 것입니다. 그러나 지금 일본은 종속 상태를 자각하지 못하고 있습니다. 그 결과 꿋꿋이 살아가는 데 필요한 지혜마저 찾아볼 수 없게된 것이죠.

우치다　국가주권이 없다는 것을 전제해야 "어떻게 해야 주권을 탈환할 것인가"라는 구체적인 물음이 분명해집니다. 하지만 주권이 없는데도 '있다'고들 하고, 모두가 그렇다고 믿는 척하는 한 주권을 탈환할 방법은 없습니다. 정확한 현실 인식에 기초하지 않는다면 현실 개혁이니 뭐니 가능할 리가 없습니다. 그런데도 현실 인식이 어긋나 있습니다.

시라이　주권이 없는 실정이라면 당연히 있어야 할 주권을 확립하고자 하는 것이 본래적 의미의 내셔널리즘이고 민주주의의 귀결일 것입니다.

민주주의라는 말을 언급하는 이유는 최소한의 대외적 주권 없이 '민중에 의한 자기결정'은 있을 수 없기 때문입니다. 어느 정도 민주주의적으로 이상적인 프로세스를 거쳐 여러 가지 일을 정할 수 있다고 하더라도 결정의 효력이 미칠 수 있는 영역이 어디에도 없다면 결정 자체는 아무런 의미도 없습니다. 그러한 민주주의적인 주권 탈환의 독립론이 요즘 일본에서 거의 제기되고 있지 않다는 것은 어떤 의미에서는 놀랄 만한 일입니다. 우파의 경우 주류인 친미보수 쪽에서는 그러한 발상을 절대로 찾아볼 수 없고, 좌파의 경우 일찍이 일제자립론^{日帝自立論}과 종속론의 대립 등이 있긴 했지만 지금은 잊혀버린 논점이 되고 말았습니다.

우치다 냉정한 현실 인식이 불가능해진 것과 일본 정치가 저열해진 것 사이에는 긴밀한 관련성이 있다고 생각합니다. 주권 문제를 직시하지 않아서 정치가 저열해진 것일까요, 아니면 정치가 저열해서 주권 문제가 보이지 않게 된 것일까요. 닭이 먼저인지 달걀이 먼저인지는 알 수 없지만 어느 쪽이든 아베 신조나 하시모토 도루^{橋下徹} 같은, 옛날이라면 결코 정치계에 발을 들여놓지 못했을 사람들이 무대에 올라 관심을 끄는 것은 정치를 둘러싼 역사적 조건이 결정적으로 바뀌었기 때문일 겁니다. 저토록 어리석은 '허황한 이야기'를 잘도 주워섬기는 정치가들이 대중의 마음을 사로잡고, 솔직하게 고통스런 현실을 직시하고자 하는 사람들의 말은 받아들여지지 않습니다.

그처럼 지성적으로 저열한 정권이 그럼에도 높은 지지율을 유지할 수 있는 것은 종주국인 미국이 그런 아베 정권을 "자국의 국익 증대에 유리한 정치 체제"로 평가하고 있기 때문입니다. 미국은 국력이 쇠미해지면서 '세계 경찰관'의 책무를 단념하지 않을 수 없게 되었습니다. 그리고 국제적인 리트리트retreat(철수·감축) 전략으로 바꿨습니다. 그렇게 '손을 터는' 과정에서 일본에 대해서는 "대중국 최전선frontline 역할을 해주기 바란다. 응분의 군사적 부담을 해주기 바란다"라고 생각하게 되었습니다. 미국 역시 모두가 한목소리를 내는 것은 아니기 때문에 그것이 미국의 총의總意라고는 할 수는 없겠지만 적어도 재팬 핸들러●들은 그렇게 말해왔습니다.

아베 수상 본인에 대한 평가도 미국 국내에서는 갈리는 것 같습니다. 『뉴욕타임스』의 "미국과 민주주의의 가치관을 공유할 수 없는 극우의 역사수정주의자"라는 부정적 평가와 재팬 핸들러의 "미국의 모든 지시를 유유낙낙 들어주는 예스맨 정치가"라는 긍정적인 평가가 엇갈립니다. 역사적 조건의 변화에 따라 평가의 바늘이 플러스 쪽으로 움직이기도 하고 마이너스 쪽으로 움직이기도 합니다. 지금은 수상의 "본질적으로 반미적인 정치사상"이 가져올 이점보다도 수상의 "표층적인 미국 추종정치"가 가져올 이점이 더 많다고 판단하기 때문에 백악관은 아베 수상을 지지합니다. 미국 정부는 그런 점에서는 철저하게 실용주의적이기 때문입니다. 국내적으로는 아무리 강권적이고 반민주주의적이어도 미국의 국익을 증대하는 데 협력하는 정치가라면 얼마든지 지원합니다. 베트남

● 미국 워싱턴에서 대일본 정책을 다루는 일군의 전문가 그룹.

의 응오딘지엠도, 필리핀의 마르코스도, 인도네시아의 수하르토도, 파나
마의 노리에가도 미국에 도움이 되는 한은 도움을 아끼지 않았습니다.
아베 신조에 대한 지지도 마찬가지라고 생각합니다.

우치다 그러나 전쟁에서 진다는 것은 정말로 냉혹한 일입니다. '70년 담화'를 들어보아도 절실하게 느낄 수 있습니다. 아베 수상이 아무리 패전을 부인하려 해도 전쟁을 총괄할 경우에는 결국 "우리들이 잘못했습니다"라고 말하지 않을 수 없습니다. 패전국은 모두 그렇겠지만. 그런 점에서 일본, 독일, 이탈리아 삼국 중에서는 이탈리아가 비교적 운이 좋았다고 할 수 있을 것입니다. 왜냐하면 이탈리아의 경우 제2차 세계대전은 형식적으로는 이긴 것으로 끝났기 때문입니다.

시라이 자력으로 무솔리니를 제거했기 때문이지요.

우치다 거기까지는 어떻게든 자기들의 힘으로 해냈으니까요. 잘 알려져 있지는 않지만 이탈리아는 1945년 7월 일본에 대해서도 선전포고를 했습니다. 그러니까 국제법상으로는 전승국으로서 종전을 맞이하게 됩니다. 다만 실제로는 도저히 이겼다고 말할 수가 없습니다. 국내는 내전의 전장이 되었고, 연합군과 독일군의 전장이 되었습니다. 결과적으로 이탈리아 영내에서 독일군을 축출한 것은 분명합니다만, 주력은 이탈리아 왕국의 정규군이 아니라 미국을 중심으로 한 연합군이었습니다. 따라서 전쟁이 끝난 후에도 패전국이나 다를 게 없이 축 늘어진 모습으로 전후 세계를 살아갔지요. 〈자전거 도둑〉이나 〈무방비도시〉 등 그 시대의 이탈리아 영화를 보면 이탈리아의 시민 생활은 피폐하기 짝이 없습니다. 하지만 차라리 그게 나았다고도 말할 수 있습니다. 이탈리아는 전쟁을 총괄할 때 알기 쉬운 심플한 이야기로 거둬들일 수 없었기 때문이지요. "이긴 것도 같고 진 것도 같고……. 뭐랄까, 어쨌든 된통 혼쭐이 났다"는 식의 애매한, 그만큼 리얼한 느낌으로 전쟁 경험을 받아들였습니다. 그렇다고 해서 철저하게 전쟁책임자를 규탄했다는 뜻은 아닙니다. 어쨌든 무솔리니의 시대가 23년이나 이어졌기 때문에 정계, 관계, 재계는 물론 학계와 저널리즘의 세계도 정도의 차이는 있지만 지도적인 입장에 있는 사람들 대부분이 파시스트 정권에 가담했습니다. 따라서 그람시나 톨리아티처럼 무솔리니 시대에 망명하거나, 투옥되거나, 빨치산으로서 파시스트와 싸웠던 선명한 정치세력을 제외하면, "내 손은 깨끗하다"라고 우길 수 있는 사람은 이탈리아의 지배 체제 내부에는 거의 없었다고 생각합니다. "정도의 차이는 있을지언정 모두가 손을 더럽힌 게 사실이니까 누가 잘했니 잘못했니 번거롭게 따지지 말자"라는 식으로 느슨하게 어물쩍거리며 전후 사회로 들어섰습니다. 나는 그 점에 왠지 모르게 호감이 갑니다.(웃음) 이탈리아에서는 "전쟁 책임을 엄정하게 총괄한 다음 차세대에 전할 교훈을 끌어내지 않으면 안 된다"와 같은 비장한 결의를 좀처럼 찾아보기 어렵습니다. 이론적인 정리를 통해 전쟁을 매듭짓지도 않은 채 전쟁 경험을 "에라 모르겠다"는 식으로 주변에 쏟아냅니다. 그와 같은 이탈리아인의 전쟁 총괄 방식을 보면서 나는 건전한 뭔가를 느낍니다.

시라이　전후 이탈리아 역사에 대해서는 아는 게 전혀 없습니다만, 인적 수준에서 제2차 세계대전 당시 체제와의 단절이 애매모호하다는 점만 보면 일본과 비슷한 부분도 많을 것이라는 인상을 갖고 있습니다. 그것이 현대 이탈리아의 우익운동에까지 이어지고 있는데 이 점은 정말로 일본과 닮았다고 할 수 있을 겁니다. 다만 자력 해방의 신화를 만들어낼 정도이고 보면 강력한 반대파가 남아 있었다고 해도 큰 잘못은 아니겠지요.

우치다 그렇습니다. 전쟁의 패배에 이탈리아 나름의 '맛'이 있지요. 독일이나 일본처럼 나라가 똘똘 뭉쳐 한 덩어리가 되어서는 곤란합니다. 거국일치니 뭐니 해서 국론이 일치해버리면 패할 때도 양동이 바닥이 뚫린 것처럼 철저하게 패하고 맙니다. 전시에도 국내에 길항하는 세력이 있어서 끊임없이 전쟁지도부와 갈등할 경우에는 질 때도 모든 것이 한꺼번에 무너져 내리듯이 지지는 않습니다.

프랑스는 앙리 페탱의 비시 정권과는 별도로 런던에 드골의 자유프랑스가 있었고, 이탈리아도 국내에 빨치산이 있었으며, 이탈리아 국왕은 상당히 문제가 많은 사람이긴 했지만 반무솔리니 세력을 규합할 때는 중심적인 역할을 했습니다. 이처럼 국내적인 대항세력의 존재 여부에 따라 패전으로 입은 상처의 깊이는 달라집니다. '패배의 의미'를 남기려면 국내에 '따르지 않는 세력'이 적당히 존재할 필요가 있습니다. 그것이 패전에서 우리들이 배운 교훈의 하나입니다.

시라이 일본의 경우 좌익은 탄압을 받았고, 자유주의자조차 침묵해야 했으며, 군 내부에서는 2·26사건●으로 육군의 파벌항쟁이 끝났습니다.

우치다 그렇습니다. 그 후에도 군 내부에서 전쟁지도 방침에 관해 격렬한 대립이 이어졌다면 끝내는 방법이 달라졌을지도 모릅니다. 당파적인 대항심리에서라도 "이런 식으로 전쟁을 해서는 안 된다"라고 끝까지 대드는 사람이 있었다면 경우에 따라서는 훨씬 이른 시기, 예컨대 미드웨이 해전에서 패했을 때 "전쟁은 이미 졌다. 더 이상 국력을 소모하지 않는 게 낫다"라는 실용주의적인 판단을 지지하는 흐름이 형성되었을지도 모릅니다. 하지만 그런 일은 일어나지 않았습니다. 요시다 시게루와 기도 고이치木戸幸― 내대신은 미드웨이해전 직후 이미 연합국의 강화講和 플랜을 가다듬고 있었지만 그것을 현실화할 수 있는 정치력이 없었습니다. 따라서 가장 큰 문제는 일본 국내에 전쟁 방침에 이의를 제기할 수 있는 세력이 거의 없었다는 것이라고 생각합니다. 기껏해야 나카노 세이고中野正剛나 이시와라 간지石原莞爾 정도밖에 생각나는 이름이 없습니다.

시라이 그렇습니다. 그것이 전쟁을 쓸데없이 질질 끌다가 더 많은 희생자만 낳은 직접적인 원인일 겁니다. 그럼에도 육군과 해군의 격렬한 대립으로 상징되듯이 정말로 똘똘 뭉쳐 있었던 것도 아닙니다. 그렇다고 이미 패전이 확정적인데도 전쟁을 질질 끌고 있는 상태에 대해 반역을 일으킨 것도 아닙니다. 그런가 하면 옥음방송玉音放送◆이 흘러나오자 이번에는 끝까지 항전하는 세력이 나오지도 않습니다.

- 1936년 2월 26일부터 29일까지 육군 황도파의 영향을 받은 청년장교들이 천황 중심의 정치를 내걸고 일으킨 쿠데타 미수 사건.
- ◆ 1945년 8월 15일, 일본 히로히토 일왕이 정오에 NHK라디오를 통해 '종전 조서終戰の詔書'를 읽어나간 것을 말한다.

우치다 맞습니다. 갈등하는 대항세력이 체제 내부에 형성되어 있지 않은 것이지요. 지금의 아베 정권이 그 전형입니다. 내적 갈등이 불가능합니다. 내적 갈등을 허용하고 그것에서 혁신을 끌어낼 수 있는 기량이 없습니다. 조직 내에 이물異物이 혼재해야 그 조직이 건전하다는 것은 상식에 속합니다만, 일본인은 즉각 조직을 순화하고 이물을 배제하려 합니다. 바위처럼 하나로 뭉친 조직이 가장 강하고 효율적이라고 믿습니다. 그 결과 조직은 환경의 변화에 대응할 수 없게 되고 끝내는 사라지고 맙니다. 그것이 일본적 조직의 약점이지요. 적당히 익히면 좋을 텐데……

시라이 그렇다고 정말로 바위처럼 똘똘 뭉치는 것도 아니라는 점에 특징이 있다고 생각합니다. 대립은 있지만 그 대립에서 뭔가 창조적인 것을 끌어내지는 못합니다. 제2차 세계대전 때 군 내부에서 남진론과 북진론이 대립한 결과 도달한 결론이라는 게 '남북병진론'이었습니다. 둘을 병기함으로써 이도 저도 아닌 최악의 결정을 내렸던 것이지요. 그야말로 훌륭한 재주입니다. 지금도 신문사 등에서 딱 부러지지 않는 양론병기兩論倂記를 '객관적 보도'라는 이름 아래 사용하는 것을 보면 아무런 진전도 없었다는 것을 잘 알 수 있습니다.

전쟁이 끝난 후 미국이 일본 국내에서 발견한 '대항세력'이라는 것이 고작 시데하라 기주로幣原喜重郎나 요시다 시게루 같은 외무성 라인에 지나지 않았습니다. 1945년 요시다는 종전 공작을 도모했다는 이유로 체포되는데, 그것이 일종의 훈장이 되어 미국으로부터 신뢰를 얻게 되었던 것입니다. 그러나 훗날 존 다우어John W. Dower의 『요시다 시게루와 그 시대』

등을 보면 알 수 있듯이, 요시다의 비전이 제국주의 시대 보수 체제의 가치관을 넘어서는 것이었느냐 하면 그렇지도 않습니다. 대미영漢*英 개전 직전 요시다는 주영대사였는데, 그때 그가 한 일은 영국에 대해 "우리들은 적당한 선에서 타협하고 중국으로부터의 이익을 함께 나누려는 게 아니겠느냐"라고 설득하는 것이었습니다. 이때 영국은 이미 "선진 공업국이 후진국의 정치적 독립을 인정하지 않고 직접 식민지를 지배할 수 있는 시대는 끝났다"는 인식으로 이행하고 있었기 때문에 그의 설득은 통하지 않았습니다. 이러한 에피소드를 통해서도 알 수 있는 것처럼, 폭주하는 군인들에 대한 요시다 시게루의 혐오는 확실했다 해도 그가 전후 새로운 시대의 지도자로서 적격성을 충분히 갖추고 있었다고는 말하기 어렵습니다. 바꿔 말하면 외무성 라인의 경우도 대항세력으로 불릴 만했는지 상당히 의심스럽습니다.

우치다 그 점과 관련해 말하자면, 미국이 '국내적인 갈등을 허용하는 힘'은 세계에서 단연 돋보입니다. 이건 정말 부럽습니다. 미국이 환경의 변화에 대처하는 힘이 대단히 뛰어난 이유는 '주류'에 저항하는 '반주류'가 항상 존재하기 때문이라고 나는 생각합니다. 주류문화에 대해서는 반문화가 있지요. 주류 정치세력에 대해서는 언제든 정권 교체를 할 수 있는 대항 정치세력이 있어서 주류에서 문제를 일으키면 반주류로부터 보정補正 움직임이 들어옵니다. 월스트리트가 제멋대로 설친다 싶으면 버니 샌더스 같은 사람이 나타납니다. 국제사회가 미국을 '기댈 언덕'으로 여기는 것은 이러한 보정 움직임 때문이기도 합니다.

시라이 흔히 "민주주의 사회에서는 다양한 의견이 허용될 필요가 있다"라고들 합니다. 이 '상식'은 곰곰이 생각해보면 참 이상합니다. 왜냐하면 다양한 민중이 '하나'가 되어 결정한다는 원리 또한 민주주의이기 때문입니다. 일찍이 카를 슈미트가 이 모순을 날카롭게 지적했었지요. 그렇기 때문에 민주주의를 위해 다양성을 옹호한다는 이론은 그렇게 간단하게 정합성을 갖출 수가 없습니다. 슈미트의 말처럼 다양성의 중시는 오히려 자유주의적인 원리입니다. 그러나 이 경우 다양성의 허용이란 "마음에 들지 않지만 참아준다"는 식의 소극적인 관용의 원리 이상으로 나아가기는 꽤 어렵습니다. 더욱 적극적으로 다양성을 옹호하기 위해서는 공동체의 존속을 위해 필요하다고 말해야 하지 않을까요. 어떤 공동체의 중심적 원리나 세력이 파탄 났을 때, 병존하고 있던 같은 공동체의 다른 원리나 세력이 부상합니다. 그렇게 되면 그 공동체는 살아남을 수 있습니다.

트럼프·샌더스 대 월스트리트

시라이 이번 미국 대통령 선거에서 흥미로운 점은 말씀하신 대로 월스트리트를 강하게 비판하는 후보가 잘 싸우고 있다는 것입니다. 얼마 전 쓰쓰미 미카^{堤未果} 씨를 만날 기회가 있었는데 그때 그 얘기를 들었습니다.

일찍이 미국에서는 코뮤니테리언^{communitarian}(공동체주의자)과 리버럴^{liberal}(자유주의자)이 끊임없이 논쟁한 결과 서로 "상대의 말에도 일리가 있다"고 하여 리버럴은 코뮤니테리언 리버럴이, 코뮤니테리언은 리버럴 코뮤니테리언이 되었다는 우스갯소리 같은 전후 사정이 있었습니다. 뭐가 다른지 알 수 없더군요. 제가 그렇게 얘기했더니 그녀가 "미국에는 '코퍼릿 리버럴^{corporate liberal}(기업자유주의자)'이라는 말이 있다"고 알려주었습니다.

코퍼릿 리버럴의 의미는 "오바마든 클린턴이든 둘 다 기업과 연결되어 있다. 재계를 절대 배신할 수 없는 리버럴이다"라는 것입니다.

우치다 그런데 이번 대통령 선거에서 트럼프는 "나는 월스트리트로부터 돈을 받지 않는다"라고 말했습니다. "뒤에 있는 사람들은 모두 월스트리트로부터 돈을 받지만."(웃음)

시라이 트럼프는 대단한 부자이기 때문에 자기 돈으로 선거전을 치르고 있습니다. 그는 한때는 민주당 지지자이기도 했고 한때는 공화당 지지자이기도 했습니다. 양 진영을 왔다 갔다 했던 모양입니다. 그러다가 "나는 대통령이 될 것이다"라고 말하고서 공화당 탈취에 나섰습니다. 도대체 대통령이 되는 데 왜 그렇게 많은 돈이 필요한가 하면, 우선 자신의 지명도를 높이는 데 어마어마한 돈이 들기 때문입니다. TV 광고 등에 그야말로 돈을 펑펑 써야만 합니다. 그런데 트럼프는 워낙 유명한 사람이어서 그런 일에 돈을 쓸 필요가 없습니다.

다른 한편 민주당 대통령 후보자 지명 선거에서 각광을 받은 샌더스도 원래는 민주당원이 아니었는데 대통령이 되기 위해 민주당원이 된 사람입니다. 그도 "나는 월스트리트와 관계가 없다"는 것을 자신의 기치로 내세우고 있습니다. 따라서 샌더스와 트럼프는 정치적 스탠스는 정반대라고 할 수 있지만 '반월스트리트'라는 커다란 공통점도 있습니다.

그런 의미에서 대통령 선거에서 이색적인 후보가 약진한 것은 기업 지배에 대한 시민의 이의 신청이 받아들여졌기 때문이라고 생각합니다. 월스트리트와 관계가 없는 사람들의 대표로서 샌더스와 트럼프가 인기를 모으고 있는 것이죠. 미국에서는 한때 "만약 대통령 선거 본선이 트럼프와 샌더스가 맞붙는 구도로 치러졌다면 제3의 후보가 나섰을 것"이라는 말이 있었습니다. 결국 미국 정계에서 기득권층, 다시 말해 월스트리트와 관계있는 민주당과 공화당의 주류 세력이 당파를 넘어 단결해 "저놈들 중 누구도 대통령이 되어서는 안 된다"라고 생각하고 있었다는 얘기인데, 이들이 제3의 후보를 내세울 것이라는 소문이 무성했습니다. "제3의 후보가 나온다면 아마도 뉴욕 시장을 지낸 블룸버그일 것"이라는 말도 있었습니다. 만약 현실화했다면 대단히 흥미로운 구도로, 그러니까 '기업 대 시민의 싸움'으로 대선이 펼쳐졌을 것입니다.

우치다 월스트리트 대 99퍼센트.(웃음)

시라이 물론 선거전술이라 해도 그런 형태로 본선이 치러졌다면 어떻게 됐을까요. 현재 미국 정치의 주류 입장에서 보면 대단히 극단적인 정책을 주장하는 것처럼 보이는 샌더스와 트럼프 어느 쪽에도 들어가고 싶어 하지 않는 유권자가 적잖을 테고, 실제로 "블룸버그와 같은 제3의 후보를 내세운다면 중도적 유권자의 표를 모두 모을 수 있을 것"이라고 예상하는 사람도 있었던 듯합니다.

우치다 아니, 그런 상황에서도 어부지리를 얻는 것은 상당히 어렵지 않았을까요. 민주당과 공화당 어느 쪽 후보도 월스트리트 지배를 부정합니다. 여기에 "그래서는 안 된다"라면서 제3의 후보가 나온다면 그것은 월스트리트의 이익을 대표하는 사람일 수밖에 없습니다.

시라이 예, 만약 그랬다면 미국에서 계급투쟁이 대통령 선거로 가시화했겠지요.

우치다 이번 대통령 선거를 보면 미국은 계급투쟁의 시대로 들어선 것 같습니다. 실제로 빈곤율은 일본보다 훨씬 높고 의료보험이나 생활보호 제도도 빈약하기 때문에 가난한 사람들은 일본 이상으로 힘겨운 생활을 강요받고 있습니다. 빈곤으로 내몰린 시민들이 공정하고 인간적인 자원 분배를 요구하고 있습니다. 19세기 마르크스 시대 노동자계급의 상황과 다를 바 없는 것이지요.

시라이 피케티 붐*도 미국에서 시작되었지요. 신자유주의를 강력하게 추진해온 본거지가 미국이라는 것은 확실하고, 그런 의미에서 미국이야 말로 격차 문제의 발화점이라 할 수 있을 터인데, 미국발 계급투쟁이 세계로 퍼져 나갔다가 그것이 미국으로 되돌아온 것이라고 말할 수도 있습니다.

그러나 시장주의가 전성기를 구가하고 있는 미국에서 만약 샌더스가 본선에 나가 이겼다면 이제까지 선거에서 주장해온 정책 가운데 어느 정도나 실현될 수 있었을까요. 오바마의 '체인지'와 '예스 위 캔'은 상당한 환멸을 초래했습니다만.

샌더스가 주목받는 가운데 그의 과거 업적도 눈길을 끌었는데, 그는 1991년 걸프전쟁에도 외롭게 반대하면서 단 한 사람의 청중도 없는 회의장에서 연설했습니다. 현재는 얘기하는 사람이 거의 없습니다만, 오늘날 중동 정세가 수렁에 빠지게 된 가까운 기원은 걸프전쟁입니다. 이것을 실시간으로 확실하게 비판한 것을 보면 샌더스는 참 대단한 사람입니다. 기대하고 싶은 인물이랄까요.

우치다 상당히 나간 게 아닐까요. 어쨌든 확실하게 "정치혁명을 하겠다"고 하는 걸 보면 말이지요. 미국 사회의 가소성^{可塑性}(변화 가능성)은 요즘 세계에서 아마도 가장 뛰어날 겁니다. 따라서 어떻게 될지 알 수 없습니다. 예단을 허용하지 않죠. 만약 샌더스가 대통령이 되었다면 일본의 보수파는 향후 어떻게 미일동맹의 기축을 지킬 생각이었을까요. 자민당

● 『21세기 자본』을 쓴 프랑스 경제학자 토마 피케티에 대한 세계적인 열풍을 말한다.

은 트럼프나 샌더스가 대통령이 될 가능성을 조금이라도 생각하고 시뮬레이션을 해보았을까요.

시라이 전혀 고려하지 않았을 겁니다. 인맥도 공화당의 네오콘밖에 없다고 합니다.

미국을 보면서 떠오른 생각인데, 오늘날 일본의 젊은이는 왜 사회주의에 흥미를 갖지 않는 것일까요. 이제부터는 "미국에서 계급투쟁이 격렬해지면 일본의 젊은 사람들도 조금은 눈을 뜨게 될지도 모른다"라는, 참담한 이야기를 하지 않으면 안 될 것입니다. 영국 노동당에서도 '제3의 길' 노선 도입 이후 실러캔스*처럼 여겨지던 제러미 코빈이 젊은 층의 압도적인 지지를 얻어 당수가 되었다는데…….

우치다 정말 그렇습니다. "사회주의를 몰라? 그럼 뒤처진 거야. 미국이나 영국에서 지금 유행하고 있다니까"라는 식으로.(웃음)

잘 알려져 있지 않지만 미국에는 미국 나름의 고유한 사회주의가 축적되어 있습니다. 19세기에 유럽에서 건너온 이민자들이 사회주의 이론과 운동을 도입해 미국 사회에 파고들었지요. 하지만 48년 동안 FBI에 군림한 '그림자 통치자' 존 에드거 후버의 반공 공작과 조지프 매카시의 '빨갱이 사냥'으로 1950년대에 사실상 소멸하고 말았습니다. 1950년대부터 대략 70년 가까이 사회주의 운동이 없었을 뿐만 아니라 사회주의 사상을 공공연하게 말할 수도 없었던 나라가 미국입니다. 그러니 미국의 젊은이

● 백악기 이래 멸종된 것으로 여겨졌던 경골어류. 1938년 남아프리카 앞바다에서 잡혀 '살아 있는 화석'으로 유명해졌다.

들에게 샌더스의 주장이 신선하게 들릴 만도 하지요.

시라이 미국 공산당은 지금도 있습니다.

우치다 미국 공산당은 1921년에 만들어졌는데, 당시에는 상당히 거대한 세력이었습니다.

시라이 그전에도 I W W Industrial Workers of the World 와 같은 급진적인 노동조합이 있었어요. 그들은 "쓸데없는 의회주의 따위는 집어치워라. 직접 행동뿐이다!"라고 주장하면서 독특한 실천을 전개했습니다. 이른바 아나르코-생디칼리즘anarcho-syndicalism이지요. 예를 들면 조합원 중 누군가가 길거리 연설을 하다가 붙잡히면 모두가 그 동네로 몰려가 잇달아 길거리 연설을 시작합니다. 그렇게 하면 모든 이들이 잇달아 체포되어 유치장이 가득 차 넘치게 되겠지요. 이제는 거꾸로 경찰 쪽이 곤란해집니다. 러일전쟁 후 고토쿠 슈스이幸德秋水가 미국으로 건너갔을 때 I W W의 활동가와 교류하면서 강한 영향을 받은 역사도 있습니다. 덧붙이자면 I W W의 전성기는 20세기 초반인데, 제1차 세계대전을 계기로 극심한 탄압을 받아 쇠퇴하고 말았지만 지금도 조직으로서 존속하고 있다는 것입니다.

좀 더 거슬러 올라가면 훗날 '공상적 사회주의자'로 불리는 로버트 오웬이 본국 영국에서 공장 개량, 노동자의 처우 개선, 생산성 향상으로 커다란 실적을 거두고 나서 이상도시를 만들기 위해 향한 곳이 미국이었습니다. 19세기 전반의 이야기입니다만 미국에 도착한 오웬에게는 의회에서 연설할 기회가 주어졌고 그 자리에서 그는 우레와 같은 박수를 받았다고 합니다. 당시 미국에서 사회주의에 대한 기대가 얼마나 컸는지를 알 수 있지요.

우치다 1901년 창당한 미국 사회당은 연방의회에서 하원의원을 낸 적도 있고 대통령 선거에서 후보를 내세운 적도 있는 유서 깊은 정당입니다. 어찌 보면 당연합니다. 유럽의 사회주의자와 노동운동가들은 러시아에서 쫓겨나고, 독일에서 쫓겨나고, 프랑스에서 쫓겨나고, 영국에서 쫓겨나 서쪽으로 서쪽으로 도망쳤기 때문에 가장 과격한 활동가들이 미국으로 흘러들어간 것이 이상한 일은 아닙니다. 19세기 말부터 20세기 초반까지 미국은 유럽 이상으로 좌익의 노동운동이 강력한 곳이었던 것 같습니다. 내 나름의 진단이긴 합니다만, 그러한 미국의 '강한 좌익'을 철저하게 짓밟은 자가 후버, 마지막 숨통을 끊은 자가 매카시입니다. 미국은 가소성이 높은 나라라고 말씀드렸습니다만, 그것은 바꿔 말하면 우연적인 또는 **속인적屬人的인 요인에 의해 흐름이 바뀌는 경우가 있다**는 얘기이기도 합니다. 미국은 그런 나라입니다. 망상에 사로잡힌 듯 반공적이던 두 사람 때문에 미국 좌익의 전통은 압살되고 말았지만, 70년이 지나 미국은 후버=매카시의 주술에서 어렵사리 풀려났고, 그러한 개인적인 망상에 따른 편견 없이 사회주의적인 정책의 옳고 그름을 논할 수 있는 환경이 마련되었다고 말할 수 있지 않을까요.

고립주의로 향하는 미국

우치다 역사적으로 미국은 확장을 노리는 제국주의와 자폐적인 먼로주의가 줄곧 맞붙어 싸워온 나라입니다. 외교정책에서도 '주류'와 '반주류'가 길항하고 있습니다. 자본·상품·인력이 경계를 넘어 활발하게 오가는 글로벌화를 간절하게 바라는 사람이 있는가 하면, 이주노동자의 유입에 반대하고 국내 산업을 지키는 관세장벽을 요구하는 사람이 있습니다. TPP에 대해서도 자유무역을 주장하는 사람은 찬성하고 업계의 이익을 대표하는 사람은 반대합니다. 특별히 미국 전체가 자유무역을 바라는 것은 아닙니다. 자유무역은 확실히 미국의 '국시國是'에 가깝긴 하지만 "그 때문에 내 회사가 손해를 입는다면 반대한다"는 생각을 하는 미국인이 있는 것은 당연합니다. 최종적으로 찬반 어느 쪽으로 저울추가 기울지는 예측할 수 없습니다.

다만 이후 누가 대통령이 된다 해도 미국의 기본전략은 틀림없이 '리트리트'일 것입니다. 그만큼 국력이 약해졌다는 얘기지요. 국력이란 단순히 군사력이나 경제력만을 포함하는 게 아닙니다. 문화적인 발신력發信力, 국제사회의 미래에 관한 구상력構想力, 이상론을 당당하게 말할 수 있는 윤리적인 호소력 등 다양한 요소가 뒤섞여 있습니다. 미국은 돈과 군대라는 물리적인 힘에서는 아직까지는 세계 제일이지만, 지성적·윤리적 우위성이라는 점에서는 단숨에 뒤처지고 말았습니다.

시라이 그렇습니다. 과격한 발언을 일삼는 트럼프의 경우, 그는 내심 먼로주의에 따라 '아메리카제국의 폐점'을 바라고 있다는 분석이 적지 않은데, 이런 분석은 설득력이 있다고 생각합니다. 결국 입으로는 '위대한 아메리카의 부활' 운운하지만 정작 바라는 것은 축소shrink라는 얘기지요. 확실히 트럼프는 그렇게 하는 데 딱 맞는 인물입니다. 얼마 전 아주 재미있는 이야기를 들었습니다. 영화 〈백 투 더 퓨처〉의 각본을 쓴 사람이 맨날 오물을 뒤집어쓰기만 하는 안티히어로 비프 태넌의 모델이 트럼프라고 밝혔다더군요. 정말 닮았습니다! '현실은 픽션보다 더 기이하다'는 말이 있는데, 현실의 비프는 '동네 보스' 정도가 아니라 대통령이 되려고 합니다. 비프 대통령이 탄생한다면 일본도 '위대한 아메리카'라는 환영에서 벗어날 수 있지 않을까요. 트럼프 진영의 집회 중 특히 초기의 전형적인 광경은 원한을 부추기는 가난한 백인 남성이 배외주의적인 슬로건을 열광적으로 외쳐대는 것이었는데, 이 광경 자체가 오물덩어리라고밖에 말할 수 없습니다.

다만 경제의 하부구조 문제를 고려해서 조용하게 축소해나가려는 것일지 모른다는 불안이 있습니다. 지금의 미국에서 먼로주의를 실천할 수 있을까요. 자유시장과 자본주의를 원칙으로 하는 한, 먼로주의에 따라 국외로부터의 이민이나 수입을 차단하고자 하면 정치적으로 난폭해질 수밖에 없을 것이라고 생각합니다. 일찍이 부시 정권 때도 그런 면이 있었던 것 같고요.

우치다 미국의 경우, 먼로주의라고들 하지만 실제로는 제국주의적인 성격을 띤다고 생각합니다. 당초 먼로주의는 유럽 열강에 대해 "중미와 남미는 우리의 '뒤뜰'이니까 여기에는 손을 대지 마라. 그 대신 다른 곳을 너희들이 식민지 분할하겠다면 미국은 관여하지 않겠다"라고 선언한 것이었으니까요. 하지만 '뒤뜰'이라는 것은 대일본제국이 "만주는 일본의 생명선"이라고 말한 것과 같은데, 어디에서부터 어디까지가 '우리의 뒤뜰'인지 그 범위는 얼마든지 자의적으로 확대할 수 있습니다. 미국의 국익에 사활적 중요성을 지니고 있는 지역을 전부 '뒤뜰'이라고 한다면 이론상으로는 세계 전체가 '미국의 뒤뜰'이라고 말할 수도 있습니다. 따라서 "먼로주의를 표방한 패권국가"는 있을 수 있습니다. 특별히 모순되지도 않고요.

먼로주의는 1823년 제임스 먼로 대통령이 내놓은 교서에서 제시한 외교방침을 가리킵니다만, "미국이 먼로주의를 포기한 것은 언제인가?"에 관해서는 여러 가지 설이 있습니다. 여러 가지 설이 있다면 그 가운데 사실은 포기한 것이 아니라는 해석도 있을 수 있지요. 미국은 그때그때 상황에 따라 확대주의적으로 행동하기도 하고 먼로주의적으로 행동하기도 한다고 보는 것이 타당하지 않을까요.

시라이 결국 먼로주의와 패권 지향은 대립하는 것이 아니라 미국에서는 양립할 수도 있다는 말씀이군요. 아들 부시 정권의 정치는 바로 그 견본 같은 것이었다고 생각할 수도 있을 것 같습니다. 이것은 그야말로 최악의 정치입니다. 생태운동을 하는 사람들은 흔히 "지구적으로 생각하고 지역적으로 행동하자"는 말을 합니다만, 아들 부시 정권의 스타일은 이와 반대로 "지역적으로 생각하고 지구적으로 행동한다"는 것이니까요.

우치다 아들 부시는 참 지독한 놈이었습니다. 그런데 지금은 공화당도 '세계의 경찰관' 노릇을 포기하는 방향으로 나아가고 있는 것 같습니다. 공화당의 론 폴Ron Paul은 "미국과 안전보장조약을 체결하고 있는 나라 수는 50이 넘는데 그렇게 많이 돌봐줄 필요가 없다. 동맹국 수는 10이면 충분하다. 다음에는 '자력으로 방위하라'고 말하고 끊어버려야 한다"라고 주장합니다. 이 주장은 공화당이나 자유당libertarian party으로부터는 지지를 받을 수 있으리라고 생각합니다. 도널드 트럼프도 선거운동 중에 미일 안전보장조약은 미국에 너무 많은 부담을 주고 있으므로 다시 검토해야 한다고 발언했지요. 미국 국내에는 이런 생각을 지지하는 사람들이 꽤 있습니다. 이것을 편의상 '먼로주의적 경향'이라고 불러도 좋을 겁니다.

지금 미국 국무부 내부에는 '아메리카제국 감축 플랜'을 짜는 워킹그룹이 반드시 있을 것이라고 생각합니다. 미국이라는 나라는 '있을 수 있는 모든 경우에 관한 대응 매뉴얼'을 책정하는 지적 능력을 대단히 높게 평가하는 사회이기 때문이지요. "이런 '상정외想定外(미처 생각하지 못한 사항 – 옮긴이)'를 빠뜨렸다"라고 지적하면 칭찬을 받습니다. 그런 점이 일본과 정반대입니다. 따라서 트럼프가 대통령이 되지 않아도 "미국이 여러 나라와 맺은 안전보장조약을 파기한다면 어떤 순서를 따를 것인지" 그 리스트 정도는 작성되어 있을 터입니다.

시라이 일본도 그 리스트에 들어가 있을까요?

우치다 글쎄요. 미국 입장에서 보자면 일본은 '방위의 대상'이라기보다

'수탈의 대상'이기 때문에 그렇게 간단하게 안전보장조약을 내팽개치지는 않을 겁니다. 결국은 '내 손안에 있는 섬'이니까 상납금이 줄어들면 미국이 제 돈을 들여가면서까지 의리를 지킬 리는 없겠지요.

시라이 아베 정권은 분명히 목숨을 걸고 이를 만류할 겁니다.

우치다 필사적이겠지요. 저렇게 아미티지에게 알랑방귀를 뀌고 그것도 모자라 두 손이 닳도록 비비며 미국의 환심을 사려는 꼴을 보면 알 수 있습니다.

시라이 아미티지와 나이에게 훈장까지 바치고. 정말 눈물겹습니다.

우치다 러일전쟁 때 뉴욕의 은행가 제이컵 시프^{Jacob H. Schiff}라는 사람이 있었습니다. 이 사람이 일본의 전시국채戰時國債를 인수했습니다. 그러면서 다른 한편으로는 "러시아의 전시공채는 사지 마라"라고 전 세계 유대인 금융네트워크에 지령을 내렸지요. 이 사람 덕분에 일본은 군비조달전에서 러시아에 압승했습니다. 시프는 러일전쟁 승리의 최대 수훈자 중 한 사람인 겁니다. 그래서 전쟁이 끝난 후 메이지 천황은 훈일등욱일대수장勳一等旭日大綬章을 수여했습니다. 아미티지에게도 같은 훈장이 수여되었습니다. 재팬 핸들러가 얼마나 위대한지 알 수 있지요.

시라이 정말 그렇습니다. 제2차 세계대전 당시 일본에 대한 도시 공습을 기획 입안하고 '귀축鬼畜'으로 불렸던 커티스 르메이^{Curtis E. LeMay}에게 전후 일본이 훈장을 주었는데, 마침 그 일이 생각나는군요. 아미티지와 나이도 "저 정도로 너희들을 혼냈으니 나에게도 훈장을 줘야 할 것 아니냐"면서 웃음을 참지 못했을 겁니다.

우치다 아미티지는 남베트남의 군사고문으로 사이공 함락 당시 현장지도자였다고 합니다. 속국의 괴뢰정권을 컨트롤하는 전문 기술자인 것이죠. 모르긴 해도 남베트남 정권으로부터 많은 훈장을 받았을 겁니다.

아미티지 보고서는 전적으로 '위에서 내려다보는 시선'을 취하고 있습니다. "됐으니까 잔말 말고 상납금을 가져와. 너희들은 2차 단체* 야. 이놈들, 어떤 형님 덕분에 먹고살 수 있는지 생각해보란 말이다"라고 말하는 것이나 다름없는 태도입니다. 저런 눈꼴사나운 자가 '재팬 핸들러' 노릇을 하고 있는 것을 보면 미국이 일본을 취급하는 수준이 얼마나 낮은지 알 수 있습니다.

시라이 일본 쪽 정치가나 관료가 어쩔 수 없는 겁쟁이들뿐이기 때문에 저쪽도 제대로 된 인간을 대화 상대로 내세울 필요성을 느끼지 못하고 저런 수준의 인간에게 일을 맡기는 것이겠지요.

우치다 그렇습니다. 아미티지뿐만 아니라 미국은 일본이 아무리 충성을 다해도 기회만 있으면 억지를 부립니다.

시라이 1990년대까지는 주로 통상 문제에서 강경한 주장을 들이밀었었지요.

우치다 플라자 합의$^{Plaza\ Accord}$◆ 를 예로 들 수 있겠군요. 이것 또한 오키나와 기지나 중일공동성명과 마찬가지로 현실적인 경제 문제라기보다는

● 폭력조직에서 쓰는 말이다. 조원이 자신을 조장으로 하는 단체를 조직한 경우 이를 2차 단체라고 부른다(최초의 조장과 조원만으로 이루어진 조직은 1차 단체라고 한다). 2차 단체 조원도 자신을 조장으로 하는 3차 단체를 조직할 수 있다. 이런 식으로 폭력조직은 피라미드형 계층구조를 형성한다.

'종주국과 속국의 체면'에 관련된 환상적인 문제라고 생각합니다. 가난한 패전국을 자유롭게 먹고살게 해줬더니 이놈이 참 묘하게도 돈벌이를 잘해서 이제는 속국의 분수도 모르고 종주국의 세력권에 들어와 땅과 회사를 사들이기 시작한 겁니다. 이걸 본 미국, 왜 화가 치밀지 않았겠습니까. 이렇다 할 잘못이 없는데도 걸핏하면 큰소리를 치기도 하고 두들겨 패기도 하는 것은 "어느 쪽이 보스인지"를 뼈저리게 느끼게 하는 데 대단히 유효한 수단이기 때문입니다. 권력적인 관계에서는, 그러니까 동아리의 코치와 멤버, 블랙기업의 점장과 점원 등과 같은 관계에서는 이런 일이 일상적으로 벌어집니다. "너희에게는 주권이 없다"는 것을 뼈저리게 느끼게 하기 위해서죠. 플라자 합의는 경제 문제인 것처럼 보이지만 본질은 돈 이야기가 아니라 주권 문제입니다. "너에게는 네 나라의 운명을 스스로 결정할 권리가 없다. 네 나라의 운명을 결정하는 것은 나다"라는 메시지를 다시 전하고서, 일본인이 "예, 맞습니다. 깜빡 잊고 잘난 척을 했습니다. 용서해주십시오"라며 땅에 엎드려 머리를 조아리는 모습을 보고 싶은 것입니다.

아미티지 보고서도 그렇습니다. 보고서는 "일본은 일류국이 될 생각이 있는가. 이류국으로 그만인가"라는 공갈로 시작합니다. 억지를 부리

◆ 1985년 9월 22일 G5(미국, 영국, 독일, 프랑스, 일본)의 재무장관들이 미국 뉴욕의 플라자호텔에서 맺은 합의. 주요 내용은 일본의 엔화와 독일의 마르크화의 통화가치 상승을 유도하고, 이 조치가 통하지 않을 경우 각국 정부의 외환시장 개입을 통해서라도 이를 달성한다는 것이었다. 이 합의는 강력한 정치적·군사적 파워를 행사하던 미국의 주도로 이루어진 것으로, 당시 쌍둥이 적자(재정과 무역에서의 적자)에 허덕이던 미국이 자국의 수출경쟁력을 높이고 무역수지 적자를 개선하기 위해 달러화 가치를 하락시키는 데 목적이 있었다.

는 것이지요. "일류국이 되고 싶은가 아니면 이류국으로 전락하고 싶은 가. 어느 쪽이냐." 다른 나라로부터 이런 공갈을 듣고 "그야 일류가 좋지 요"라며 찌그러지는 것이 일류국의 모습일 리 없습니다.

시라이 맞습니다. 객관적으로 보면 말씀하신 대로입니다만, 아베 수상을 비롯한 영속패전 체제의 주역들은 그것을 알아채지 못하는 게 아닐까요. "예! 일류가 되고 싶습니다. 그러기 위해 힘써 분부를 받들겠습니다"라며 아무런 걱정도 하지 않는 것이 아닐까요.

2013년 미국이 동맹국의 대사관과 정치가의 전화를 도청한 것이 발각되어 한바탕 소동이 일었습니다. 독일의 메르켈 수상은 격노하여 강하게 항의했지요. 이때 미국이 일본에 대해서도 같은 짓을 했다는 것을 스노든이 폭로했습니다. 마침내 작년에 위키리크스가 이 사실을 폭로하자 NSA(미국국가안전보장국)가 일본의 정부 관계자뿐만 아니라 일본은행과 대기업 등도 도청했다는 것을 인정하지 않을 수 없게 되었습니다. 이에 대해 일본의 정부 수뇌가 보인 항의 자세는 그야말로 판에 박힌 것 이상이 아니었습니다. 이러한 정보전은 당연하기 때문에 진지하게 항의해봐야 별 의미가 없다는 견해도 있는 듯하지만, 메르켈은 조리에 맞게 격노했습니다. 지금 정부의 중추는 도청해준 것을 내심 기뻐하고 있는 게 아닐까요. "우리들에게 관심을 갖고 몰래 들어주셨구나!", "이렇게 관심을 보이시다니 이건 일류국이라는 증거이므로 기뻐할 일이야"라며 말이지요. 미디어의 보도 또한 정말로 시원시원했습니다.

아베 정권의 개헌 지향과 미국의 반응

우치다 TPP 협상 등을 보면 미국도 제대로 손을 쓸 수가 없어서 동맹국을 제물로 삼을 수밖에 없는 상황에 처한 것처럼 보입니다. 여기에서 미국이 하자는 대로 질질 끌려가다보면 미국은 일본을 '제물' 취급하여 더욱 거칠게 다루지 않겠습니까.

시라이 쓰쓰미 미카 씨도 "국내에서는 이미 한계에 도달해서 더 이상 착취할 수 있는 대상이 없기 때문에 동맹국을 쥐어짜는 방향으로 나아가고 있다"라고 했지요. 이에 대한 일본 측의 대응은 노예근성을 그대로 드러내는 것인데, 미국도 "노예는 몽둥이질로 가르치는 게 제일 낫다"면서 상대에게 어울리는 행동을 취할 것이라고 생각합니다.

우치다 아베 정권도 언젠가는 미국에게 느닷없이 얻어터질 것만 같습니다. 야스쿠니 신사 참배, 도쿄재판사관東京裁判史觀의 부정, 위안부 문제, 난징 학살 문제 등 미국이 "어이, 그런 짓 그만하시지"라며 옆구리를 한 방 때릴 재료는 얼마든지 있으니까요.

시라이 작년(2015년) 말 종군위안부 문제에 관한 한일합의 등은 일종의 그런 측면이 있었습니다. 아베 정권이 갑자기 그전까지 말했던 것과 다른 얘기를 꺼냈지요.

우치다 일종의 그런 측면이 있었던 게 아니라 정말 그랬을 겁니다. 그 문제에 관해 한일 양국이 사전에 사무 차원에서 세세한 합의를 한 다음 인 내심을 갖고 결론을 찾았다고는 전혀 생각할 수 없으니까요. 어느 날 갑자기 합의해버렸습니다. 그것은 누가 보아도 한일 외교 당국자가 미국 정부에 불려가 다짜고짜 "너희들 언제까지 그렇게 꾸물대며 시끄럽게 할 거야! 이쪽은 이런저런 일로 많이 바쁘단 말이다. 하찮은 일로 속을 썩이다니. 빨리빨리 끝내란 말이야"라고 호통치는 소리를 들었기 때문이지요. 그렇지 않고서야 하룻밤 사이에 마무리 지을 수가 없지요.

시라이 이 건과 관련해 넷우익ネット右翼● 쪽 사람들은 길길이 날뛰면서 아베 수상을 매국노라고 부르기도 합니다만, 영속패전 체제가 '역사를 수정'할 수 있는 범위도 미국에 의해 정해진다는 자명한 이치를 자칭 보수파들은 아직 이해할 수 없는 모양입니다.

우치다 다음에 또 한바탕 호통을 친다면 아마도 개헌 문제에 관해서일 겁니다. 나는 개헌이 구체적으로 정치 일정에 올랐을 때 미국으로부터 상당히 엄중한 불만의 의사표시가 있을 것으로 생각합니다.

잘 아시겠지만 아베 수상이 개헌에 강한 의욕을 보인 것은 2012년 말 정권교체 후 조각을 마친 바로 다음의 일입니다. 2013년 4월 22일 참의원 예산위원회에서 수상은 전전戰前 일본의 식민지 지배와 침략에 관해 사죄한 무라야마 도미이치村山富市 수상의 '무라야마 담화'(1995년)에 대해 "아베 내각은 이른바 무라야마 담화를 그대로 계승하지는 않을 것입니다"라

● 인터넷을 기반으로 제노포비아, 국수주의 등을 유포하는 우익 성향의 네티즌.

고 분명히 말했습니다. 다음 날 23일에는 한술 더 떠 이런 발언을 했습니다. "침략의 정의는 학계에서도 국제적으로도 정해져 있지 않다. 나라와 나라의 관계에서 어느 쪽에서 보느냐에 따라 다르다." 이에 대해 한중 양국 정부로부터 격렬한 비난이 쏟아졌지만 미국도 이때는 비판의 목소리를 높였습니다. 『뉴욕타임스』는 '일본의 불필요한 내셔널리즘'이라는 제목 아래 장문의 사설을 게재해 아베 수상의 강경파식 대중·대한 자세가 미국의 서태평양 전략을 방해하고 있다고 신랄하게 비판했습니다. 북한의 벼랑 끝 외교 때문에 동아시아 정세가 불안해지면서 한중일 삼국 간 제휴가 어느 때보다 절실한 시점에 왜 굳이 풍파를 일으킬 발언을 하느냐는 얘기지요. "북한과 핵문제를 해결하기 위해 관련 국가들이 협력해 제휴해도 모자랄 판에 한중과의 적대관계에 기름을 붓는 것은 대단히 무모한foolhardy 행동이라고 생각한다."

미국 정부로부터 직접 이런 질책을 받은 것은 아닙니다만 리버럴에 속하는 이들의 여론을 대표하는 것으로 간주해도 무방할 것입니다. 그런데 이 사설이 나온 직후 수상은 마쿠하리멧세幕張メッセ◆에서 열린 이벤트에서 위장복에 헬멧을 쓰고 육상자위대 전차에 올라탄 호전적인 영상을 공개하고, 또 '731'이라는 문제 많은 기체 번호를 단 제트기에 올라 중국과 한국의 비판을 초래했습니다. 반성의 기미를 찾아볼 수 없는 이러한 행동에 대해 미국의 미디어는 다시 한 번 그 '무모함'을 신랄하게 비난했습니다.

◆　지바현에 있는 일본에서 두 번째로 큰 전시장.

이 시기에 미국의 미디어는 "이런 식으로 외교적 실책을 거듭한다면 미국은 아베 정권을 단념할 것"이라고 확실하게 예측했습니다. 최종적으로 『뉴욕타임스』에 아베 수상의 '끊임없는 도발'을 거듭 비판하는 기사가 나온 직후 수상은 앞의 예산위원회에서 한 발언을 철회했습니다. 방향전환을 한 셈이지요. 5월 15일 열린 참의원 예산위원회에서 수상은 "일본이 침략하지 않았다고 말한 적은 한 번도 없다"고 했고, 무라야마 담화에 대해서는 "역대 내각을 아베 내각도 이어받는 입장"이라고 말했습니다.

이건 아무리 생각해도 이상합니다. "아베 내각은 무라야마 담화를 그대로 계승하지는 않을 것"이라고 말한 지 3주일 만에 "역대 내각의 입장을 이어받을 생각"이라며 완전히 말을 바꾸었습니다. 누가 뭐래도 이건 식언이라 할 수밖에 없습니다. 그런데 일본의 미디어는 이러한 방향전환이 "중국과 한국에 대한 외교적 배려"라는 등 "꽉 막힌 외교관계의 수습을 시도한 것"이라는 등 말도 안 되는 평가를 내놓았습니다. 그런데 '무라야마 담화'의 철회를 선언하면 한국과 중국 정부로부터 격렬한 비판이 있으리라는 것은 처음부터 상정했을 터이고, 예상대로 양국으로부터 비난이 쏟아졌습니다. 그런데도 수상은 양국에 대한 도발을 멈추지 않았습니다. 그러던 어느 날, 정말로 어느 날 갑자기 도발을 멈추고 맥없이 앞서 한 말을 거둬들였습니다. 이것은 누가 보아도 '미국의 일갈'에 움츠러들었기 때문이라는 것 말고는 합리적인 해석이 있을 수 없습니다.

이번 위안부 문제에 관한 한일합의도 2013년의 '무라야마 담화 철회의 철회' 못지않게 갑작스럽습니다. 그런데 일본의 미디어는 '누구라도 그렇게 생각하는' 해석을 받아들이지 않습니다. 한일 외교 당국의 견실한 노력이 열매를 맺은 것이라는, 이렇게 쓰는 본인도 '거짓말'이라는 것을 알고 있는 거짓말을 아무렇지도 않게 써대는 것이죠.

시라이 결국 국가 차원의 역사 해석과 이와 관련한 현재의 문제에 대한 대응을 결정짓는 최종심급이 미국이라는 사실을 정면으로 인정하지 않는 것은 넷우익만이 아니라는 말이군요. 아무렇지도 않게 허위의식으로 가득한 그런 코멘트를 써대는 미디어도 오십보백보라 할 수 있겠지요. 객관적으로 보면 세계의 누구도 받아들이지 않는 역사인식을 제멋대로 휘두르다가 무서운 두목이 다가와 "이 자식, 그만두지 못해!"라고 꾸짖자 찍소리도 못하고 휘두르던 것을 내려놓는 구도입니다. 그야말로 모양 빠지는 꼴인데도 대형 미디어는 이것을 정확하게 지적하지 않았습니다.

우치다 그런데 이런 식으로 미국이 무슨 말을 할 때마다 그전까지 주장하던 것을 깨끗하게 엎어버리고 다른 소리를 하면 머지않아 큰일이 날 겁니다. 전 주일 영국대사 휴 코타지[Hugh Cortazzi]가 얼마 전 『재팬타임스』에 '극우사상은 일본의 민주주의에 대한 위협인가'라는 제목으로 기고했는데, 내용은 아베 정권의 개헌 지향에 대한 신랄한 비판이었습니다.

그 글의 일부를 보면 이렇습니다. "개헌 따위를 할 틈이 있으면 다른 일을 먼저 해야 할 것이다. 우선순위가 틀렸다." "만약 트럼프가 대통령이 된다면 어떻게 할 것인가. 일본이 걱정해야 할 것은 바로 이것이다. 일본 방위에 소요되는 비용을 전액 일본이 부담해야 하는 정책이 나온다면 그 영향은 TPP에 비할 바가 아닐 것이다. 미국의 요구에 맞서 터프한 교섭을 해야 할 터인데, 그 일을 수행할 만한 인적 자원이나 논리가 일본 쪽에 있기나 한가."

시라이　그럴 경우 그렇게 돼도 상관없지 않을까요? 지금은 트럼프의 미일안보체제에 관한 발언이 돌출하고 있지만, 그것은 올 것이 오는 것에 지나지 않는다고 생각합니다. 누가 대통령이 되더라도 언젠가는 그와 다를 게 없는 방침을 내놓을 것이라고 예측할 수 있습니다. 말하자면 강제 독립인 셈이지요.

우치다　그렇습니다. 지금처럼 미국의 말대로 상납금을 계속 바치다가 굶어 죽을 지경까지 내몰리면 "독립하려면 어쩔 수 없다"라는 말이 나올지도 모릅니다.

시라이　일본에서 개헌이 현실적인 문제로 떠오를 경우 미국은 어떻게 반응할까요.

"미국의 입장에서는 개헌을 하는 게 더 낫다. 반드시 그렇게 해달라"는 소리는 1970년대 무렵부터 줄곧 있었습니다. 그런데 집단적 자위권● 행사를 용인하는 방향으로 원칙을 크게 변경함으로써 "굳이 개헌을 하지 않아도 되는" 상황에 이르기도 했습니다. 지금으로서는 집단적 자위권 행사가 가능한 범위는 '한정적'입니다만, 뛰어난 궤변 실력을 발휘해 범위를 서서히 넓혀 가면 그만이겠지요. 특히 위험한 후방 지원이나 병참을 맡고 싶어 할 겁니다. 육상자위대 소속 특수부대에서 근무했던 전 자위

● 자국과 동맹을 맺고 있는 나라가 침략당할 경우 이를 자국에 대한 침략행위로 간주해 침략국과 맞서 싸울 수 있도록 유엔헌장이 규정하고 있는 권리.

관^{自衛官} 이즈쓰 다카오^{井筒高雄}의 말에 따르면 요즘 전쟁에서 가장 위험한 것은 보급부대입니다. 이 부분을 미국은 일본에 아웃소싱하고 싶어 한다는 것이지요. 미국의 입장에서 보면 자국의 병사가 죽으면 많은 비용이 들지만 일본의 자위관은 죽는다 해도 비용이 전혀 들지 않기 때문이라는 얘긴데, 그것이 신안보법제^{新安保法制}에 따라 실현될 수도 있을 것이라고 이즈쓰는 지적합니다. 그렇게 된다면 미국 입장에서 볼 때 단기적으로는 개헌할 필요가 없습니다.

그런 상황에서 일본의 개헌 세력은 예의 신헌법초안을 제시함으로써 자신들이 더욱더 구제불능 상태로 빠져들고 있다는 것을 분명히 했습니다. 어쩌면 미국이 아베 정권을 한 방 먹일지도 모릅니다.

우치다 그럴지도 모르지요. 어떤 시점에서 "개헌 따위 하려면 해"라고 말할 것이라고 생각합니다. 안전보장의 측면에서 말하자면 미국은 이번 안보법으로 얻을 것은 다 얻었습니다. 기지는 이대로 항구적으로 일본 열도에 두기로 했고, 집단적 자위권 행사마저 받아들이게 함으로써 미군의 '후방지원' 부대로서 자위대를 마음대로 사용할 수 있게 되었지요. 이미 충분합니다. 이에 비해 자민당의 개헌초안은 미국의 건국이념이나 통치 이념을 완전히 부정하는 내용을 담고 있습니다. 일본 정부가 미국 정부를 향해 "더 이상 당신들과 가치관을 공유하지 않는다"라고 선언하는 듯한 내용이기 때문에 미국은 화가 치밀기도 했을 겁니다.

시라이 초안을 통해 "이쪽 사람들은 근대적 입헌주의를 이해할 수 없다"는 것을 확실히 했습니다.

우치다 개헌한 일본과 미국이 가치관을 공유할 수 있을까요? 이 문제를 생각해본 사람이라면 누구나 '무리'라는 결론에 이를 것입니다. 그러니 "속국 주제에 종주국 국민이 믿는 통치원리를 모욕하는 예의 없는 짓은 봐줄 수 없다"라는 말이 조만간 백악관과 의회에서 나올 겁니다.

속국이어서 어쩔 수 없다

시라이 다른 한편 미국에는 자신들의 뜻대로 움직이기만 하면 아무리 부패했더라도 전혀 개의치 않고 괴뢰정권을 세워온 역사도 있습니다. "일본의 지배세력에게도 무슨 생각이 있긴 하겠지만, 자신들에게만 거스르지 않는다면 무슨 짓을 하더라도 상관없다"라고 판단할 수도 있는 것이지요.

우치다 그렇습니다. 그런데 미국이 독재자를 허용한 것은 그 나라가 모두 후진국이거나 파탄 국가였기 때문입니다. 일본은 후진국이 아닙니다. 만약 미국이 일본 정부를 괴뢰정권이라고 생각한다면, 백퍼센트 지배할 수 있다는 확신이 있다면, "개헌이든 뭐든 좋을 대로 하라"고 말할 겁니다. 일본인이 미국의 가치관을 부정한다 해도 미국 입장에서는 별다른 문제가 없기만 하다면 "개헌이든 뭐든 멋대로 하라"는 태도를 취하겠지요. 그런데 지금까지 일본이 그렇게 무시당했다고는 생각하지 않습니다. 하지만 일본인이 미국의 통치원리를 부정하면, 그 나름대로 영향을 끼쳤는데 이래서는 '곤란하다'는 식으로 판단하지 않을까요.

시라이 글쎄요. 내실은 점점 파탄 국가에 가까워지고 있는 것 같습니다.

우치다 "이 나라는 더 이상 쓸모가 없으니 내버려두자. 나중에 어떻게 되든 내 알 바 아니다"라고 생각한다면 개헌을 방치할 것입니다. 그런데

"아직 쓸모가 있으니까 조금 더 살려두었다가 알이나 낳게 할까"라고 생각하지는 않을까요. 동맹관계의 신뢰성을 생각하면 통치구조나 헌법이념에서 미국과 가치관을 공유할 수 있는 파트너가 그렇지 않은 파트너보다 더 마음에 들지 않겠습니까.

1980년대 한국에서 반공법이 폐지되고 민주화가 진행되었습니다. 그것도 동서 냉전이 끝나가는 시점에서 미국으로서는 이념적인 반공 군사 정권보다 미국과 가치관이 가까운 민주 정권이 파트너가 되는 것이 국익에 도움이 될 것이라고 판단했기에 가능했을 것입니다. 미국이 "반공 군사 정권 쪽이 동맹국으로는 더 낫다"라고 확신했다면 민주화는 억압되었을 것입니다. 괴뢰정권보다 가치관을 공유하는 동맹국 쪽이 안전보장상 신뢰할 수 있다고 생각하는 것이 합리적이지요.

미국 입장에서 볼 때 일본국 헌법은 1946년 시점에서 '그들의 이상'이자 '그들의 원망願望'이었습니다. 세계 여러 나라가 헌법 9조 2항의 규정을 갖게 되기를 미국의 뉴딜러New Dealer들은 간절히 바라고 있었습니다. 헌법 9조가 일본을 군사적으로 무력화하기 위해 부과한 처벌적 규정이라고만 생각하는 것은 적절치 않아 보입니다. 1946년 시점에서 미국의 리버럴 세력은 일본에 대한 원폭 투하에 깊은 공포와 강한 죄책감을 느끼고 있었습니다. 다음에 세계대전이 일어난다면 반드시 핵전쟁이 될 것이고 세계는 그 전쟁으로 사라질 것이므로 두 번 다시 세계대전을 일으켜서는 안 된다고 생각하고 있었습니다. 그들은 새로운 '전쟁 없는 세계'의 이상적인 형태로 헌법 9조를 가진 일본을 국제사회에 제시하고자 했던 것이지요. 이런 이야기를 나는 얼마 전 가토 노리히로加藤典洋의『전후입문戰後入門』을 읽고 알았는데, 미국은 대단히 참혹한 일을 저지르기도 하지만, 다른 한편으로는 이러한 이상주의적인 구석이 있는 것도 사실입니다. 미국의 정치가들 중에는 일본이 괴뢰정권이어도 괜찮고 비민주주의적인 강권적 국가라 해도 전혀 상관없다고 생각하는 사람들이 있을지도 모르지만, 일반적인 미국 시민은 그런 것을 바라지는 않습니다. 자기 나라의 민주주의 이상을 일본에서도 실현하고 싶어 하는 것이 상식이 아닐까요.

시라이　미국이 앞으로 일본을 어떻게 취급할지는 미국 국내에서 앞으로 어떤 세력이 실권을 장악하느냐에 따라 달라지기도 하는 문제일 겁니다. 그러나 대통령 선거가 있을 때마다 그러한 정세분석을 하지 않으면 안 되는 것 자체가 한심하기 짝이 없습니다.

우치다　속국이니까 어쩔 도리가 없지요. 따라서 일본의 미디어는 자국의 국내적인 상황이나 정국에 관해 이리저리 파고들어봐야 소용없습니다. "아베의 진심이 무엇일까" 따위를 생각해봤자 소용없는 것이지요. 그런 것을 아무리 생각한다 해도 일본이 중대한 외교정책이나 안전보장에 관해 자신의 힘으로 결정할 수 있는 것은 아니니까요. 개헌이나 한일합의와 마찬가지로 그것은 미국이 결정합니다.

시라이　어쨌든 지금의 상황은 유동적이라고 생각합니다. 어디선가 들은 얘기입니다만, 일본의 권력 쪽에도 신안보법제가 법으로서 모양새가 좋지 않다는 점을 마뜩잖게 여기는 사람이 적지 않은 듯합니다. "존립이 위태로운 사태"에 이르면 "집단적 자위권을 행사할 수 있다"고 했지만,

'존립 사태'라는 게 구체적으로 무엇을 가리키는지 명확하게 정의되어 있지 않다는 것이지요. 따라서 신안보법제가 통과됐다 하더라도 실질적으로 할 수 있는 일은 별로 없는데도 아베 수상은 이것이면 뭐든 할 수 있다고 강변하는 식으로 체제 내부에서 의견이 갈리는 모양입니다. 개헌 문제에 관해서도 자민당에서마저 내심 "이런 초안으로는 곤란하다"고 생각하는 의원이 적지 않은 것 같습니다. 요컨대 정부와 여당 내부는 터무니없이 무책임한 상황에 처해 있는 것이지요. 이런 흐름에 불만을 갖고 있긴 하지만 그렇다고 반대 의견을 분명히 표시하지도 않습니다. 그러니까 최종적으로는 "아메리카님께서 결정해주시겠지"라고 생각하고 있는 셈입니다. 이런 상황이 계속되는 것은 70년 전의 패전 때문이라기보다 전후 사회의 모습 때문이 아닐까요.

왜 반아베 세력을 결집할 수 없는가

시라이 제가 정치 세계에 약간 관계하게 되면서 안타까움을 느끼는 것은 모두가 머리로는 "지금의 정치를 바꾸기 위해서는 반아베 세력을 결집해야만 한다"고 생각하면서도 현실에서는 그것을 실천할 수 없다는 점입니다. 저는 다양한 영역에서 "열의를 갖고 세력을 결집하자"고 말하는 것입니다. 특별히 서로의 이론을 파고들어 "정말로 혁명 정신이 있는가" 따위를 논의하는 것도 아니면서 왜 그렇게 할 수 없는지 궁금합니다.

우치다 한심한 것은 민진당(옛 민주당)입니다. 다시 한 번 정권을 잡을 생각이 있기나 한 걸까요. 앞으로 어떤 계기로 자민당이 깨진다면 또 모르겠지만, 그런 일이 다시 일어날 것 같지도 않고.

시라이 그런 일은 없을 겁니다. 자민당 안에서 그런 기개가 있는 사람들은 모두 이미 떠났거나 그만둘 수밖에 없을 테니까요. 다른 한편, 현재 의석을 확보하고 있는 옛 민주당 의원은 이런 역풍 속에서도 당선된 것을 보면 선거에는 강한 것 같습니다. "그렇게 쉽게 지지는 않는다"는 자부심이 있지요. 지금의 민진당 주류파 의원의 행동을 보고 있노라면, "적당히 하다보면 또 정권을 잡을 수 있겠지" 정도로 생각하는 모양이지만, 그럴 리는 없을 겁니다.

우치다 그렇습니다. 옛 민주당 의원 중에서도 지금 의석을 갖고 있는 사람은 두 번의 역풍을 이겨낸 "선거에 강한 정치가"입니다. 따라서 앞으로도 두세 번은 국회의원을 할 수 있겠지요. "적당히 국회의원 노릇을 하다가 자민당과 공명당의 추천을 받아 범여당의 지사知事로 입후보라도 해볼까"라는 생각을 할 뿐 더 이상 커다란 변화는 바라지 않을 겁니다.

시라이 그야말로 타락의 극치군요. 자민당으로 가려고 하지 않는 것처럼 보이는 의원을 포함해 지금처럼 뭘 하고 싶은지 모르는 상태를 이어나갈 생각이라면 민진당은 차라리 소멸하는 게 나을 겁니다. 이것은 저의 희망이 아니라 리얼한 이야기입니다. 하토야마 내각이 성립해 정권교체가 이루어졌을 때 중의원 선거에서 옛 민주당이 획득한 투표수는 2천9백만 표였습니다. "터무니없는 투표수"라고들 했지요. 그런데 그다음 총선거에서 2천만 표로 줄었습니다. 이 숫자는 정권을 획득할 수 없었던 시대의 득표수를 밑돕니다. 이걸 보면 옛 민주당 의원이 왜 녹색●이 되려고 하지 않는지 궁금해집니다.

우치다 대단하군요. 옛 민주당이 모았던 표는 대체 어디로 간 걸까요?

시라이 2천만 표 중 일부는 투표율이 낮아진 결과여서 실질적으로 기권으로 돌아섰다고 보는 것이 좋을 듯합니다.

우치다 나머지는 옛 민나노당みんなの党(모두의당)이나 옛 유신당維新の党인가요?

시라이 예. 일부는 공산당으로도 흘러간 것 같습니다.

● 자민당을 상징하는 색깔.

우치다 실제로 다음 선거에서 민진당은 없어질지도 모르겠군요.

시라이 이런 식이라면 없어지는 쪽이 나을 거라고 생각합니다.

좌파 리버럴 세력에 관해 생각해보면, 그들이 힘을 합칠 수 없는 원인 또는 난관이 되는 것은 언제나 공산당 문제입니다. 정말로 신물이 나는 이야기입니다만, 왜 "좌익이라면 공산당과 비공산당의 대립"이라는 상황이 늘 반복되는 것일까요. 제가 아는 한, 공산당계와 비공산당계에서는 의원 차원에서도 지지단체 차원에서도 상호 교류가 대단히 제한되어 있습니다. 요즘 사회운동이 고조되면서 어렵사리 이러한 불통 상태가 해소되는 기미도 조금은 있습니다만. 우치다 선생이 젊었을 때 정치활동을 하던 시대에는 어땠습니까?

우치다 공산당은 독특한 정치문화를 갖고 있습니다. 나는 반요요기파 反代代木派◆의 학생운동에 관여했습니다만, 민청(일본민주청년동맹)▲의 학생과 사이좋게 지내기도 했습니다. 그런데 아니나 다를까 위에서 "우치다 같은 놈과 어울리지 마라"는 말을 듣고 멀어졌습니다.

그 후 도쿄대의 경우만 그랬는지 모르겠지만, 공부할 수 있는 학생은 활동가로서 맨 앞에 나설 수가 없었습니다. 전공투全共鬪와 치고받다가 다쳐서는 곤란하다, 가두투쟁은 하지 않아도 좋으니까 공부나 해라, 뭐 이런 얘기였지요. 그래서 우수한 멤버는 사법시험을 치르기도 하고, 공무

◆ '요요기파'는 1960년대부터 1970년대까지 일본의 정치 분야에서 사용된 호칭으로 일본공산당이나 그 집행부를 가리킨다. '반요요기파'는 주로 일본의 신좌익을 가리킨다.

▲ 공산당 계열의 청년조직.

원시험을 거쳐 관료가 되기도 했으며, 언론계에 들어가기도 했습니다. 그런 식으로 엘리트를 육성해 체제 내부에 들어가게 한다는 것은 반요요기계의 과격파 조직으로서는 생각할 수도 없는 일이었습니다. 정치적으로는 대단히 옳은 전술이라고 생각합니다만.

시라이 그랬군요. 공산당계에서 국회의원이 될 성싶은 사람들은 그런 식으로 엘리트로 육성되었다는 말이지요?

우치다 실제로 변호사 중에는 공산당계 사람이 많지 않습니까? 그것은 법학부의 우수한 학생들에게 사법시험을 치르는 것을 장려했기 때문이라고 생각합니다. 가능한 놈들은 체제 내부로 들여보냈던 것이지요.

시라이 그 친구들은 나중에 어떻게 됐습니까?

우치다 대학교수가 되었습니다.

시라이 공산당을 보면, 위원장 시이 가즈오志位和夫도 서기장 고이케 아키라小池晃도 엘리트계입니다. 우치다 선생의 옛 동료이자 마르크스경제학자인 이시카와 야스히로石川康宏도 공산당원으로 간주되고 있습니다만, 그 사람 역시 엘리트 코스를 걸어온 사람입니까?

우치다 아닙니다. 그 사람은 다릅니다. 고학생이었습니다. 혼자 힘으로 학비를 벌고, 도중에 병으로 휴학하기도 하면서 8년 만에 간신히 대학을 졸업했습니다. 고생을 참 많이 한 사람이지요.

시라이 그렇습니까?

우치다 그는 문자 그대로 "눈물 섞인 빵을 먹어가며" 고학한, 낡은 유형의 마르크스주의자입니다.

공산당은 당 밖의 사람들과 가깝게 지내야

시라이 얼마 전 『현대사상』의 부탁으로 대담했을 때의 문장을 교정하다가 생각한 것입니다만, 민간에서는 사회운동이 고조되고 있는데도 정치 쪽이 그것에 반응하지 못하는 상황인 것 같습니다. 이 현상을 타파하기 위해서는 공산당과 비공산당 양 진영 모두 개선해야 할 점이 있지 않을까요? 제가 공산당 쪽 사람들에게 하고 싶은 말은 당 밖의 사람들과 밥도 함께 먹고 술도 함께 마시면 어떻겠느냐는 것입니다.

우치다 그렇습니다. 다만 최근에는 공산당도 제법 좌우로 날개를 펼치고 있는 것 같습니다. 좌우라고 해도 공산당보다 왼쪽은 없을 테니까, "오른쪽으로 날개를 펼치고 있다"고 해야겠지요. 나는 스스로를 '보수파'라고 생각하고 있고 사람들로부터 '우익'이라는 소리를 들은 적도 있습니다만, 이전부터 『적기赤旗』*에서는 자주 나를 취재했지요.

시라이 『적기』에는 고바야시 세쓰도 종종 등장하니까요. 십 년 전까지만 해도 생각지도 못한 일입니다.

우치다 지금의 공산당은 자신보다 왼쪽이 없기 때문에 아무리 오른쪽으로 다가간다 해도 가장 왼쪽이라는 위치가 흔들리지는 않습니다. 좌익

● 일본공산당의 중앙기관지.

내부에서 헤게모니를 다투는 상대가 없습니다. 그런 점에서 지금의 공산당은 심리적으로는 아주 느긋하지 않을까요.

시라이 저도 몇 차례 『적기』에 나갔습니다. 당 나름의 또는 『적기』 나름의 방침으로서 보다 열린 방향으로 나아가려는 자세를 보이고 있다는 것은 틀림없습니다. 하지만 그런 것만으로는 정치 현장에서 신뢰관계를 쌓아갈 수 없습니다.

우치다 당원은 자기 재량에 따라 움직이는 것이 허용되지 않으니까요.

시라이 비공산당계 사람들의 입장에서는 "저놈이 손을 내미는 것은 몰래 빼돌려 자신들의 부하를 늘리려는 당리당략 때문일 것이다"라며 경계할 겁니다. 이는 오랜 기간의 경험에서 비롯된 반응이지요.

우치다 과거에 그런 짓을 너무 많이 했으니까요.

시라이 그렇습니다. 이번에 또 그런 짓을 한다면 정말 끝장일 겁니다. 왜 그런지 이해하긴 합니다만, 그렇다고 해서 신용할 수 있는 것은 아니지요. 그래서 "신뢰감을 조성하기 위해서는 좀 더 자주 함께 밥도 먹고 술도 마셔야 한다"고 말하고 싶은 겁니다.

우치다 정말 그렇습니다. 아베 수상이 '초밥친구'로 미디어를 끌어안는 것은 좋은 사례입니다. 그런 건 흉내라도 내야 합니다. 본래 조직이 신뢰감을 얻기 위해서는 그 멤버 중 누군가를 개인적으로 아는 것이 아주 중요합니다. 나 자신이 공산당에 대해 융화적인 태도를 갖게 된 가장 큰 이유도 이시카와 야스히로라는 개인을 만난 후 그가 대학의 동료로서 대단히 신뢰할 수 있는 인물이라는 것을 알았기 때문입니다. 함께 술을 마시고, 밥을 먹고, 여행을 다니다보면 인간으로서 신뢰할 수 있게 됩니다. 그런 다음에 그 사람이 속한 정치당파에 대한 믿음도 생기게 마련입니다. 결국은 조직구성원 개개인의 자질 문제인 셈이지요.

시라이 동감합니다. 지금 우치다 선생이 이시카와 야스히로의 인품에 영향을 받았다고 말씀하셨는데, 저에게도 그와 같은 기억이 있습니다. 최근 공산당계 쪽에서 말을 걸어왔는데 거기에 위화감이 없어진 것은 교토에 오고 나서 어떤 당원과 솔직한 대화를 나눴기 때문입니다.

천황제에 관해 이야기하는데 그 사람이 이렇게 말하더군요. "나는 교토 출신이라서 그런지 솔직히 말하면 당의 공식적인 천황제 반대 방침에 위화감을 느껴요. 확실히 근대 이후 천황제에 기초해 민중을 억압했다고 말할 수 있겠지만, 교토 사람들 사이에서 천황 하면 에도 시대의 초라한 '천황의 밥상天皇はん' 이미지가 함께 떠오르거든요. 너무나도 가난하고 불쌍해서 교토 사람들이 먹을거리를 날라다 바쳤던 거지요. 그런 사람들의 마음에는 결코 허세를 부리지 않는 천황의 이미지라는 것이 남아 있기 때문에 '천황제는 부당하다'는 말을 들어도 저에게는 도무지 딱 와닿는 게 없습니다." 저는 이렇게 대답했습니다. "자기 마음속의 감각을 소중하게 여기는 것은 대단히 중요하다고 생각합니다. 당원으로서 당의 방침을 당연히 지지해야겠지만, 겉으로는 지지한다 해도 자기 마음속에 있는 위화감 같은 것을 굳이 억누르려고 해서는 안 된다고 생각해요. 그처럼 자신의 감각에 충실한 당원이 많아지면 조직이 전체적으로 교조주의에 빠지거나 유아독존으로 흐르거나 이상해질 확률도 낮아질 겁니다." 이런

식으로 대화하다보면 자연스럽게 이미지가 바뀌지요.

　"개개인이 교류한다"는 것은 너무나도 견실한 길이라 아득해 보일지도 모르지만 확실한 길입니다. 프랑스에서 1848년 혁명의 사전 접촉 자리는 '개혁 연회^{改革宴會}'였습니다. 이것은 당시 정치집회가 금지되어 있어서 어쩔 수 없이 채택한 수단이었지만, 다양한 입장의 세력이 어울리는 마당으로 기능하게 되었던 거지요.

사회에 포섭되어 있었던 좌익 사상

우치다 과거에는 자민당과 사회당 사이에도 튼실한 인간관계가 있었습니다. 사회당 우파 중에는 전전戰前 농본파시스트였던 사람들이 많았지요. 가타야마 데쓰片山哲 내각의 농림대신이었던 히라노 리키조平野力三라는 사람은 나와 친척이었는데, 전전에 그는 농본파시스트로서 농민조합을 재조직해 '황도회皇道會'라는 이름의 조직을 만들었습니다. 그에게는 농민의 지위 향상을 위한 싸움과 천황주의가 조금도 모순되지 않았던 것 같아요.

시라이 전전의 농지해방운동에도 황국주의적인 흐름이 있었지요.

우치다 전전에는 노동인구의 절반 이상이 농업 종사자였고, 그중에서 사회주의자도 나왔고 파시스트도 나왔으니까요. 출신도 같았고 정치 목표도 그렇게 다르지 않았습니다. 목표에 도달하기 위한 수단이 다를 뿐이었죠. 나의 장인이기도 했던 히라노 사부로平野三郎도 전전에는 공산당 중앙위원이었고, 전후에는 자민당 중의원 의원이었습니다. 그와 같은 경력은 그렇게 드물지 않았습니다.

시라이 정말 그랬습니까?

우치다 우쓰노미야 도쿠마宇都宮德馬*도 마찬가지입니다. 예전에 장인은 "고바야시 다키지小林多喜二*와 같은 날 쓰키지 경찰서에 붙잡혀 갔는데, 고

바야시는 죽었지만 나는 살아남았다"라고 자랑스럽게 말하곤 했습니다. 그 후 소집되어 중국전선을 전전하면서 7년 동안이나 대륙에 있었는데도 끈질기게 살아 돌아왔습니다. 전후 자민당 의원으로 다섯 번 당선되었고, 그 후에는 기후현岐阜縣 지사를 지내기도 했습니다.

그러니까 과거에는 자민당이나 사회당이나 공산당 모두 인재 교류가 활발했던 것이지요. 공산당에서 자민당으로 간 사람이 있는가 하면 농본파시스트에서 사회당으로 간 사람도 있었으니까요.

시라이 그 세대 가운데 남아 있는 사람은 와타나베 쓰네오渡邊恒雄 정도인가요?

우치다 그 사람은 도쿄대 세포입니다. 도쿄대 세포 중에 실업계로 들어간 사람은 많습니다.

시라이 닛폰텔레비전방송망주식회사 회장이었던 우지이에 세이이치로氏家齋一郎가 그 당시의 절친한 친구였던 것 같습니다. 그는 와타나베 쓰네오에게 이끌려 입당했고, 자신은 또 쓰쓰미 세이지堤淸二를 이끌어 입당하게 했지요.

우치다 세 사람 모두 탈당하거나 제명되었습니다만.

시라이 그래서 닛폰텔레비전의 우두머리가 된 우지이에가 분명히 좌익

- 조선군 사령관을 지낸 우쓰노미야 다로의 아들. 교토 제국대학교 경제학부 시절 마르크스주의에 심취해 일본 공산당에 입당하지만 전후 자유당 중의원으로 선출되고, 1955년 보수합동에 의한 자유민주당 창당에 참여했다. 자민당 내에서는 가장 좌파에 속한다.

- 『게 가공선蟹工船』으로 유명한 일본 프롤레타리아 문학의 대표적 작가.

쪽에 속하는 영화감독인 미야자키 하야오^{宮崎駿}와 다카하타 이사오^{高畑勲}의 영화를 좋아해 후원하게 되었던 것입니다.

우치다 도쿠마쇼텐의 창업자로 스튜디오 지브리▲를 후원한 도쿠마 야스요시^{德間康快}도 공산당원이었습니다. 일본의 미디어에는 학생 시절 공산당원이었던 사람이 상당히 많습니다.

시라이 전후 일본은 정치 세계에서는 자민당이 늘 승리해 압도적으로 보수파가 지배했지만 다른 한편 문화 영역에서는 좌익이 강했는데, 이런 식으로 전체적인 밸런스를 잡고 있었지요. 다만 그 기묘한 밸런스는 언제부터인지 급속히 무너졌습니다.

우치다 과거에는 자민당에서도 사회당에서도 공산당에서도 정치가들은 내적 갈등을 안고 있었습니다. 갈등을 안고 있는 까닭에 같은 갈등으로 고민하는 다른 당의 사람들과 대화가 가능한 측면이 있었을 것이라고 생각합니다. 그런데 어느 세대부터인지 그 갈등이 없어져버렸습니다. 지금의 자민당 소속 정치가 중에 젊었을 때 마르크스주의자였던 사람은 한 명도 없을 겁니다.

시라이 들은 얘기로는, 지금의 시오자키 야스히사^{塩崎恭久} 후생노동대신은 고등학생 때 전공투에 가담했던 것 같습니다만.

우치다 고등학생 때의 전공투운동은 그렇게 심각한 내적 갈등을 초래하지는 않았을 겁니다.

▲ 애니메이션 제작 회사.

시라이 "너나없이 하고 있고 또 재미있어 보여서" 그 운동에 참가하는 사례가 많았던 것일까요?

우치다 대학 때 전공투에 가담한 사람들이라 해도 얼마나 진지했는지 는 의심스럽습니다. 그들 대부분이 졸업할 때는 머리카락을 깨끗하게 자르고 슈트 차림으로 취업활동을 했으니까요. '일제日帝 타도'를 외치던 사람들이 아무렇지도 않게 일제 기업이나 중앙 관청에 들어갔지요.

시라이 〈'딸기백서'를 다시 한 번〉●의 세계라 할 만합니다. 노래를 들어 보면 아직 갈등이 사라지지 않은 듯하지만 실제로는 훨씬 가벼웠다는 말씀이군요.

우치다 그렇게 심각하게 갈등하지는 않았던 것 같습니다. 그런 놈들이 흔히 선술집에서 젊은 친구들에게 "우리는 혁명투쟁을 했노라"고 자랑스레 늘어놓으며 잔소리를 하곤 하지요.

시라이 정말로 진지하게 싸운 사람이라면 쉽게 취직할 수가 없었겠지요.

우치다 취직을 할 수도 없었고 하려고도 하지 않았을 겁니다.

시라이 우치다 선생도 그랬지요.

우치다 나는 특별히 혁명투쟁을 하지는 않았지만 내 나름의 정치적 주장을 내걸고 열심히 뛰어다녔기 때문에 4학년이 되었을 때 "그래, 이제 손을 씻고 취업활동이나 해야겠다"는 생각은 할 수 없었습니다. 그래서

● 〈딸기백서The Strawberry Statement〉는 제임스 쿠넨의 논픽션을 바탕으로 한 컬럼비아 대학교의 분규와 학생운동을 다룬 미국 영화이다(1970년 개봉). 〈'딸기백서'를 다시 한 번〉은 영화 포스터를 보면서 학생운동 시절을 회상하는 노래이다.

졸업 즉시 백수가 되었지요. 그런데 '취업활동을 하는 과격파'라고 하면 뭔가 이상하지 않습니까? 적어도 혁명성이 어떻다느니, 너에겐 혁명적 자각이 있냐느니 그럴싸한 소리를 하면서 다른 사람을 매도하거나 구타했던 사람들에게는 자신의 언동에 관한 정치적 책임이라는 것이 있겠지요.

시라이 '60년 안보'◆ 때 꽤 열심히 활동했던 사람들 중에서도 그 후 일반 사회로 복귀한 경우가 많은 것 같습니다만.

우치다 당시는 사회가 아직 너그러운 편이었지요. '60년 안보운동'은 본질적으로는 반미애국운동이었으니까요. 반미애국 감정에 관해 말하자면 당시 일반 시민들 중에도 "그 마음은 알겠다"라고 얘기하는 사람이 많았지요.

시라이 그런데 '70년 안보'에 이르러서는 철저하게 운동에 참가한 사람은 사회가 받아들이지 않았던 것 같습니다. 그 원인의 일단이 연합적군聯合赤軍 사건▲이나 혁명적 마르크스파와 중핵파 등의 가혹한 내부 투쟁이었다는 것은 확실하고, 그런 점에서 자멸한 측면도 강하긴 합니다. 다만 전

◆ 1959년부터 1960년, 1970년 두 차례에 걸쳐 전개된 미일안전보장조약(안보조약)에 반대하는 대규모 투쟁. 흔히 '60년 안보', '70년 안보'라고 한다.

▲ 1971년 12월 31일 이후 테러조직 연합적군은 산악베이스 사건과 아사마산장 사건이라는 대형 사고를 일으킨다. 이 두 사건을 묶어 '연합적군 사건'이라 한다. 산악베이스 사건은 원래 알려지지 않았던 사건인데, 아사마산장 사건으로 체포된 자들의 자백에 의해 밝혀졌다. 연합적군은 경찰의 수사망에서 탈출하기 위해 산중에 '산악베이스'라는 산장을 건설하고 잠복한다. 그 와중에 '총괄'이라 불리는 내부 숙청이 있었는데, 집단 린치를 가해 열두 명을 살해한다. 한편 아사마산장 사건은 산악베이스에서 도망친 연합적군 구성원들이 모 기업이 보유한 산장을 점거하고 일으킨 인질농성 사건으로, 총기로 무장한 젊은이들은 9일간 경찰과 대치했다. 이 광경은 텔레비전으로 생중계되어 일본 사회에 충격을 주었다.

전에도 혈맹단 사건*과 5·15사건*을 일으킨 사람들은 형식적으로는 처벌을 받았지만 많은 사람들이 그 후 사면되어 이런저런 활약을 했지요. 그중에는 전후 우익의 거물이 된 사람도 있습니다. 다른 한편 2·26사건▲ 주모자들은 총살을 당합니다. 전후의 반체제운동도 그런 사건들에 비추어볼 수 있을지 모릅니다.

우치다 그렇게까지 극단적이지는 않았을 겁니다만, 확실히 '70년 안보' 때는 과거와 비교해 사회 전체가 과격파 학생에 대해 관용적이지 않은 쪽으로 바뀐 것 같긴 합니다. 그런데 내 친구인 와세다의 혁명적 마르크스주의자 학생은 다나카 가쿠에이에게 취업을 부탁하러 갔다더군요.(웃음)

시라이 에쓰잔카이越山會■ 말입니까?

우치다 졸업하고 고향에 갔더니 아버지가 "가쿠에이 선생에게 가면 일자리를 알아봐줄 것"이라면서 그를 데리고 갔답니다. 적군파였던 사람과 함께 가서 정직하게 "과격파였습니다"라고 했더니 다나카 가쿠에이가 "장래성이 있는 청년"이라며 즉시 취직을 알선해주었답니다. 그래서 그 후 에쓰잔카이 청년부의 열렬한 활동가가 되었다더군요. 뭐, 당연합니다.

- 1932년 2월에서 3월까지 '혈맹단'이 일으킨 연속 테러 사건. 전 재무상 이노우에 준노스케와 미쓰이 재벌 총수 단 다쿠마가 살해당했다.
- 1932년 5월 15일 장교후보생들과 민간인들로 구성된 '혈맹단'이 당시 수상 이누카이 쓰요시를 암살한 사건.
- ▲ 1936년 2월 26일부터 29일 사이에 육군 황도파의 영향을 받은 청년장교들이 일으킨 쿠데타 기도. 내대신 사이토 마코토, 대장상 다카하시 고레키요, 교육총감 와타나베 조타로 등이 살해되었다.
- ■ 정치 후원 단체. 주로 다나카 가쿠에이를 후원했다.

하지만 다나카의 대응도 현명했다고 생각합니다. 사회로부터 배제된 젊은이를 받아들였기 때문이지요. 내버려두면 장래에 사회적 불안 요인이 될지도 모르는 젊은이를 자신의 헌신적 지지자로 만들었으니까요.

시라이　그것과 비슷한 일을 한 사람이 도쿠슈카이德州會▼의 도쿠다 도라오德田虎雄이지요. 예를 들어 공산당 소속이었던 청년이 오면 "그런가. 자네는 일본의 혁명을 위해 열심히 했네. 훌륭해. 이제부터는 의료혁명을 위해 힘써주게"라고 말하고 그 자리에서 채용했다고 합니다. 그 덕분에 도쿠슈카이에는 좌우 모든 그룹에서 온 원래 당파 소속이던 사람들이 많았던 것 같습니다.

우치다　그것은 해로울 게 없는 채용입니다. 체제 쪽에도 그게 낫지요. 사회 불안이 줄어들고 질서가 지켜질 수 있을 테니까요.

시라이　그런 생각을 하는 정치가나 경영자도 지금은 거의 찾아볼 수가 없습니다. 어느 순간부터 커뮤니케이션 모드가 바뀌어버렸다고 생각합니다. 이 자리에서 화제가 된 다나카 가쿠에이나 도쿠다 도라오의 행동은 대단히 전통적인 것이기도 합니다. 번藩을 벗어나 에도로 온 사카모토 료마坂本龍馬가 존왕양이尊王攘夷의 지사로서 개국파 신하 가쓰 가이슈勝海舟를 베러 갔다가 가쓰의 말을 듣던 중 거꾸로 그의 문하생이 되었다는 유명한 에피소드가 있지요. 전전의 정치가들에게도 그와 같은 이야기가 아주 많습니다. 야마가타 아리토모山縣有朋도 절복折伏의 달인이었습니다. 또

▼　의료법인 도쿠슈카이를 중심으로 한 일본 최대의 의료 그룹. 의사로 중의원 의원을 지낸 도쿠다 도라오가 창설했다.

5·15사건 때 청년장교가 "들어보면 알 것이다"라고 말하는 이누카이 쓰요시大養毅에게 "문답무용"이라 답하고 그 자리에서 사살한 것도 유명한 이야기인데, 이것 역시 암살자가 야만적이었다는 것을 의미하지는 않습니다. 이누카이도 죽일 생각으로 온 상대를 설복시키는 달인으로 유명했기 때문에 장교들은 "이누카이와 말을 주고받아서는 안 된다. 설득되고 말 테니까"라고 생각하고서 저런 문답을 했던 것입니다.

요컨대 과거의 '대인배들'은 '설득할 수 있다'는 자신감을 갖고 있었습니다. 다나카 가쿠에이든 도쿠다 도라오든 좌익 청년의 '혁명의 대의'보다 위에 있는 '대의'를 설명해 납득시킬 수 있는 자신감이 있었기 때문에 포용력이 있었습니다. 지금은 누구도 그럴 수 없게 되었습니다. 도쿠슈카이에 대한 사직 당국의 추궁은 어떤 의미에서 이러한 전통적 원리가 살아 있는 최후의 집단에 대한 억압이었던 것처럼 보이기도 합니다.

일본인은 언제 일어설까

시라이 얼마 전 오사카에서 열린 정치 모임에 불려 갔더니 고바야시 세쓰 씨가 오셔서 "더 이상 민주당(현 민진당)은 안 된다"라고 말씀하시더군요. "지금까지 부지런히 이런저런 연합에도 손을 써왔지만 더 이상은 안 된다. 이제 새로운 깃발을 내걸 수밖에 없다"라고 말씀하셨습니다. 결국 자민당으로부터 정권을 빼앗아 영속패전 체제를 타도하기 위해서는 새롭게 그 일을 실행할 수 있는 당을 만들 수밖에 없다는 것입니다.

확실히 저도 그럴 수밖에 없을 것이라고 생각합니다. 다만 도대체 누구를 의원으로 내세울지가 큰 문제입니다. 물론 돈 문제도 있지만, 돈 이상으로 후보자가 문제입니다. 누구를 내세울 것인지가 결정되면 출자자도 찾을 수 있을 테니까요. 지금은 그야말로 "우치다 선생, 의원으로 나가주세요"라는 말을 들을지도 모르는 상황입니다.

우치다 나는 슬슬 은거할 예정이라…….(웃음) 신당은 기본적으로 현역 국회의원이 중심이 되어 만드는 것이지요.

시라이 예. 그런 측면도 있지만 피를 바꾸지 않으면 제대로 될 리가 없다는 것은 불 보듯 뻔합니다. "당신이 맡아주세요"라는 말만 듣고 "아, 그렇습니까"라며 덥석 떠맡을 수 있는 일은 아니니까요.

우치다 스페인에서는 포데모스^{Podemos}라는 시민운동에서 시작된 새로운 유형의 좌익 정당이 나왔지요.

시라이 저도 얼마 전 텔레비전 다큐멘터리를 보았습니다만, 당수 파블로 이글레시아스는 1978년생으로 저와 비슷한 나이입니다. 원래는 정치학자였지요. 서른 명 정도로 시작한 시민운동이 점점 규모가 커졌고, 당을 결성한 지 고작 이십 일 동안에 십만 명이 넘는 당원을 모았습니다. 그리고 최근 스페인 총선거에서 40석 이상을 획득했다고 합니다. 대단한 성과지요.

우치다 그 정당의 핵심 강령은 노동자에게 가장 후하게 재분배하라는 것입니다. 그렇게 하지 않으면 정말로 재생산이 불가능해지는 막다른 상황에 처할 것이기 때문에 민중의 지지도 모이는 것이겠지요.

시라이 그런데 류코쿠 대학교의 히로세 준廣瀬純이 편저한 『자본의 전제, 노예의 반역資本の專制, 奴隷の叛逆』에 따르면, 스페인에서는 2011년 반긴축재정·반전제정치를 내건 래디컬한 운동[젊은이를 중심으로 한 오큐파이 occupy(점령하라) 운동]이 시작됐고, 그러한 움직임이 포데모스의 결성으로 이어졌습니다. 후쿠시마 제1원전 사고 이후 일본의 사회운동은 아직 그 정도의 규모에 이르지 못할지도 모릅니다.

우치다 현재의 상황을 보건대 특히 장년층과 노년층은 자신들이 궁지에 몰려 있다는 사실을 그렇게 절실하게 느끼고 있지는 않은 것 같습니다. 하지만 연금제도나 국민개보험제도國民皆保險制度가 무너지고 장학금 부채를 수백만 엔씩 떠안고 블랙기업에 비정규직으로 고용되는 일이 계속된다면 일본 국민도 슬슬 정신을 차리지 않을까요? 이렇게 말없이 잘 참고 있는데도, 세금은 올리고, 임금은 내리고, 물가는 올리고, 복지는 줄이는 글로벌 기업 우대 정책에 박수갈채를 보내는데도, 정작 나 자신에게 좋은 일이라고는 전혀 일어나지 않는 상황에 처하면 조금씩 정신을 차리지 않을까요?

시라이 하지만 아직까지 정신을 차리지 못하고 있습니다.

우치다 미디어 책임이겠지요.

시라이 그게 큰 문제라고 생각합니다. 큰손 미디어의 톱을 장식하는 것은 늘 아베 수상이 회식을 하면서 즐거워하는 모습이니까요. NHK는 지진속보조차 제대로 내보낼 수 없는 지경에 이르렀습니다. 가동 중인 원전(가고시마현의 가와우치 원전)의 어떤 장소는 진도^{震度}를 보여주는 지도에서 지워버립니다.

신자유주의의 공세에 대한 분노가 아직 고조되고 있지 않은 것은 유럽과 상황이 다르기 때문인지도 모릅니다. 영국 노동당의 제러미 코빈이 일약 당수가 된 가장 큰 이유는 지금의 보수당 정권이 NHS$^{National Health}$ $_{Service}$(국민의료제도)의 범위를 점점 좁힌 것에 분노한 하층계급 사람들이 반격이라도 하듯이 코빈에게 표를 몰아주었기 때문이라고 합니다.

우치다 처음에는 가망성이 전혀 없는 후보였는데 최종적으로는 당원들로부터 압도적인 지지를 받았지요.

시라이 미국의 샌더스도 그렇고 코빈도 그렇고, 지지자는 압도적으로 젊은 층이었지요. 그렇다면 일본은 어떻게 될까요. "드디어 젊은이들이 일어섰다"고 말하는 사람도 있는 것 같지만 실상을 보면 아직 소수파입니다.

우치다 요전에 시라이 씨와 함께 식사를 한 'SEALDs KANSAI'[●]의 사람들에게 물어보니까 "멤버는 그렇게 많지 않다"고 하더군요. 그래도 안보법안 때는 우메다에 몇천 명이나 모았으니까 참 대단하지요.

시라이 전적으로 동감합니다. 결코 크지 않은 집단이지만, 그 집단의 사회적 목소리는 몇백 배 몇천 배 더 크게 더 멀리 퍼져 나갔기 때문에 정말로 대단하다고 생각합니다. 다만 다른 한편으로 집단의 규모가 더욱 커질 때 발생하는 문제도 드러났습니다.

우치다 학내에서는 고립되어 있다고들 하더군요.

시라이 저도 대학에서 일하고 있기 때문에 생생하게 살필 수 있습니다. 젊은이들이 사회에 대해 무관심한 것을 둘러싸고 오래전부터 많은 얘기가 있었습니다만, 이처럼 사회적 모순이 표면화하고 있는데도 상황이 바뀌지 않는 것을 보면서 저는 솔직히 충격을 받습니다. 그들은 즉각 "잘 모른다"라고 말합니다. '모른다'라고 말할 때의 표현도 '모르니까 알고 싶다'는 의미의 '모르겠습니다'가 아닙니다. '특별히 알고 싶지도 관계하고 싶지도 않다'라는 의미의 '모른다'입니다. 그런 태도가 널리 퍼져 있지요.

우치다 일본에서는 'サヨク'(사요쿠, 좌익)라고 가타카나로 적어 냉소의 대상으로 삼는 상황이기 때문에 사회주의자 수상이 나오려면 앞으로

[●] Students Emergency Action for Liberal Democracy-s KANSAI. 자유롭고 민주적인 일본을 지키기 위해 간사이 지역 학생들이 조직한 긴급 행동. 2015년 5월 3일 출범, 2016년 8월 15일 해산.

30년 정도는 기다려야 할지도 모릅니다.

시라이 그렇다 하더라도 미국에서 격차의 확대 때문에 사회주의가 각광을 받고 있는 시대에 왜 일본에서는 몇십 년 뒤처진 대처리즘이나 레이거노믹스 흉내를 내고 있는 것일까요. 이 또한 저는 놀랍기만 합니다. 격차가 커지면서 점점 계층사회로 나아가고 있는 일본의 현 상황을 보면 국민의 의식이 사회주의로 향해도 좋을 것이라고 생각합니다만.

우치다 학생들도 실제로는 모두가 발등에 불이 떨어진 처지입니다. 수업료는 점점 올라가고, 학자금 대여는 폐지되고, 졸업을 해도 40퍼센트가 비정규직 고용이어서 고용조건은 점점 나빠지고 있습니다. 이러한 현실에 대해 "아무리 그래도 이건 너무하다"고 느끼고 시스템의 시정을 요구하는 목소리가 터져 나와도 좋을 때라고 생각하는데…….

시라이 그 목소리를 억압하는 것은 무엇인지 뒤에서 이야기해보고 싶습니다.

진짜를 모르는 정치가들

시라이 저는 아베 신조 또는 하시모토 도루 같은 정치가의 정치 수법에 일종의 파시즘적인 특징이 있다고 생각합니다. 그것은 현상에 대한 부정적인 감정을 자극해 자신을 지지하게 하려는 방식인데, 저의 기준에 따르면 그것은 "사람들의 악감정에 의거하는 정치"라는 의미에서 히틀러의 정치 수법과 공통점을 갖고 있으며, 그래서 파시즘적이라고 판단하는 것입니다.

파시즘의 본질은 무엇일까요. 여러 가지 설이 있지만, 끝까지 파고들다 보면 파시즘 특유의 권력 획득 패턴에 도달합니다. 인간이 품고 있는 포지티브한 감정과 네거티브한 감정 가운데 나쁜 쪽의 감정을 지지기반으로 하여, 그 나쁜 감정을 밀어내 없애려고 하기보다 오히려 그것을 증폭시키는 발언을 하고 그것에 공명하는 자들을 스스로의 권력기반으로 키워갑니다. 이러한 정치를 파시즘적인 정치라고 정의할 수 있지 않을까요?

인간의 감정에는 여러 종류가 있습니다. 크게 나눠보면 나쁜 감정과 좋은 감정이 있는데, "다른 사람을 돕고 싶어" 하거나 "다른 사람의 행복을 함께 즐기고 싶어" 하는 것과 같은 좋은 감정이 있는 한편, 질투, 선망, 증오와 같은 나쁜 감정도 있습니다. 자신이 놓인 상황이 좋지 않을 때는 아무래도 나쁜 감정이 싹트기 쉬울 겁니다. 따라서 경기가 나빠서 세상살이가 어려워지면 당연히 나쁜 감정이 솟아나기 쉽습니다. 그때 정치가 해야 할 본래의 역할은 나쁜 감정이 생겨나는 것은 피할 수 없더라도 그것이 커지지 않도록 가능한 한 대처하는 것이라고 생각합니다.

정치라는 것은 언제나 인간의 감정에 의거하게 마련이지만 다른 한편으로는 어느 정도까지 인간의 감정에 영향을 줄 수 있는 힘도 갖고 있습니다. 그 힘을 사람이 나쁜 감정을 갖지 않는 방향으로 사용하는 것이 좋은 정치이고, 거꾸로 스스로가 권력을 얻기 위해 사람의 감정을 이용하고 증폭하고자 하는 것이 파시즘일 것입니다.

우치다 정말로 납득이 가는 설명입니다. 지난번 시장 선거 때 하시모토 도루 시장이 "여러분, '이런 오사카'여서야 되겠습니까?"라고 말하는 것을 듣고 깜짝 놀랐습니다. '이런 오사카'라니, 자신이 8년 동안 부정府政과 시정市政을 담당해온 바로 그 오사카를 '이런 오사카'라고 하지는 않았겠지요. 그도 그럴 것이 오사카의 현 상황이야말로 그들의 정치적 성과가 아니겠습니까. 그것 말고 무엇에 기초해 정치적 활동의 성패를 판단할 수 있을까요. 그것을 "이대로 좋습니까?"라고 표현하지는 않을 겁니다. 그런데 나처럼 반응하는 사람은 정말 적고, 오사카에서는 "그렇다. '이런 오사카'는 안 된다"라면서 하시모토에게 박수갈채를 보내는 시민이 압도적으로 많습니다.

시라이 파시즘의 대두를 막기 위해서는 유권자들이 후보자의 그러한 부분을 알아차리고 기피하지 않으면 안 된다고 생각합니다. 아베 신조나 하시모토 도루에 대해서도 본래대로라면 "이 사람은 별 볼 일 없다"는 것을 직감적으로 알아야만 할 것입니다.

우치다 자민당 의원들이 저지른 일련의 불상사나 비열한 언동을 보아도 알 수 있듯이, 상당히 의도적으로 질 나쁜 사람들이 국회의원으로 뽑힌다고 생각합니다. 지금 정치의 저열화는 선거민 쪽이 '글러 먹은 인물'을 통치자로 뽑은 것이 가장 큰 원인일 것입니다.

시라이 같은 파시즘 중에서도 스케일의 차이는 있지만, 비교하자면 현대 일본의 파시스트적 정치가들보다도 히틀러의 파시즘 쪽이 훨씬 큰 비전을 갖고 있었다고 생각합니다. 대지大地와의 관계를 구체적인 형태로 실천하고자 했고, 건축이론만 해도 이른바 폐허론, 그러니까 "제3제국이 사라진 후에도 폐허로서 위대한 건축물이 남는 것이 나치스의 건축이다"라는 주장을 했습니다. 장대한 비전을 갖고 있었기 때문에 그 힘도 무시무시했고, 가공할 피해를 초래한 것도 사실이지요. 그런데 아베의 '아름다운 나라'론은 같은 파시즘으로서 비교하자면 아무런 내용이 없다고 말하지 않을 수 없습니다.

우치다 아베 정치에서는 조국에 대한 사랑을 느낄 수가 없습니다. 자기가 태어나고 자란 거리, 풍토나 전통문화에 대한 경의나 애정을 전혀 느낄 수가 없지요. 철저하게 도회적인, 시티 보이의 파시즘입니다. 그런 점에서 독일의 나치즘과도 이탈리아의 파시즘과도 프랑스 비시의 파시즘과도 완전히 다릅니다.

시라이 아베는 선거구인 야마구치현에 산 적이 없는 것 같습니다. 지금의 2세, 3세 정치가가 모두 그렇긴 합니다만.

자민당의 어떤 유력 정치가를 담당했던 기자에게 들은 이야기가 있습니다. 한번은 선거가 있어서 그 정치가가 도쿄에서 선거구로 향했답니다. 선거구는 간사이 지방의 어느 과소過疎지역입니다. 특급을 타고 자신의 선거구로 가는 그 정치가와 동행했는데, 그때 그가 이런 말을 흘렸답니다. "아, 그곳에 가면 정말 당혹스러워. 어떤 표정을 지으면 좋을지 모르겠다니까." 솔직한 속마음일 겁니다. 그 정치가도 2세입니다. 출생지라는 이유로 선거구를 이어받았지만, 도쿄에서 자랐고 그곳에 산 적이 없습니다.

"이와 비슷한 상황이 있었는데……"라고 곰곰이 생각하다가 "전전의 부재지주와 똑같다"는 것을 알아챘습니다. 아버지로부터 지역기반을 물려받았을 뿐 선거구에는 기생적인 관계밖에 갖고 있지 않습니다. 이처럼 부재지주와 같은 사람들이 지금 권력의 중추에 앉아 있는 것입니다. 정말이지 기생지주제 해체의 실패가 대외침략과 파국을 초래한 역사를 떠올리지 않을 수 없습니다.

우치다   아마 그들 자신도 자기와 고향 산천의 관련성이 희박하다는 것을 느끼고 있을 겁니다. 그래서는 영 체면이 서지 않는다고 생각해서 뭔가 대신할 것을 찾다가 이데올로기적으로 '아름다운 나라로'라든가 '전통적인 가족'과 같은 아무 내용 없는 슬로건을 실없이 내뱉습니다. 그런데 그런 슬로건은 기존의 우익적 언설에서 빌려온 것으로 그들의 생활감각이나 신체감각에 뿌리내리고 있는 게 아닙니다. 그저 속임수에 지나지 않습니다. 지금의 극우 이데올로기가 드러내고 있는 것은 상상의 공동체, 상상의 산천에 대한 향수입니다.

시라이　교육 문제에 관해서도 같은 말을 할 수 있다고 생각합니다. 결국 실태를 알려고도 하지 않고 상상만으로 말하는 정치가가 많습니다.

얼마 전 정치가의 교육 문제에 관한 관심을 잘 아는 사람으로부터 "정치가의 교육에 대한 개입은 정말로 문제가 많다"는 이야기를 들었습니다. 그 사람에 따르면, 교육 문제에 개입하는 정치가 중에도 두 유형이 있습니다. 하나는 자신이 받은 교육에 감사하는 유형. 예컨대 하세 히로시馳浩 문부과학성 대신은 세이료 고등학교 국어교사였다가 프로레슬러가 된 색다른 경력의 의원입니다. 그는 이러저런 국면에서 대립하기도 하지만 아직은 이야기가 통하는 듯합니다. 하세 대신의 경우 고교시절에 레슬링을 하고 전국체전에서 우승하기도 해서 좋은 기억을 갖고 있습니다.

문제는 다른 하나의 유형인데 자신이 받은 교육에 대해 반감을 갖고 있는 사람들이 여기에 속합니다. 교육에 개입하는 정치가 중에서도 특히 악질적인 유형의 사람들에게 공통적인 점은 "자기가 교육을 받을 때 좋은 선생에 대한 기억이 전혀 없다"는 것인 듯합니다. 그런 정치가가 지금도 교육행정 담당자가 되거나 해서 애를 먹는 것 같습니다. 게다가 어설픈 교원 경력을 들이밀며 "현장은 내가 잘 안다"는 표정으로 교육 현장에 개입하려고 하는 질이 정말 나쁜 사례도 있다는 얘기였습니다.

그런 정치가는 어떤 의미에서 불행한 사람입니다. 빈약하고 불행한 교육 체험밖에 없는 까닭에 "지금의 학교와 교사는 전부 개판이다"라고 큰소리치면서 이렇게 하라는 둥 저렇게 하라는 둥 공격적으로 개입하고 싶어 합니다. "이래야 한다"라며 그럴싸한 말을 늘어놓지만 정작 그것은 말하는 본인이 한 번도 경험하지 못한 일입니다. 결국 자신에게 좋은 경험이 없는 까닭에 관념론에 지나지 않는 것이지요.

그런 이야기를 듣고 맞장구를 치지 않을 수 없었습니다. 정치가들은 곧잘 "교육을 재건해야 한다"고 말하지만, 대부분의 경우 초점을 벗어났다는 느낌을 지우기 어렵습니다. 아마도 그것은 자신이 받아온 교육에 대해 좋은 기억이 없기 때문일 겁니다. 결국 진짜 교육을 알지 못한 채 교육론을 늘어놓고 있는 셈이지요.

제비뽑기와 투표이일제

우치다 대지와 전통에 이어져 있다는 것을 실감하지 못합니다. 바로 그렇기 때문에 더욱더 '아름다운 나라'니 뭐니 알맹이 없는 말을 하고 싶어 합니다. 선거구에서 살아본 적이 없는데도, 지역대표로서 의석을 차지하고 있지요. 그 틈을 메우기 위해 지나치게 국수주의적인 언설을 아무 생각 없이 늘어놓습니다. 일본 정치가의 말이 점점 공허해지는 원인 중 하나는 여기에 있을 겁니다. 흔히들 말하는 2세 의원의 폐해에 관해 시라이 씨는 어떻게 생각하십니까.

시라이 확실히 이렇게 세습 정치가가 많은 것은 큰 문제입니다. 북한의 세습 권력 체제를 '김 씨 왕조'니 뭐니 해서 비난하는데 도저히 그럴 수 없는 것이죠. 그러나 제가 듣기로는 "그래도 공모公募한 사람들에 비하면 2세, 3세 의원은 나은 편이다"라고들 말하는 것 같습니다. 그 요인의 하나는 "선거에 강하기 때문에 공부할 여유가 있다"는 것입니다.

의원이라면 누구나 다음 선거를 불안해할 테지만 특히 소선거구제로 바뀐 이후 그런 경향이 강합니다. 소선거구에서 싸웠던 라이벌 측은, 특히 야당의 경우, 다음 선거에 대비해 지역구에서 계속 활동합니다. "그와 달리 나는 국정에만 얽매여 있는데 과연 다음 선거에서 당선될 수 있을까"라며 걱정만 하고 있을 수는 없는 노릇이기에 시간만 나면 지역구로 돌아갑니다. 전혀 공부하는 모습이 아니라는 것이죠. 이에 비하면 선거에 자신이 있는 2세, 3세는 공부를 하려고 하기 때문에 그나마 더 낫다는 겁니다. 물론 공부할 생각이 있는 2세가 있다면, 그렇다는 말씀입니다만.(웃음)

우치다 여당은 어떻게든 의원의 머릿수를 채우고 싶어 합니다. 압도적인 다수파를 형성하기 위해서는 모두가 집행부의 하향식 지시를 따르는 '예스맨 졸개 의원'이 필요합니다. 숫자만 채우면 그만이지요. 개인적으로 양보할 수 없는 정치적 견해가 있고 독자적인 지원조직을 갖고 있어서 집행부에 대들어도 당선될 수 있는 힘이 있는 의원은 필요로 하지 않습니다. 통제에 방해가 될 뿐이니까요. 그래서 굳이 개인적으로 별 힘이 없고 집행부의 뜻을 결코 거역하지 않을 후보자를 긁어모읍니다. 그 결과 국회의원의 질이 점점 떨어지는 것이지요.

그런데 그것은 수상 관저에서 보자면 오히려 '바람직한 사태'입니다. 아베 정권이 노리는 것은 행정부가 입법부와 사법부보다 상위에 있는 정체政體이기 때문이지요. 국회의원의 추문이 잇따르고, "국회의원은 변변찮은 놈들뿐이다"라는 평가가 국민들 사이에 자리 잡으면, '국권의 최고 기구'로서의 입법부의 위신은 떨어집니다. 그리고 사람들은 "의원 수를 줄여라", "참의원은 필요 없다", "수상 공선公選이 낫다"와 같은, 국회를 경시하고 의회제 민주주의를 부정하는 말에 수긍하게 됩니다. 그걸 바라는 것이 행정부이지요. 입법부가 공동화空洞化하면 법률의 집행자인 행정부가 상대적으로 강한 권한을 갖게 됩니다. 따라서 정치적인 역량이 있거나 견식이 있는 후보자는 배제됩니다.

시라이　오히려 거추장스럽지요.

우치다　당으로서는 "너 이 선거구에 가서 입후보해. 자금도 준비하고 표도 알아서 모아줄 테니 아무 걱정하지 말고"라는 말과 함께 내려보낸 낙하산 후보가 가장 써먹기 좋습니다. 그래서 자력으로는 선거에서 이길 수 없는 후보, 지역구의 유권자들이 자신들의 대표로 "꼭 나와달라"고 간청하는 일 따위는 절대 없을 후보자를 굳이 선택하는 것입니다. 의원이 되고 싶긴 하지만 특별히 이렇다 할 정치적 식견이 있는 것도 아닌 의원들만 점점 늘어나는 것이지요.

시라이　확실히 지금의 자민당 의원이 전부 무라카미 세이이치로村上誠一郎와 같은 사람들이었다면 이런 식의 정치는 도저히 불가능했을 것입니다. 최근 의원의 질적 저하는 우치다 선생이 말씀하신 대로 그런 구조에서 비롯됐다고 생각합니다. 우연히 나빠진 것이 아니라 질이 떨어지는 자만 발탁되는 시스템에 문제가 있습니다.

우치다　기반이 약한 의원들이 갖고 있는 "집행부 말을 듣지 않았다가는 다음 선거에서 공천을 받지 못해 실직할지도 모른다"는 공포심을 이용해 당을 지배하는 것이지요. 처음부터 정치 경험도 없고 지역의 기대를 안고 있는 것도 아닌 일반인이 정당의 공모에 응하는 이유는 자력으로는 결코 도달할 수 없을 것만 같은 사회적 포지션에도 당영선거黨營選擧라는 '지렛대'를 활용하면 다다를 수 있을지도 모른다는 바람이 있기 때문이겠지요.

시라이 예. 그러한 욕망에 사로잡힌 보잘것없는 사기꾼이 미야자키 겐스케宮崎謙介나 무토 다카야武藤貴也 같은 사람들이지요. 이런 패거리는 처음부터 주의나 주장 따위를 갖고 있을 리가 없기 때문에 당연히 예스맨이 되어 출세를 엿보기 마련입니다. 그들의 경우 정치가로 출세하기 전에 윤리 감각이 너무 없어 자멸하고 말았는데, 어떤 의미에서 차라리 잘된 일인지도 모르겠습니다. 하지만 그 이전에 국회의원이 되어서는 안 되는 사람들이었습니다.

우치다 위에서 '우향우'라고 말할 때 아무 생각 없이 오른쪽으로 향하는 사람이 아니면 대신이 될 수도 없고 NHK 회장이 될 수도 없습니다. 그런 모습을 매일 보여줍니다. 그것을 보고 국민은 학습하는 것이지요. "아, 그런 것이구나. 일본 사회에서는 예스맨이 아니면 출셋길이 열리지 않는구나." 일본의 조직은 어디랄 것 없이 그렇습니다. 예스맨이 아니면 위로 올라갈 수 없습니다. 조직은 '심술쟁이'나 '고집쟁이'를 일정 정도 포함해 한 방향으로 기울지 않도록 제어되어야 마땅하지만, 오늘날 일본의 조직은 위에서 아래까지 온통 예스맨이 차지하고 있습니다. 윗사람의 얼굴빛과 세상의 동향에만 신경 쓰는 사람들로 채워진 조직은 빨리 무너집니다. 상사가 잘못된 선택을 했을 때 "그건 곤란하지 않습니까"라고 간언하는 사람이 이미 어디에도 없기 때문입니다.

이런 실정을 생각하면 소선거구제 도입이 잘못된 것인지도 모릅니다.

시라이 그런 의견도 있지요.

우치다 소선거구제에서는 득표율과 의석점유율 사이에 아무런 관련이 없습니다. 아슬아슬한 득표 차이가 극적인 의석 차이에 반영됩니다. 소선거구제를 채택하고 있는 캐나다에서는 1993년 하원 선거에서 여당의 의석이 선거제 개선 전 169석에서 2석으로 줄어드는 희귀한 일이 있었습니다. 득표율은 16퍼센트였는데 의석점유율은 0.7퍼센트. 이런 일이 일어나고 맙니다. 2014년 총선거에서 자민당의 비례구 득표율은 33퍼센트. 이것이 정당지지율에 가까운 숫자일 테지만, 선거구를 합한 의석점유율은 60퍼센트에 이릅니다. 이것을 민의를 적절하게 반영하는 선거제도라고 말할 수 있을까요?

시라이 "소선거구제는 폐해가 많기 때문에 중선거구제로 돌아가야 한다"고 주장하는 사람도 많습니다만, 역사를 보면 원래 중선거구제였다가 문제가 많다 하여 소선거구제를 택했지요.

중선거구제 시대에 지적받은 문제는 중간 단체에 의한 지배의 구조였습니다. 결국 파벌정치이고 금권정치여서 파벌이나 조직의 보스가 "까마귀는 희다"라고 하면 "예, 까마귀는 흽니다"라고 말해야만 했습니다. "이 제도하에서는 정책을 다투지도 못하고 부정도 극심해지니까 바꾸지 않으면 안 된다"는 의론이 있어서 지금의 소선거구제로 바꿨지요. 그랬더니 이번에는 파벌 보스의 부조리한 지배 대신 당 집행부의 독재와 의원의 예스맨화가 문제로 떠올랐습니다. 요컨대 정치에 관계된 사람들이 처음부터 글러 먹었다는 것이 증명된 셈입니다. 순수하게 제도의 차원만 생각해도 일장일단이 있으므로, 단순히 중선거구제로 돌아가더라도 "역시 이것도 안 돼"라는 결말에 이를 수밖에 없을 겁니다.

제도 개혁을 추진하려면 아주 대담하게 해야 합니다. 그렇지 않으면 의미가 없다고 생각합니다. 아이디어는 얼마든지 있습니다. 예를 들어 고대 그리스를 본떠 선거의 어떤 단계에서 '제비뽑기'를 합니다. "제비를 뽑은 사람만 입후보할 수 있"는 제도를 선택할 수도 있고, "득표수 상위 두 명 중에서 제비뽑기로 최종 한 명을 결정하는" 것처럼 어느 단계에서 우연성이 개입하는 시스템을 마련할 수도 있습니다. 그렇게 하면 정치가에게 실력 이상의 권위가 발생하지 않습니다. 아무리 정성껏 받들어 모시면서 이익을 끌어내고자 해도 제비를 뽑지 못해 낙선할 수도 있기 때문입니다.

임기 문제도 있습니다. "왜 의원의 수준이 낮아지는가." 이 물음에 사람들은 "'어떻게든 의석을 사수하지 않으면 안 된다'는 발상에 갇혀 있기 때문"이라고 대답합니다.

우치다   미국의 대통령은 초선 때는 "재선이 필요하다"는 이유로 인기가 떨어질 만한 정책은 미뤄놓습니다. 재선이 되어서야 간신히 자신이 하고 싶은 일을 할 수 있다고 합니다.

시라이   "그렇다면 처음부터 첫 번째 임기만 일하게 하면 된다. 그렇게 하면 다음 선거는 생각하지 않아도 되니까"라고 생각할 수도 있을 겁니다. 예컨대 참의원의 경우 "임기 10년, 연임 금지"라고 결정할 수도 있겠지요.

우치다   10년은 너무 길지 않은가요? 6년이면 충분합니다.

시라이   정말로 수준이 높은 인재를 국회에 보낼 수만 있다면 10년 임기도 괜찮은 시스템이라고 생각합니다. 어떻게 해야 양질의 사람이 당선될 수 있을까, 이것 또한 어려운 문제이긴 합니다만.

우치다 현실적으로 참의원 의원은 임기 두 번 총 12년이 한계이지 않습니까. 중의원도 제한한다는 얘기가 있지요.

시라이 또는 "한 번 임기를 끝내면 다음 선거에는 나올 수 없다"고 정할 수도 있습니다.

우치다 선거제도에 관해 나는 '투표이일제'를 제안합니다. 토요일과 일요일 이틀에 걸쳐 투표하자는 것입니다. 유권자 절반에게는 토요일의 투표권이, 나머지 절반에게는 일요일의 투표권이 옵니다. 먼저 토요일의 투표가 끝나면 그날 중에 집계해 결과가 나옵니다. 그 개표 결과를 알고서 다음 날에는 일요일의 투표권을 가진 사람들이 투표소로 갑니다. 일요일 투표에서는 후보자 중에서도 당선 가능성이 있는 사람 가운데 '더 낫다'고 생각하는 쪽에 표가 갈 것이기 때문에 사표死票가 줄어듭니다. 게다가 자신의 한 표로 선거 결과가 바뀔 수 있다는 것을 실감할 것이기 때문에 투표율도 올라갑니다.

지금대로라면 저녁 8시 개표 속보가 시작된 순간에 텔레비전 방송국이 '당선 확실'을 내보내겠지요. 그걸 보면 정말이지 맥이 탁 풀립니다. 나는 아침까지 두근대는 마음으로 개표 속보를 보고 싶습니다. 이틀로 나눠 투표하면 토요일 밤에는 아직 '당선 확실'이 뜨지 않으니까 아침까지 손에 땀을 쥐면서 볼 수 있습니다. 특히 일요일의 투표권을 갖고 있는 사람은 토요일의 투표 결과에서 눈을 떼지 못합니다. 비용을 생각해도 투표소를 빌리거나 입회인을 지원하는 것이 하루치 늘어날 뿐 사표가 극적으로 줄고 투표율이 극적으로 높아진다면 예상보다 괜찮지 않겠습니까.

시라이   그렇다면 토요일 투표권을 받은 사람은 운이 나쁜 축에 속하겠군요.

우치다   그 점에 관해서는 이견이 있을 듯합니다. 하지만 지금은 투표율을 올리는 것, 사표를 줄이는 것, 득표율과 의석점유율이 상관관계를 갖도록 하는 것이 최우선이지 않을까요?

시라이   그런 거라면 지금이라도 당장 할 수 있을 겁니다.

우치다   그런 건 당장 할 수 있지요.

시라이   선거제도에 관해서는 이 자리에서도 다양한 아이디어가 나왔듯이 작은 것에서부터 큰 것까지 공부할 점이 많다고 생각합니다. 다만 정치학자나 정치분석가가 모두 제도만 물고 늘어지는 것은 문제가 있다고 생각합니다. 어떤 제도에든 약점은 있기 마련이고, 제도 이야기만 하다보면 정신의 문제는 어느새 잊히고 맙니다. 저는 기본적으로 "제도가 나빠도 사람이 확실하기만 하면 괜찮다"는 주의주의主意主義입니다.(웃음)

우치다   확실히 그 말이 맞습니다.(웃음)

시라이   그와 동시에 가능한 한 정신에 좋은 제도를 창출하지 않으면 안 되겠지요.

2

제국화하는 국민국가와 영성靈性

글로벌화와 로컬화의 물결

시라이 일본에는 글로벌화 시대와 로컬화 시대가 번갈아 찾아온다는 설이 있습니다. 제가 보기에는 요나하 준奧那覇潤의 책『중국화하는 일본中国化する日本』이 심플한 이론을 사용해 그 문제를 대담하게 정리해놓은 것 같습니다. 요나하는 이렇게 말합니다. "일본사史란 중국화하는 시대와 에도화하는 시대의 교체를 되풀이하는 것이었다." '중국화'는 일본의 역사에서 일종의 글로벌화를 의미합니다. 해외에서 발전하고 있는 보편적인 제도에 맞추고자 하는 것이 중국화 시대이고, 그 시대에는 그때그때의 글로벌 스탠더드에 맞추려는 경향이 강해집니다. 그러한 시대에는 바다를 건너는 사람들의 출입도 잦아집니다.

그런 시대가 있는 한편, 글로벌화에 따르는 부정적인 부분의 영향이 커지면 사태가 역전되어 이번에는 국내에 가두고자 하는 경향이 나타납니다. 밖에서 들어오는 파란波亂 요인을 차단하고 내부를 안정시켜 "모두 사이좋게 잘해보자"는 시대가 오는 것이죠. 그것이 '에도화 시대'입니다. 하지만 그런 시대가 길어지다보면 다시 일종의 폐색감閉塞感이 떠올라 이번에는 외부 세계의 것을 받아들이자며 다음의 중국화 시대로 나아갑니다.

그의 이론 도식에 따르면 에도 시대는 그야말로 '에도화' 시대였습니다. 그 이전 전국시대戰國時代는 중국화, 글로벌화의 시대였습니다. 바로 그

때 야마다 나가마사^{山田長政}와 같은 사람들이 동남아시아까지 가서 교역을 했고, 도요토미 히데요시는 조선에 출병했으며, 지구 반대편에서 유럽인이 오기도 했습니다.

그러나 "이런 식으로 출입이 잦은 것이 혼란의 원인"이라며 도쿠가와 이에야스는 그런 것을 모두 금지해버립니다. "안에서 살라"는 말이지요. 게다가 그중에서도 일부의 인간 외에는 지금 살고 있는 장소를 떠나서는 안 된다는 가혹한 고정화 정책을 실시합니다. 다이묘들에 대해서는 참근교대^{參勤交代}＊나 토목공사를 시켜 반란을 일으킬 힘도 해외로 나갈 자원도 없애버립니다. 조르주 바타유^{Georges Bataille} 식으로 말하면 과잉 에너지를 내부에서 탕진하게 하는 것이지요. 이런 정책을 취함으로써 국내는 상당히 안정되었습니다.

우치다　그렇게 해서 270년 동안 평화가 계속되었으니까요.

시라이　대안정^{大安定} 시대였지요. 그런데 구로후네^{黑船}＊가 찾아와 다시 중국화, 글로벌화의 시대가 시작됩니다. 메이지유신부터 대일본제국의 붕괴까지는, 중간에 영토적 확장도 있었고 아시아뿐만 아니라 북미와 남미까지 상당수의 이민이 나가는 등 강하게 중국화의 경향을 보인 시대였습니다. 그리고 그것은 제2차 세계대전에 패배하면서 파탄에 이릅니다. 요나하는 "중국화가 파탄에 이르면서 쇼와 후기[＝전후^{戰後}]는 에도화의 시

　●　에도 막부가 다이묘들을 교대로 일정 기간씩 에도에 머무르게 한 제도.
　◆　1853년 일본에 내항한 미국 페리 제독의 함선.

대로 접어들었다"고 지적합니다.

우치다 '쇼와 후기'라는 표현 참 신선하군요. 처음 들었습니다. 정말이지 전후는 에도화의 시대였습니다. 그런데 헤이세이에 들어 다시 글로벌화가 시작되었지요.

시라이 예, 전체적인 그림을 보면 그렇습니다.

우치다 그 점에 대해서는 나도 전적으로 동감합니다. 일본이라는 나라가 글로벌화와 로컬화를 반복해왔다는 것은 나도 같은 의견입니다. 견당사遣唐使 시대, 헤이안 시대 말기 다이라 기요모리平清盛의 일송日宋무역 시대, 전국시대, 막말幕末 메이지 초기가 글로벌화 시기였습니다. 이문화에 대한 개방도開放度가 높은 시기와 안에서 문을 닫는 시기가 번갈아들었던 것이지요.

세계와 리듬이 어긋나는 일본

우치다 글로벌화 시대와 로컬화 시대가 교대하는 간격이 점점 짧아지는 것 같습니다만.

시라이 그렇습니다. 세계경제의 측면에서 봐도 하나의 체제가 다른 체제로 바뀌는 기간이 짧아지고 있다고 생각합니다. 제2차 세계대전 후 통화제도는 금달러본위제를 기초로 하는 브레턴우즈 체제에서 왔습니다. 이것은 자본의 자유, 국경을 넘는 이동의 자유에 대해 상당 정도 규제를 가하는 시스템입니다. 이것은 달러를 유일하고 절대적인 기축통화로 삼는 시스템인 동시에 각국이 각각의 국민경제를 발전시킨다는 생각에서 만들어진 것입니다. 일본의 쇼와 후기의 에도화도 브레턴우즈 체제를 배경으로 하여 가능해졌다고 말할 수 있습니다. 그러나 이 상황은 영구히 계속되지 않습니다. 그것은 미국이 자본주의 세계의 유일한 강국이라는 입장이었기 때문에 성립할 수 있는 시스템이었습니다. 미국 이외의 선진 공업국이 전부 불타버린 들판과도 같았던 대전 직후의 상황은 전후 부흥이 진행되면서 당연히 개선되었고, 그 결과 달러가 미국에서 국외로 유출되어 금달러본위제가 지켜지지 않게 되자 "금과 달러의 교환을 정지하고 변동상장제變動相場制 ●로 이행하는" 1971년의 닉슨 쇼크에 이른 것입니다.

1980년대 들어 미국 경제가 더욱 약체화하면서 미국은 스스로 살아

남기 위해 자본이동 자유화 카드를 내보이며 자본의 운동에 대한 속박을 풀게 됩니다. 이에 따라 세계경제의 글로벌화가 진행되었지요. 그러나 2000년대 후반에 접어들어 그것이 막다른 길에 이르자 "경제의 글로벌화는 무서울 정도로 세계경제에 취약성을 초래한다"는 사실을 인식하게 됩니다. 2010년대인 지금 유럽에서도 미국에서도 "지나치게 나간 글로벌화에 브레이크를 걸지 않으면 안 된다"는 의견이 진지하게 오가게 되었습니다. 그것이 현재의 개략적인 정세라고 생각합니다.

우치다 　글로벌화에 대한 반동으로 미국은 이제부터 로컬화로 향할 것이라고 생각합니다. 그렇지만 미국은 저력이 있는 나라이고 지하자원도 풍부하기 때문에 계속 세계제국으로 남을 수는 없어도 어느 정도 이상의 풍요는 유지할 수 있을 것입니다. 미국의 경우 대영제국의 축소라는 '성공 사례'가 가까이 있기 때문에 그것을 모델로 하여 세계제국에서 '손을 떼는' 방법을 찾지 않겠습니까. 영국은, 한때는 일곱 곳의 바다를 지배했던 세계제국이 대서양에 떠 있는 섬나라로 쪼그라들었음에도 대국으로 살아남을 수 있다는 것을 보여준 역사상 희귀한 사례이니까요.

시라이 　미국도 대영제국처럼 축소되면 좋겠습니다만.

우치다 　미국은 세계제국을 감축함으로써 살아남은 영국의 사례를 모방할 것이라고 생각합니다. 당연히 그 과정에서 과거의 '영국병'과 마찬가지로 '미국병'이 만연할 것입니다. 경제적으로 활기를 잃어 실업률이

● 　floating exchange rate system, 환율을 외국 환율 시장에서 외화의 수요와 공급의 관계에 맡겨 자유롭게 결정하게 하는 제도.

증가하고 사회 불안이 커지는 것을 피할 수 없겠지요. 그런데 미국은 영국에 비하면 자원도 풍부하고 땅도 넓습니다. 현명한 정책을 실수 없이 선택한다면 그렇게 큰 피해 없이 '세계제국의 감축'을 달성할 수 있지 않을까요?

시라이 미국은 저렇게 광대한 토지와 풍부한 자원을 갖고 있기 때문에 마음만 먹으면 자기완결적인 세계를 구축할 수 있을 것입니다. 다만 이미 오랜 기간 동안 글로벌리즘의 아성으로 노릇해온 만큼 모드 전환이 쉽지만은 않을 것이라는 문제가 있겠지요. 하지만 장기적으로는 그렇게 할 수밖에 없을 것이고, 유럽도 마찬가지로 글로벌화와 신자유주의 노선을 근본적으로 재검토할 수밖에 없을 것입니다. 격차와 빈곤의 문제를 비롯한 사회문제의 대부분이 글로벌화의 폭주에서 기인한다는 것을 인정하지 않을 수 없게 될 것입니다.

이런 맥락에서 생각해보면, 지금 아베 정권은 한층 더 일본 경제의 글로벌화를 주장하고 있는 것처럼 보입니다만, 이것은 "세계가 '이제 그만 하자'라고 말하고 있는데도 여전히 계속할 셈인가"라고 되물을 수 있는, 상당히 시대의 흐름에 뒤처진 시책이라 할 수 있습니다.

우치다 나도 그렇게 생각합니다. 글로벌화와 로컬화의 문제는 어떤 게 좋고 어떤 게 나쁜지를 따지는 것이 아닙니다. 그 나름의 역사적 요건에 따라 나라는 열리기도 하고 닫히기도 합니다. 역사도 일종의 리듬에 따라 움직입니다. 그것을 감지하고 적절한 정책을 채택하면 살아남을 수 있을 것이고, 리듬을 감지하지 못하면 큰 상처를 입지요.

시라이 　말씀하신 대로 일본은 주변국과 리듬이 어긋나버린 것은 아닐까요? 여러 나라가 국민경제라는 단위를 재검토하고자 하는 시기에 수상이 TPP의 깃발을 휘두르며 "글로벌 경제밖에 없다"라고 말하는 것을 보면 그런 것만 같습니다.

우치다 　세계의 변화 간격이 너무 짧아져서 정치가도 관료도 따라잡을 수 없는 상황인 듯합니다. 움직임에 휘둘려 자꾸만 선수를 빼앗깁니다. 세계의 추세에 늘 뒤처지는 '따라잡기catch-up' 노선보다는 어떻게든 '국민생활을 지키는' 것을 최우선시하는 국민경제라는 사고방식으로 되돌아가 흔들림 없는 국가 전략의 기둥을 세우는 쪽이 결과적으로는 얻는 게 많을 것이라고 나는 생각합니다만.

국민국가는 제국화로 향한다

우치다 다만 내가 보기에 향후 국민국가의 형태가 종래의 베스트팔렌 시스템(주권 존중, 상호불가침 체제)으로 돌아갈 가능성은 전혀 없습니다. 이미 국민국가의 액체화는 상당히 많이 진행되었습니다. 이런저런 글에서 볼 수 있듯이, 국민국가 시스템이 녹아 '제국화'의 프로세스를 밟을 것이라는 이슬람 법학자 나카타 고中田考 선생의 예측은 충분히 설득력이 있다고 생각합니다.

중동이나 아프리카에서는 '국경선의 일부가 직선'인 나라를 얼마든지 볼 수 있습니다. 이들 나라는 모두 과거에 식민지였다가 종주국이 물러간 뒤 독립한 나라들입니다. '형태가 부자연스러운' 이 나라들은 예외 없이 내전, 쿠데타, 군사독재 등을 빈번히 경험하고 있습니다. 중앙정부의 하드파워가 제대로 기능하지 못하는 것입니다. 원래 존재했던 부족사회는 언어와 종교와 생활문화를 공유하고 하나의 공동체로서 통일성을 유지해왔습니다. 하지만 식민지가 되었을 때 열강들이 담합해 원래 있었던 부족사회의 영역과 무관하게 지도 위에 선을 그어 국경선을 획정하고 말았습니다. 그 결과 같은 부족이면서도 다른 나라의 국민으로 구분되어 갈라지는 사례가 있는가 하면, 거꾸로 같은 나라 안에 잠재적으로는 적대적이고 동포의식이 없는 부족집단을 얼마든지 포함하는 경우도 있었습니다. 동일 부족이 국경선을 넘어 다시 통합하고자 하면 국경선 다시 긋기를 요구하는 분쟁으로 이어지고, 동일 국가 안에서 다른 부족끼리 헤게모니 투쟁이 격화하면 내전으로 이어집니다. 현재 중동이나 아프리카의 파탄 국가 대부분은 '국경선이 직선'인 나라입니다. 그것은 요컨대 자연발생적으로 국민국가의 통합성을 획득할 수 없었다는 말입니다. 외적 강제에 의해 인위적으로 국경선을 정하면 이렇게 됩니다. 결국 국민국가의 통합을 최종적으로 담보하는 것은 구성원들의 동포의식입니다. "우리들은 동포다"라는 믿음입니다. 그러니까 무슨 일이 일어나면 서로 도와야 한다고 생각하는 사람들이 구체적으로 그곳에 있다는, **육체성을 띤 공동체 환상**인 셈입니다. 어차피 국민국가라는 게 모두 환상이라는 것은 두말할 필요도 없지만, 그 환상이 육체성을 띠고 있느냐 그렇지 않으냐는 국민국가의 통합 정도에 큰 영향을 미칩니다. 중동과 아프리카의 '만들어진 지 얼마 되지 않은 국민국가'는 유감스럽게도 공동환상이 육체성을 띠고 있지 않습니다. 그래서 파탄 국가가 속출합니다. 이것을 재통합하려면 과거에 한 번은 강한 통합력을 발휘했던 공동환상이 재등장하기를 바랄 수밖에 없습니다.

나카타 고 선생이 주장하는 '칼리프제 부흥' 구상은 이 '과거에 한 번은 강한 통합력을 발휘했던 공동환상'의 재등장 전략과 같은 맥락에서 이해할 수 있을 것이라고 생각합니다. 오스만제국은 13세기부터 20세기 초까지 굴곡이 있긴 했지만 중동, 발칸, 북아프리카를 포함한 지중해 세계를 지배했기 때문입니다. 나카타 선생에 따르면, '아랍의 봄'● 때 이집

트의 무슬림동포단은 이 싸움이 생각대로 잘 끝난다면 터키의 에르도안 대통령을 칼리프로 하여 오스만제국 판도를 회복한다는 구상을 갖고 있었던 것 같습니다. 에르도안도 칼리프로 지명될 경우 받아들일 생각이었다고 합니다. 나카타 선생과 나이토 마사노리內藤正典 선생 두 분이 대담하는 자리에서 그런 놀랄 만한 뒷이야기를 하더군요.

　수니파가 오스만계의 칼리프를 중심으로 일단 통합합니다. 시아파에는 최고의 이슬람 법학자인 이란의 하메네이가 있습니다. '칼리프' 에르도안이 수니파를 대표하고 하메네이가 시아파를 대표합니다. 그리고 이 두 정치 주체가 각각 구미와 강화해 '상호불간섭' 서약을 합니다. 나카타 선생은 그것이 중동에서 학살과 파괴를 일시적으로 멈추게 할 수 있는 가장 효과적인 선택이라고 말합니다. 그것은 정치적 해결이라기보다 오히려 이슬람법의 법리에 따른 해결책이라고 하더군요. 나도 지금 당장은 구미와 이슬람 세계가 가치관의 공유를 달성할 수는 없을 것이라고 생각합니다. 나카타 선생은 각 진영이 상대의 가치관, 우주관, 언어, 종교, 사법제도를 "자신들의 것과는 다르지만 존중한다"는 태도를 취하는 것 말고는 전쟁을 끝낼 방법이 없다고 말하는데, 내 생각도 그렇습니다.

시라이　지금의 정세를 보면, 통일로 나아가고자 하는 이슬람 세계의 움직임에 대해 "그건 안 된다"라며 시아파를 후원하는 형태로 러시아가 개입하고 있는 구도가 아니겠습니까. 그러나 대단히 소박한 의문입니다만

● 2010년 12월 북아프리카 튀니지에서 촉발되어 아랍·중동 국가 및 북아프리카 일대로 확산한 반정부 시위운동.

시아파와 수니파는 왜 저렇게 사이가 좋지 않을까요? 말할 것도 없이 그들은 타협에 이르기까지 장렬하게 죽고 또 죽일 것입니다.

우치다 나도 왜 저렇게 사이가 나쁜지 모릅니다. 우리들 비이슬람교도의 입장에서 보면 도대체 뭐가 다르다는 것인지 잘 알 수가 없지만요.(웃음) 다만 실제 인구 비율을 보면 수니파가 80퍼센트, 시아파가 20퍼센트로 차이가 크고, 다수파인 수니파가 이질적이긴 하지만 시아파의 "존재를 인정하는" 형태로 상대적인 안정을 유지하고 있습니다. 미국의 경우도 그렇습니다만, 길항하는 두 가지 원리를 공동체 내부에 포함하고 있는 쪽이 조직적으로는 강하다고 말할 수도 있습니다. 두 원리의 길항은 공동체 조직을 불안하게 하는 것이 아니라 거꾸로 공동체를 활성화하고 공동체를 개방 상태로 유지하는 요인입니다. 현재 유대교가 그렇지요. 유대교의 성전인 『탈무드』도 두 버전이 있고, 과거에는 성구聖句 해석의 권위를 지닌 두 학원이 있었으며, 어느 시대에나 두 명의 위대한 랍비가 등장해 상대의 해석에 이의를 제기하는 일을 되풀이해왔습니다. 성구의 해석에서 결코 최종적 해결에 이르지 않도록 종교공동체가 설계되어 있습니다. 그것에 의해 유대교 공동체는 오늘날까지 생명을 이어온 것입니다.

이슬람 공동체도 의식적인지 무의식적인지 모르겠습니다만 "동일 종교공동체 내에서 두 원리가 길항"하는 방법을 채용하고 있습니다. 그런데 생각해보면 당연합니다. 두 원리가 길항하면 "우리들의 공동체는 어떤 성사적聖史的 사명을 띠고 등장했는가"라는 근본적인 물음이 반복해서 주제로 떠오를 수밖에 없습니다. 단일 원리에 따라 공동체가 규율되어버리면 "우리는 무엇을 위해 지상에 존재하는가"라는 자기 자신의 아이덴티티에 관한 근원적인 질문을 아무도 던질 수 없게 됩니다. 사소한 문제를 꼬치꼬치 따지고 드는 훈고학으로 떨어져버려 종교가 활력을 잃습니다.

게다가 국민국가의 국경선을 넘어서, 같은 수니파로서 종교적 아이덴티티를 자각하는 것은 그 지역에서 새로운 지정학적 동인動人이 되고 있습니다. '수니파＝터키계 벨트'의 존재입니다. 중국은 최근 일대일로一帶一路 구상을 내놓았습니다만 이것, 그러니까 중국령인 신장 위구르에서 중앙아시아의 키르기스스탄, 타지키스탄, 우즈베키스탄, 투르크메니스탄, 아프가니스탄, 아제르바이잔에 이르는 옛 실크로드는 모두 '수니파＝터키계' 지역입니다. 지금은 국민국가의 국경선에 의해 분할되어 있지만, 유목민적인 에토스에 따르면 종교와 언어와 인종과 생활문화를 함께하는 거대한 공동체입니다. 그것이 지금은 국민국가 안의 소수민족과 몇몇 국민국가로 분단되어 있지만 이 분단은 그다지 자발적으로 이루어진 것이 아닙니다. 소련과 중국이라는 대국의 이해관계에 따라 선이 그어졌지요. 따라서 러시아와 중국 양국 중앙정부의 하드파워가 줄어들면 '수니파＝터키계 벨트'가 국경선을 넘어 하나로 뭉칠 가능성은 늘 있습니다. 이것은 러시아의 입장에서 보나 중국의 입장에서 보나 악몽과도 같은 상황 전개이기 때문에 '일대일로' 구상과 거기에 거액의 투자를 끌어들이기 위한 AIIB Asian Infrastructure Investment Bank (아시아 인프라 투자 은행) 구상이 나옵니다. 나카타 선생은 이 지역의 움직임을 이해하기 위해서는 상하이협력기구 Shanghai Cooperation Organization●의 움직임에 주목해야 한다고 말합니다. 중국,

러시아, 인도, 몽골, 이란, 파키스탄 등이 참가하고 있는 이 기구는 미국의 세계 전략에 대한 대항축의 성격을 지닌 것으로 보입니다만, 유라시아 대륙 한가운데 '수니파=터키계 벨트'가 형성되는 것을 저지하기 위한 정치동맹이라는 측면도 있는 듯합니다.

이와 같이 국민국가를 고유의 국익을 추구하기 위해 독립적으로 움직이는 정치단위로 보면 무슨 일이 일어나고 있는지 알 수 없게 됩니다. 오히려 관점을 바꿔 몇몇 국가가 지역 그룹을 형성하고 그것이 실질적인 정치단위가 되어 각각의 집단적인 목표에 따라 움직이고 있다고 보는 쪽이 상황을 파악하기 쉽습니다. 그리고 이러한 지역적인 정치단위를 '제국'으로 파악할 수 있을 것입니다. 중동은 수니파의 오스만제국, 시아파의 이란, 중국은 청조의 판도를 회복한 중화제국, 러시아는 러시아제국, 인도는 무굴제국, 유럽은 독일을 중심으로 한 신성로마제국. 다른 한편 미국은 북미 대륙에서 캐나다, 멕시코와의 NAFTA를 축으로 한 아메리카제국을 형성합니다. 그런 식으로 세계는 몇몇 제국권帝國圈으로 분할되지 않을까요? 그런 의미에서 새뮤얼 헌팅턴이 『문명의 충돌』에서 제시한 도식은 반드시 틀렸다고는 할 수 없습니다.

나카타 선생은 "나는 천 년 단위로 세상일을 생각한다"고 말한 적이 있습니다. 천 년까지 들먹일 필요는 없겠습니다만, 지금의 이야기도 금년이

● 2001년 7월 14일 러시아, 중국, 우즈베키스탄, 카자흐스탄, 키르기스스탄, 타지키스탄 등 6개국이 설립한 국제조직이다. 상호 신뢰와 선린우호 강화, 정치·경제·과학·기술·문화·교육·자원·교통·환경보호 등의 영역에서 협력 촉진, 지역 평화와 안정 그리고 안전보장을 목적으로 한다.

나 내년에 당장 어떻게 될 것이라는 이야기는 아닙니다. 조금 더 긴 안목으로 역사적 트렌드에 관해 얘기하고 있는 것이지요. 하지만 이러한 전망을 통해 지금 일어나고 있는 다양한 사건의 이면에 흐르고 있는 것이 무엇인지 알 수 있지 않을까요?

시라이 제국론에 대해서는 지금 여러 논자들이 말하기 시작했습니다. 우리들은 지금까지 국민국가의 시대를 살아왔기 때문에 '제국의 시대'를 상상하는 것이 상당히 어렵긴 합니다만, 이슬람권을 관찰해온 사람들은 원래 이슬람 세계에서는 국민국가가 취약할 수밖에 없었기 때문에 제국을 상상하는 힘이 있다고들 하더군요.

우치다 제국의 내부에서는 현재의 국민국가가 해체되고 훨씬 규모가 작은 언어공동체나 부족집단, 종파단체와 같은 보다 로컬한 하위집단으로 분할될 것이라고 생각합니다. 오스만제국의 경우도 이슬람의 다양한 소종파뿐만 아니라 기독교도도, 유대교도도, 그리스정교도도, 콥트교도도 포함하고 있었습니다. 그러한 다민족·다종교·다언어 국가가 제국입니다. 그 점이 국민국가와 다릅니다. 구미를 포함해 이제부터 전 세계가 다민족·다종교·다언어의 제국으로 분할됩니다. 각각의 하위집단은 민족·언어·종교·생활문화에서 서로 가까운 사람들이 형성하는 것이기 때문에 사이크스-피코 협정●과 같은 인위적인 국경선으로 분할된 국민국가보다는 아마도 실효성 있게 기능할 것입니다.

● 1916년 5월 영국 대표 마크 사이크스와 프랑스 대표 조르주 피코가 터키령 아라비아 민족 지역의 분할을 결정한 비밀 협정.

제국화 시대에 일본이 서 있는 자리

시라이 세계가 제국에 의해 분할되면 일본은 중화제국 권내에 들어가게 될까요?

우치다 일본은 위치가 대단히 미묘합니다. 중화제국의 동쪽 변경이 될까요, 아니면 미제국의 서쪽 변경이 될까요. 그것을 확실히 알 수 없다는 것이 제국화 시대에 일본을 괴롭힐지도 모릅니다.

시라이 일본의 경우 바다가 하나의 포인트가 되리라고 생각합니다. 바다는 크게 '내해'와 '외해'로 나눌 수 있지요. 내해라는 개념에는 "떨어진 두 장소를 잇고 있는 바다"라는 의미가 포함되어 있습니다. 이와 달리 외해는 "그것에 의해 두 장소가 멀어지는 바다"입니다.

일본열도에는 크게 나누어 서쪽의 바다와 동쪽의 바다가 있지만, 근대 이전에는 동쪽의 바다, 즉 태평양은 문제가 되지 않았습니다. 너무 넓어 그곳으로 나가봐야 아무것도 없었기 때문이죠. 그래서 요나하 준이 자신의 책에서 논의했듯이 기본적으로는 서쪽의 바다에 관해 어느 시대에는 그것을 내해로 파악해 중국화했고, 다른 시대에는 외해로 파악해 에도화했습니다. 바다를 통해 의식상의 모드 전환이 이루어졌던 것이지요.

그런데 19세기 들어 그때까지는 생각지도 못했던 동쪽 바다로부터 구로후네가 왔습니다. 그리고 개국했지요. 말하자면 그 후 일본은 서와 동

양쪽과 교제하지 않을 수 없는 상황에 처하게 되었습니다. 글로벌화할 경우에는 의식적으로 서와 동 양쪽을 내해로 파악했습니다. 그러나 제1차 글로벌화는 대동아전쟁의 실패와 함께 극적인 파탄에 이릅니다.

전후에는 어떻게 되었을까요. 두 바다 중에서 서쪽을 외해로 파악하고 동쪽을 내해로 파악하는, 의식상 대단히 뒤틀린 상황이 발생합니다. 바다의 넓이를 보면 압도적으로 서쪽 바다가 좁기 때문에 그곳을 내해로 간주하는 것이 일반적인데도, 동서 대립으로 미국 쪽에 속했기 때문에 중국 쪽에 있는 서쪽 바다를 외해로 보았던 것입니다.

그쪽에는 대립하는 동쪽의 맹주 소비에트 러시아가 있습니다. 마찬가지로 동쪽에 속한 중국과의 외교도 좀처럼 회복되지 않습니다. 게다가 동쪽 진영의 내부에서 소련과 중국이 다투기 시작하면서 상황이 복잡해집니다. 더욱이 아주 가까운 위치에 있는 한반도는 동서 진영으로 분열해 북쪽 절반은 아직도 국교가 없는 나라입니다. 그러한 정세에서 서쪽 바다를 외해, 그러니까 멀리하기 위한 바다로 자리매김했습니다. 다른 한편 광대한 태평양을 내해로 파악하고 미국을 최대 교역상대로 간주해 수출을 위한 공업지대를 태평양 쪽에 배치했습니다. 그러한 지정학적 환경에서 현실의 거리라는 관점에서 보면 대단히 부자연스러운 상황을 통해 의식상의 세계지도를 그렸던 것입니다.

그런데 냉전구조가 막을 내리면서 그런 의식 상태는 또 변혁의 요구에 직면합니다. 동서 양쪽을 다시 내해로 생각해야만 하는 상태로 되돌아간 것이지요. 그런데 문제는 일본의 역사상 천 년 단위로 생각한다 해도,

동서 양쪽의 바다를 내해로 파악해 제대로 성공한 시도가 없었다는 것입니다.(웃음)

우치다 정말로 성공한 사례가 없지요. 현재 일본은 동해(일본해)를 외해로 취급하고 있습니다만, 이렇게 지적하시는 것을 들어보면 그런 상태는 확실히 무리가 있습니다. 무엇보다 그야말로 좁은 바다를 사이에 둔 이웃이기 때문에 아무리 '바다 저편'이라 하여 중국 대륙을 의식에서 멀리하고자 해도 불가능할 것입니다.

시라이 예. 일본지도를 정반대로 뒤집어놓은 것을 본 적이 있습니다만, 그것을 보면 동해는 바다이긴 하지만 호수에 가까운 것처럼 느껴집니다. 그런 동해를 외해로 본다는 것은 정말로 부자연스럽습니다.

우치다 일본 문화 자체가 중국 대륙과 한반도의 영향 아래 형성되었으니까요. 미국 문화가 본격적으로 들어온 것은 전후부터니까 70년밖에 되지 않았습니다. 그 이전 천수백 년 동안은 대륙 반도 문화의 영향 아래 있었지요. 아직도 한자를 사용하고, 젓가락을 사용해 밥을 먹으며, 유교와 불교의 가르침은 신체에 깊이 새겨져 있습니다. 메이지 이후 구미 문화가 들어오긴 했지만, 아무리 생각해도 일본은 기독교문명권에 포함될 수는 없습니다.

미래학자 중에 로렌스 토브^{Lawrence Taub}라는 이가 있습니다. 이 사람도 헌팅턴이나 나카타 선생처럼 스케일이 큰 지역분할론을 얘기합니다만, 그는 중국, 한국, 북한, 타이완, 일본은 동문동종^{同文同種}이기 때문에 언젠가는 '유교권^{Confucio}'이라는 집단을 형성하게 될 것이라고 말합니다.

중국의 실크로드 진출

시라이 천 년 단위로 보아 제대로 된 것이 없는 상황이 출현하는 한편, 동시에 자본주의 경제가 세계적으로 막다른 곳에 도달하는 사태가 발생하고 말았습니다. 현시점에서 세계의 경기를 짓누르고 있는 요인으로 맨 먼저 거론되는 것이 중국의 과잉생산인데, 이것은 대단히 고전적인 구도에서나 볼 수 있는 디플레이션의 원인입니다. 중국의 '일대일로'라는 중앙아시아 진출 계획을 봐도 그 이면에 있는 것은 중국의 방대한 과잉생산 설비를 어떻게 가동시킬 것인가, 그것을 흡수할 수요를 어떻게 창출할 것인가와 같은 경제 문제입니다. 그렇기 때문에 뉴실크로드 계획을 통해 중앙아시아 일대에 인프라를 건설해 그곳에 중국의 과잉생산을 끌어들이려 하는 것입니다. 건설에 필요한 재원을 마련하기 위해 AIIB를 만들고, 그것을 통해 자금을 들여오려는 장대한 프로젝트이지요.

그러나 그것은 앞서 얘기한 이슬람제국이 형성되고 있는 장소와 지역적으로 겹칩니다. 중국은 도대체 그것을 어떻게 관리해나갈 생각일까요. 미국과 소련도 과거에 중앙아시아의 이슬람 지역에 손을 댔다가 지금까지 호되게 당하고 있습니다. 아프가니스탄 문제가 대표적이지요. 그렇게 위험한데도 이런 길을 택한 것은 중국의 자본주의가 갑작스럽게 추락하는 것을 피하기 위해서는 다른 방법이 없다고 판단했기 때문일 겁니다.

상하이협력기구에 주목해야 한다는 말에 전적으로 동의하는데, 이것은 중국과 러시아를 중심으로 이 지역을 어떻게 통치해나갈 것인지를 논의하는 기구라 할 수 있습니다.

하지만 이럭저럭 관리해나간다 하더라도, 가령 인프라 정비와 함께 중앙아시아가 공업화한다면 또 생산설비가 새롭게 갖춰질 것이고, 그러다 보면 과잉생산은 한층 더 심각해질 것입니다…… 이렇게 다람쥐 쳇바퀴 돌듯 악순환이 계속되겠지요.

우치다 '일대일로' 계획은 위험부담이 상당히 크지 않을까요? 실크로드에 철로를 놓으면 이동의 편리성이 단숨에 높아집니다. 철도를 따라 수니파 부족이 교통망을 연결합니다. 그리하여 지금까지 국민국가의 국경선으로 떨어져 있던 여러 부족들을 하나로 잇는 '이슬람 벨트'를 형성하는 방향으로 나아갈 것입니다. 철도가 통하고 고속도로가 통하면서 중앙아시아의 지역경제가 힘을 얻으면 그것은 그것대로 수니파＝터키계 민족 사람들의 기동성을 높일 터인데, 과연 중국이나 러시아가 그것을 제어할 수 있을까요?

시라이 아프가니스탄의 경우 영국도 제대로 통치할 수가 없었으니까요.

우치다 역사적으로 어떤 나라도 제대로 통치한 사례가 없지요. 중국만 해도 한 무제 이후 서역에서는 많은 어려움을 겪었고, 오스만제국의 최대 판도도 카스피 해 서안까지밖에 미치지 못했습니다. 영국도 러시아도 미국도 아프가니스탄에 말을 들여놓았다가 혼쭐이 나지 않았습니까.

일본 문화는 단경기에 태어난다

우치다 일본에서는 글로벌화 시대와 로컬화 시대가 번갈아 찾아온다는 이야기를 했습니다만, 일본의 경우 글로벌화가 끝나고 안으로 향하기 시작했을 때 또는 로컬화가 끝나고 글로벌화가 시작되는 두 시대의 단경기端境期에 독특한 문화가 태어납니다. 이를테면 강물과 바닷물이 섞이는 기수역적汽水域的인 시기가 문화적으로는 많은 것을 낳는다고 생각하는 것이지요.

스즈키 다이세쓰鈴木大拙의 『일본적 영성日本的靈性』에 따르면, 가마쿠라 시대까지 일본의 문화는 중국에서 수입된 것이었고 독창적인 것은 없었습니다. 동시에 그것은 도시문화였습니다. 그런데 가마쿠라 시대에 들어서면서 토착문화가 일본 국내에 발아했습니다. 그것이 바로 무도武道이고, 노가쿠能樂이고, 가마쿠라 불교였던 것입니다. 그때 일본 고유의 문화가 태어났습니다. 다이세쓰는 이것을 '대지의 영靈'으로부터 활력을 받은 것이라는 식으로 형용합니다. 문자 그대로 발바닥이 대지의 활력을 빨아들이듯이 그것을 자양분 삼아 토착문화가 태어났습니다.

일본이 가장 글로벌화한 것은 아마도 전국시대 말기부터 에도막부 초기에 이르는 시기라고 할 수 있을 겁니다. 많은 일본인이 아시아에서 웅비했습니다. 바티칸까지 사람을 보낸 시대이지요. 필리핀에도, 인도차이나에도, 인도네시아에도 일본인이 진출했습니다. 루손 스케자에몬 呂宋助左衛門, 야마다 나가마사山田長政, 다카야마 우콘高山右近, 하세쿠라 쓰네나가支倉常長 같은 사람들은 국경을 넘는 활동을 전개했습니다.

그중에서도 글로벌화의 상징이라고도 말할 수 있는 사건은 1850년 오무라 스미타다大村純忠가 나가사키의 예수회령에 기진寄進한 일이라고 생각합니다. 자신의 영지를 주변의 침략으로부터 보전하기 위해 권위자에게 명목적으로 기진하고 그 보호 아래 실효 지배하는 시스템은 헤이안 시대의 장원제莊園制부터 흔히 시행되었던 것입니다. 스미타다의 경우 기부처가 '도시의 귀족이나 절 또는 신사'에서 '예수회'로 바뀌었을 뿐 구조 그 자체는 다르지 않습니다. 따라서 스미타다는 자신이 그렇게 획기적인 일을 했다는 것을 자각하지 못했을 수도 있습니다. 그런데 만약 스미타다의 아이디어가 그런대로 성공적이었다면, 다른 규슈 지역의 영주들도 잇달아 기독교 세례를 받아 바티칸이나 도미니크회 또는 베네딕트회에 영토를 기진하고 그 보호를 받는 일이 일어났을지도 모릅니다. 그것도 일종의 글로벌화라고 부를 수 있겠지요. 하지만 도요토미 히데요시와 도쿠가와 이에야스는 "그래서는 곤란하다"는 판단에 따라 그런 시도를 전부 억눌렀던 것이라고 생각합니다. 기독교를 금지하고 외국인의 입국을 제한하는 등 쇄국 체제로 들어서면서 한쪽 끝에서 다른 쪽 끝까지 단숨에 방향이 바뀌었습니다. 그런 쇄국 상태가 2백 년 이상 이어지다가 막부 말기부터 다시 글로벌화로 나아갔습니다.

막말 무렵은 확실히 글로벌화를 지향한 것처럼 보입니다만, 그 후의 메이지 정부가 외부에 개방적인 정치 체제였는지 여부는 심히 의문스럽습니다. 청일전쟁과 러일전쟁에서 만주사변을 거쳐 중일전쟁에 이르는 시기, 영토가 확대된 것은 분명하지만 외래문화와의 교류에 의해 '기수역'적인 문화가 싹튼 것 같지는 않습니다. 오히려 내부를 순화하는 방향으로 나아간 것처럼 보입니다.

시라이 한나 아렌트는 『전체주의의 기원』에서 '제국'과 '제국주의'를 구별하고, 후자에 대해 국민국가를 무제약적으로 팽창시키는 운동이라고 논합니다. 결국 로컬한 것을 힘을 이용해 공간적으로 확대한다는 것이지요. 이 관점은 문화의 측면을 생각할 때도 중요하다고 생각합니다. 근대 일본의 제국주의가 그 전형적인 사례라고 할 수 있지 않을까요. 종주국은 문화의 융합에 의해 자국의 문화를 쇄신하는 것이 아니라 자국의 문화를 그저 들이밀기만 할 뿐입니다.

글로벌과 로컬의 틈에서 다른 문화가 융합되어 새롭고 풍성한 문화가 자라나는 일본 문화사의 법칙이 있다고 해서 그것을 일본의 식민지로 떨어진 지역에 적용하면 어떻게 되겠습니까. 예컨대 타이완은 청일전쟁으로 1895년에 할양되어 1945년 일본의 제2차 세계대전 패전과 함께 이탈했으니까 꼬박 오십 년 동안 일본이 통치한 셈입니다. 그동안 이질적인 문화가 서로 충돌했겠지요. 처음부터 있었던 타이완 문화와 일본 문화의 충돌 결과가 어떤 형태로든 유산으로 남아 있을 터인데, 일본에는 그것이 좀처럼 전해지지 않은 것 같습니다.

우치다 의도적으로 일본의 영향을 지우려고 했던 한국에 비하면, 타이완 쪽에는 일본과 타이완의 하이브리드 문화가 남아 있을 것이라고 생각합니다. 아직까지 일본어를 말하는 사람도 많고 젊은이들의 현대 일본 문화에 대한 관심도 높습니다.

1980년대 무렵에는 〈비정성시悲情城市〉, 1990년대 들어서는 〈아버지〉•와 같은 타이완 영화가 일본에 소개되었습니다. 영화를 보고 가장 놀란 점은 일상생활 속에서 일본어를 말하는 사람들이 예사롭게 등장하는 것이었습니다. 〈아버지〉는 주인공인 타이완인 중년 남성이 라디오를 통해 NHK 뉴스를 듣고 있는 장면으로 시작합니다. "일본에 가서 후지 산과 황거皇居를 보는 것이 이 아버지의 꿈"이라는 설정이었습니다. 그가 일본 문화를 좋아하는 다른 사람들과 어울려 거리로 나가 영화를 보러 가는 장면이 있는데, 그곳에서 상영되고 있던 영화가 〈너의 이름은君の名は〉입니다. 사다 게이지佐田啓二와 기시 게이코岸惠子가 등장하는 그 영화입니다. 〈너의 이름은〉은 1953년 쇼치쿠 영화사에서 제작한 작품입니다. 그러니까 전쟁이 끝난 지 얼마 되지 않은 시기에도 타이완 국내에는 일본 영화를 보고 싶어 하는 사람들이 일정 정도 있었다는 것을 알 수 있습니다. 이에 비하면 한국의 일본 문화 금지는 상당히 오랫동안 계속되었습니다. 한국에서 일본 영화 상영이 풀린 것은 1992년부터입니다. 지상파의 일본 텔레비전 드라마 방영 금지는 아직도 계속되고 있습니다.

같은 식민지 지배라고들 하지만 타이완과 한국의 온도차는 이렇게 큼

● 원제목은 〈多桑〉인데, '多桑'의 중국어 발음(두오상)이 아버지를 뜻하는 일본어 '父さん(토상)'과 비슷하다.

니다. 이러한 차이를 '오십보백보'라 하여 뭉뚱그려서는 안 된다고 생각합니다. 식민지 경영의 적부適否에 관해 비교론적 방법을 사용하는 작업은 "식민지주의 자체가 나쁜 것인데 '지독한 악'과 '더 나은 악'의 차이에 대해 연구해봐야 무슨 의미가 있겠는가"라는 논리에 의해 일축당하고 맙니다. 하지만 '오십 보'와 '백 보' 사이에는 역시 '오십 보'만큼의 차이가 있습니다. 그 '오십 보' 차이가 사람의 생사에 관련되는 경우도 당시에는 적지 않았을 것이고, 전후의 외교관계에도 짙은 그림자를 드리우고 있다고 생각합니다. 그렇다면 '비교식민지론'이라는 학문이 있어도 괜찮을 것입니다. 만주, 한반도, 타이완, 남양제도, 전시 중의 필리핀이나 인도네시아 그리고 베트남 등 각지에서 대일본제국은 식민지 통치를 실천하고 있었는데, 그중에는 비교적 성공적이었던 곳과 전혀 성공적이지 않았던 곳이 있습니다. 전전의 식민지주의 전체를 일률적으로 '제국주의'라 하여 포괄적으로 부인해버리면, 그러한 통치 시스템 속에서도 어떻게든 앞뒤 조리 있게 이야기를 하거나 측은한 마음으로 현지인을 접하고자 했던 사람들의 노력은 물거품이 되고, 거꾸로 식민지 지배에서 권력의 비대칭성을 이용해 식민지 현지인을 차별 박해하거나 그들의 재산을 약탈해 자신의 배를 채운 사람들이 개별적으로 추궁당하는 일도 없어집니다. 식민지 지배라 해도 '지독한' 곳과 '그렇게 지독하지 않았던' 곳은 농담濃淡의 차이가 있었고, 그것을 무시해서는 안 될 것입니다. 그리고 현지의 제도나 문화와 충분하지 않으나마 타협점을 마련한 사례가 만약 있었다면, 왜 그것이 가능했는지를 학술적으로 검증하지 않으면 안 된다고 생각합니다. 그

작업을 게을리하면 메이지유신에서 패전에 이르는 역사적 경험으로부터 일본인은 아무것도 배우지 못했다는 소리를 들을 것입니다.

세계에서 식민지를 경영했던 영국인이나 프랑스인은 대단히 악랄한 짓을 저지르기도 했지만 조금씩 실패로부터 배우고 있습니다. 그래서 싱가포르에서도 홍콩에서도 그리고 인도에서도 상류계급 사람들은 아직껏 영어를 사용하고, 오후에는 하이 티$^{high\,tea}$*를 즐기며, 자녀들을 케임브리지나 옥스퍼드에 유학을 보냅니다. 그것은 영국이 지금도 옛 종주국으로서 문화적인 구심력을 잃지 않고 있기 때문이지요. 저렇게 가혹한 식민지 지배를 했음에도 영국에 대한 동경은 줄어들지 않고 있습니다. 대단히 교활하게 식민지를 지배했다는 생각을 떨치기 어렵습니다.

시라이 그렇습니다. 이와 관련해 구미의 식민지 중에서도 아프리카 등지에서는 현지 문명과 유럽 문명의 차이가 아주 컸는데, 그런 측면이 일정하게 영향을 미쳤다고 생각합니다. 어느 쪽이 더 우수한 문명인지를 따질 필요가 없을 정도로 차이가 너무 컸지요.

다른 한편 일본과 조선의 경우는 어떨까요. 과거 중화제국의 판도 속에서 각각의 위치를 보면 주변국가인 조선에 비해 일본은 더 멀리 떨어진 주변의 나라입니다. 조선은 아프리카나 남아시아와 달리 완전히 이질적인 문명적 기원을 가진 상대에게 지배당한 것이 아닙니다. 어떤 측면에서는 그것이 쉽게 해소할 수 없는 알력을 초래하고 있다고 할 수 있습니다.

● 오후 늦게나 이른 저녁에 요리한 음식, 빵, 버터, 케이크를 보통 차와 함께 먹는 것.

일본의 과거 식민지 지배를 어떻게 총괄할 것인지를 둘러싸고 어려운 상황이 계속되고 있습니다. 한편에는 "우리 일본인이 근대화로 이끌었다"는 우파의 오만방자한 논조가 있는데, 정부가 공식 사죄나 배상을 최소화하려 함으로써 이러한 논조가 끊이지 않고 횡행했습니다. 그 결과 좌파는 아무리 세월이 지나도 "아직 사죄와 반성이 부족하다"는 논의로 기우는 경향을 보입니다. 결국 이것도 영속패전 체제의 문제입니다. 우치다 선생이 말씀하신 의미의 총괄은 체제가 전환되지 않는 한 불가능하다고 생각합니다.

침체 상태에 있는 프랑스

시라이 현대 유럽으로 눈을 돌려보면 지금 명실공히 중심이 된 나라가 독일이지요.

우치다 EU 중에서는 단연 빼어납니다.

시라이 제가 근무하는 학교에서는 2학년부터 제2외국어를 들어도 좋고 듣지 않아도 좋은데, 희망하는 선택 과목을 집계했더니 올해는 독일어가 크게 늘었더군요.

우치다 젊은이들은 역시 보는 눈이 있네요. 프랑스의 하락세에 비하면 독일의 현명한 행동은 두드러지게 눈에 띄니까요. 유럽에 '독일 제4제국'이 출현할 가능성이 높지요. 젊은이들이 역시 코가 예민합니다.

시라이 제가 근무하는 학교에서만 그런 것인지 아니면 그런 현상이 광범위하게 나타나는 것인지 잘 모르겠습니다만, 눈치가 빠르다는 것을 새삼 실감하지 않을 수 없습니다.

우치다 한 나라의 세력은 한 세대 이상에 걸쳐 점차 바뀝니다. 내가 대학에 들어갔을 무렵 이공계 학생이 이수하는 제2외국어 1위는 러시아어였습니다. 그것은 1960년대 우주개발에서 소련 쪽이 미국을 앞서고 있었기 때문이지요.

시라이 특히 물리학도는 러시아어를 꼭 배워야만 했겠군요.

우치다 문과에서는 물론 프랑스어가 1위였습니다. 당시에는 프랑스의 문화적 발신력이 압도적이었으니까요. 그때에 비하면 지금 프랑스의 문화적 생산력은 서글플 정도로 낮아졌습니다.

시라이 프랑스와 관련해 말하자면, 저는 최근 화제의 책 미셸 우엘벡의 『복종』을 읽었습니다. 작년에 발표된 가까운 미래를 그린 소설로 "2022년에 무슬림이 프랑스 대통령이 된다"는 설정인데, 주인공은 위스망스를 연구하는 대학 선생입니다. 이 인물이 어찌어찌해서 머릿속으로 이론을 만들어내고 최종적으로는 이슬람교로 개종한다는 것이 이야기의 골격입니다만, 가장 인상적이었던 것은 "프랑스인이 이렇게까지 자신감을 상실했는가"라는 점이었습니다.

우치다 프랑스인은 상당히 자학적으로 바뀌었지요. 엠마뉘엘 토드가 프랑스 각지에서 일어난 '나는 샤를리다' 시위*를 제재로 하여 쓴 『샤를리는 누구인가?』에도 자학과 자조가 짙게 깔려 있습니다. '좀비 가톨릭'과 같은 거친 말들이 등장합니다.

시라이 그들의 책을 읽어보면 프랑스에서는 반이슬람뿐만 아니라 반유대 움직임이 거세지고 있는 것에 대한 위기감이 고조되고 있다는 것을 알 수 있습니다.

우치다 프랑스는 반유대주의와 파시즘의 발상지이니까요. 제노포비아

● 2015년 1월 7일 프랑스의 풍자 주간지 『샤를리 에브도』 사무실에서 이슬람 극단주의자들에 의해 발생한 테러에 반대하는 대규모 시위가 벌어졌다. 이 시위의 슬로건이 '나는 샤를리다'Je suis charlie 였다.

(배외사상)의 전통은 유구합니다. 토드에 따르면 프랑스 안에서도 파리 분지와 남프랑스 근처는 리버럴하고 평등주의적이며, 나머지 지역은 토드가 MAZ라고 부르는 '중산계급classes Moyennes · 고령자personnes Âgés · 좀비 가톨릭catholiques Zombies' 세 조건으로 구성되는데 이곳이 반이슬람의 거점입니다. 토드는 이곳이 19세기 끝 무렵에는 반드레퓌스=반유대주의의 거점이었고, 제2차 세계대전 때는 비시의 대독협력정권의 지지기반이었다고 말합니다. 따라서 백 년이 지났는데도 각 지역의 정치적 성격은 전혀 바뀌지 않았다는 것이 토드의 견해입니다. 그것은 지역에서 지배적인 가족 시스템과 종교성에 의해 규정되고, 가족 시스템이나 종교성이라는 것은 하루아침에 변하는 것이 아니기 때문에 백 년이 지났어도 그때마다 정치적 의장意匠을 바꿔가면서 같은 패턴이 반복됩니다. 우엘벡은 작가고 토드는 가족인류학자여서 서로 입장과 수법은 완전히 다릅니다만, 두 사람 모두 프랑스 사회의 이데올로기적인 경직성과 지적 열화劣化에 대해서는 가차 없는 비판을 가합니다.

나는 오랫동안 프랑스 지식인이 쓴 책들을 읽어왔습니다만, 지금처럼 자신감을 상실한 시기는 없었다고 생각합니다. 예민한 지성을 갖춘 지식인들은 프랑스 사회를 얼마나 용서 없이 비판하는지, 누가 더 가차 없이 비판하는지 서로 경쟁하고 있는 듯한 인상입니다. 확실히 그들의 분석은 영리하긴 합니다만 출구가 없습니다. 그런 책을 읽는다면 프랑스인은 깊이 탄식할 겁니다. 어깨가 축 처지겠지요. 이런 식이라면 프랑스인은 국민적 자존심을 회복할 수 없지 않겠습니까. 우리 세대가 동경해 마지않았던 1950년대, 1960년대 프랑스의 문화적 풍요로움은 더 이상 바랄 수도 없습니다.

시라이 그들은 프랑스인에게 이 난처한 현실을 정확히 직시하라고 말하는 것 같긴 합니다. 직시하지 못하면 해결할 수도 없기 때문입니다. 샤를리 에브도 습격 사건 후 모두가 '나는 샤를리다'라는 슬로건을 내걸고 거리로 쏟아져 나왔지만, 토드는 그런 일에 열을 올리는 것을 두고 좀비 가톨릭의 집단적 히스테리라고 말합니다. 이것은 '공화국의 정신'이라고는 눈을 씻고도 찾아볼 수 없는 지적 열화이자 현실 도피라는 것이지요. 그렇게 말하지 않을 수 없는 상황이 있고, 그런 비참한 현실 때문에 그들 자신이 어떤 의미에서 상처를 입었으며, 그것이 거친 언어로 나타나기도 한다고 생각합니다. 이번 일을 보면 토드는 정말로 용기 있는 사람인 것 같습니다. 샤를리를 둘러싸고 사방팔방에서 뭇매를 맞고 있는 듯한데, 그럼에도 한 걸음도 물러서지 않고 할 말은 합니다.

자학적이라는 의미에서는 우리가 일본에서 하고 있는 일도 조금 비슷한 면이 있을 것입니다. "일본은 왜 이렇게 엉망인가"라는 물음을 둘러싼 분석이 그렇습니다.

우치다 『샤를리는 누구인가?』 일본어판 서문에서 제노포비아 문제는 일본도 같은 상황일 것이라고 적혀 있습니다.

시라이 별 차이가 없지요.

우치다 다만 토드와 우엘벡은 모두 "그러면 이런 식으로 하면 돼"라는 적극적인 처방전을 내놓지 않습니다. 그런데 우리는 일단 용서 없이 일본 사회를 분석한 다음, "그러면 어떻게 하면 좋을까"에 대해 필사적으로 생각하지 않나요?

시라이 　"프랑스는 어쩌다 이렇게 이상한 상태에 빠지고 말았는가"라는 질문에 대한 우엘벡의 대답은, 단순하게 말하면, "가톨릭 신앙을 잃었기 때문"이라는 것입니다. 그는 "이제 와서 가톨릭 신앙을 회복하려 해도 더이상 그럴 수가 없다"라고 쓰는데, 바로 이것이 냉정한 결론입니다.

우치다 　우엘벡은 프랑스가 엉망이 된 것은 프랑스인이 신앙, 가족애, 노동윤리를 상실했기 때문이라는 식으로 해석합니다. 이와 달리 토드는 그런 것에 매달리기 때문에 엉망이 된 것이라고 말합니다. 그런데 나는 국민국가는 영적인 통합축이 없으면 유지되지 못할 것이라는 우엘벡의 견해에 공감하는 편입니다.

시라이 　동감합니다. 세속화 과정에서 종교 대신 내셔널리즘이라는 감정을 국가공동체를 지탱하는 일종의 영적인 지주로 간주해왔습니다만, 국민국가가 경제적 단위로서 의미를 상실해가고 있는 상황에서 더 이상 그것으로 지탱하는 것은 무리라고 생각합니다. 프랑스는 일찍이 종교 비판을 혹독하게 수행한 나라이기 때문에 영적인 지주의 결락缺落이 극적으로 느껴지는 것이겠지요.

국민국가 일본을 지탱하고 있는 천황제

시라이 일본의 경우, 국민국가를 지탱하는 영성은 어디에 있다고 생각하십니까?

우치다 오해를 무릅쓰고 말하자면, 일본이 어떻게든 통합을 유지하고 있는 것은 천황제 덕분이겠지요. 일본에서 영적인 통합축으로서 유일하게 가시화되어 있는 것이 천황제이기 때문입니다.

일본 국민들은 지금의 천황 폐하와 황후 폐하, 특히 그들의 성실함, 청렴결백, 국민에 대한 걱정을 깊이 신뢰하고 있다고 생각합니다. 따라서 백성의 안녕을 기원하는 것만이 주된 임무인 사람의 모습을 구체적으로 볼 수 있습니다. 이웃에는 이러한 영적인 제도를 유지하고 있는 나라가 없습니다. 이전에 한국 사람으로부터 "천황제가 있는 일본이 부럽다"라는 말을 들은 적이 있습니다. 깜짝 놀라 "왜 그렇습니까?"라고 물었더니, "한국에서는 국가원수인 대통령이 종종 임기가 끝나자마자 재임 중의 불상사나 가족의 범죄에 연루되어 형사소추를 당하기 때문"이라고 말하더군요. 확실히 그것은 냉혹하다고 생각합니다. 국가원수가 퇴임하자마자 재임 중의 위법 행위를 추궁당하고 체포되는 것은 국가의 최고권력자에게 도덕적 성실성을 기대할 수 없고, 대통령은 국민의 윤리적인 규범이 되지 못하기 때문입니다. 확실히 전직 국가원수의 체포가 초래하는 사회윤리의 황폐화는 대단히 심각하다고 생각합니다. 이에 비해 일본의 경우, 가령 총리대신을 지낸 이가 체포되거나 독직瀆職의 의심을 받아도 그것은 천황 폐하의 아이덴티티(도덕적 청렴)에 대한 국민의 신뢰에 아무런 영향도 주지 못하지요.

시라이 탈우익 선언을 한 스즈키 구니오鈴木邦男 씨를 만났을 때, 쇼와 천황을 그린 영화 〈태양〉을 촬영한 러시아 영화감독 소쿠로프Aleksandr Sokurov 이야기가 나왔습니다. 스즈키 씨에 따르면, 천황이 소쿠로프를 아주 좋아했던 것 같습니다. 〈태양〉에는 역사적 고증 측면에서 치밀하지 못한 부분이 있다고 생각합니다만, 그건 그렇다 치고 소쿠로프의 쇼와 천황에 대한 인간적 공감 비슷한 것이 훤히 드러나 보입니다. 결국 "러시아는 혁명으로 차르(황제)를 잃어버려서 어딘지 모르게 허전한 게 아닐까"라는 말을 하고 싶었던 것이겠지요.

우치다 20세기 초까지만 해도 유럽에는 황제 국왕이 많았기 때문입니다. 제1차 세계대전이 발발했을 때 러시아에는 니콜라이 2세, 독일에는 빌헬름 2세, 이탈리아에는 비토리오 에마누엘레 3세가 있었습니다. 프랑스에도 1930년대까지 왕당파가 있었고, 파리 백작을 부르봉 왕조의 정통 왕위계승자로 떠받들고 있었습니다. 샤를 모라스Charles Maurras도 모리스 블랑쇼Maurice Blanchot도 왕당파입니다.

시라이 스즈키 씨를 만난 김에 "프랑스 우익은 지금 어떻게 되고 있습니까. 왕당파가 아직도 있습니까"라고, 전부터 알고 싶었던 것을 물었습니다. 그랬더니 "더 이상 없다"고 말씀하시더군요.

우치다 스즈키 씨 말대로 더 이상 없을 겁니다. 지금의 파리 백작은 앙리 7세라는 사람입니다만, 정치적 존재감은 전혀 없습니다. 왕당파는 비시 정권에 가담했다가 실패했습니다. 그 결과 전후 프랑스 사회에서 설 자리를 완전히 잃었습니다. 나중에 특별사면을 받긴 했지만 우두머리였던 앙리 페탱은 사형판결(종신형으로 감형)을 받았고, 비시 정부 수상이었었던 피에르 라발Pierre Laval은 총살되었으며, 모라스도 종신금고형에 처해졌습니다. 우두머리가 이적 행위로 유죄판결을 받은 터라 왕당파는 더 이상 유지되지 못한 것이지요.

시라이 일본의 현상을 돌이켜보면 위기의 깊이가 프랑스 못지않은 것 같습니다. 원전 문제만 해도 그렇습니다. 저렇게 국토가 오염되는 사고가 발생했는데도 보수파의 주류는 아픔을 전혀 느끼지 못하는 사람들처럼 보입니다. 그들은 걸핏하면 '보수'를 들먹이지만 지켜야 할 향토 따위는 어디에도 존재하지 않습니다. 실로 기묘한 '보수'입니다. 원전 사고로 인해 물리적으로 국토가 오염되고 주변 주민들이 피해를 당했을 뿐만 아니라 우리들이 대지에 죄를 지었다고 나는 생각합니다만, 그들에게는 그러한 감각이 없습니다.

그것과 아베 정권의 대미 종속 노선, 영속패전 체제의 순화純化는 수미일관합니다. 영속패전 체제는 전후의 국체이기 때문에 전후 일본의 진짜 천황은 미국밖에 없습니다. 아베 정권은 죽을힘을 다해 이 체제를 유지하려고 하는데, 그 방법은 바로 이 체제의 원리를 순화하는 것입니다. 그 과정에서 '천황＝미국'이라는 구도가 표면화되는데도 굳이 이 구도를 감추려고 하지 않는 것은 더 이상 이 나라에 영성 따위는 없다고 고백하는 것이나 마찬가지입니다. 영성이 없기 때문에 국토에 성성聖性도 없습니다. 그래서 방사능 오염을 초래하고도 무사태평인 것입니다. TPP에 의한 농업의 괴멸도 다를 바 없습니다. 이런 식으로 지금 아베 정권의 노선은 천황의 미국화를 통한 일본의 영적인 위기를 표현하는 것이고, 동시에 그것을 촉진하는 것이기도 하다고 생각합니다. 어떻게 해야 그것을 바로잡을 수 있을까요. 바로잡기 위해서는, 이상한 소리입니다만, "일본인에게는 영적 구제가 필요하다"는 말을 하지 않을 수 없습니다.

3

코스파 화하는 민주주의와 소비사회

- 코스트 퍼포먼스^{cost-performance}를 일본식으로 발음한 것으로, 비용 대비 효용을 최고 가치로 삼는 소비 행태를 뜻한다. 장기 불황이 이어지던 2000년대 초반 일본에서 발생한 신조어이며, 한국에서 말하는 가성비나 가용비와 유사한 개념이다.

시라이 여기에서 소비사회의 문제, 인간의 소비자화 문제를 다시 얘기해보고 싶습니다. 교육 문제든 민주주의 문제든 곤경에 처한 이유가 여기에 있다고 생각하기 때문입니다.

미국의 정치학자 벤저민 바버Benjamin Barber의 책 중에『소비가 사회를 망친다?! – 유치화하는 사람들과 시민의 운명Consumed: How Markets Corrupt Children, Infantilize Adults, and Swallow Citizens Whole』이 있습니다. "소비사회화와 함께 현실적으로 사람들이 점점 유치해지고 있는데 자본가 측이 의도적으로 그렇게 조장하고 있는 것이다"라는 내용입니다.

우치다 시장이 의도적으로 소비자를 유치하게 만들고 있다는 것은 말씀하신 그대로입니다.

시라이 이 책의 부제는 '유치화하는 사람들과 시민의 운명'입니다. 텔레비전 광고를 보고 바로 영향을 받아 소비하는 층은 아이들이나 젊은이들이지만, 인구의 고령화가 진행되면 그 효과가 떨어지고 맙니다. 그렇다면 고령자를 포함해 모든 어른을 아이들 상태에 머물게 하면 됩니다. 자본 측의 발상이 그렇다는 얘기입니다. 바버는 이 책에서 이런 문제를 제기합니다. "사람들이 유치화했을 경우 과연 데모크라시에 미래는 있는가?"

우치다 확실히 그 위험은 대단히 큽니다. 근대 시민사회론의 기본 원리는 "시민이 자기의 이익을 안정적으로 확보하기 위해 사리사욕 추구를 부분적으로 자제하고 공적 권력에 사권私權의 일부를 위양한다"는 것인데, 이 원리가 성립한 것은 시민이 오로지 이기적으로 사리사욕을 추구하는 것과 사권의 일부를 공권력에 위임해 공동체를 안정적으로 유지하는 것 중 어느 쪽이 자기 이익을 늘리는 데 더 유리한가에 관해 올바르게 판정할 수 있을 만큼은 지혜가 작동한다는 것이 전제되어 있기 때문입니다. 시민이 바보여서 "사회 따위는 어찌 되어도 상관없고 나만 좋으면 된다"는 식으로 생각한다면 근대 시민사회는 성립하지 않습니다. 그런데 정말로 지금 세계에서는 시민이 점점 유치해져서 "단기적인 사리만을 우선시하면 경우에 따라 장기적으로는 손해가 발생할 수도 있다"는 이치를 알지 못합니다. 이렇게 시민으로서 최소한의 지성마저 잃어버린다면 확실히 "데모크라시의 미래는 없습니다".

시라이 바버의 문제 제기는 우치다 선생이나 제가 이런저런 자리에서 표명한 의견과 다르지 않다고 생각합니다. 이런 중요한 문제에 관해서는 동시다발적으로 세계 곳곳의 다양한 사람들이 눈치채고 있으니까요.

저는 학생들을 보면서 "지금 젊은이들이 세계에서 받아들이는 것은 '쇼핑 말고 이 세상에서 중요한 것은 아무것도 없다'는 메시지가 아닐까"라는 생각을 합니다. 이제 18세까지 선거권이 부여됩니다만, 학교에서 사회 선생이 "여러분은 곧 투표권을 얻게 된다. 투표는 중요한 일이다. 국회는 국권의 최고기관이고 여러분은 주권자다"라고 아무리 열심히 말해도, 학생들은 학교 밖으로 한 걸음 나서는 순간 사방팔방에서 "이 세상에 쇼핑보다 중요한 것은 아무것도 없다"는 메시지를 받습니다. 그야말로 융단폭격이라 해도 지나치지 않을 정도이지요. 선생이 무슨 말을 해도 아무 소용이 없습니다.

조지 칼린^{George Carlin}이라는 미국의 코미디언이 "좋은 물건이 있으면 돈을 빌려서라도 마구 사들이고 싶도록 해야 하니까 사람들이 현명해져서는 곤란하다!"라고 정곡을 찌른 적이 있습니다만, 그런 식으로 '우민화^{愚民化}' 또는 'B층화'를 몰아붙여 그 대상이 되는 사람들로부터 가능한 한 많이 착취하는 것이 소비사회를 주도하는 마케팅 전략의 핵심입니다. 이 구도에서는 어디에도 '시민'은 존재하지 않습니다.

우치다 사회계약은 자율적이고 합리적으로 사고할 수 있는 시민이 존재한다는 것을 전제로 하는데, 지금의 소비사회는 '합리적으로 사고할 수 있는 시민'을 육성하는 데 관심이 없습니다. 모든 사람이 돈 벌 궁리밖에 하지 않습니다. 아니, 돈을 버는 것뿐이라면 얼마든지 벌어도 상관없습니다. 다만 그 경우에는 눈앞에 있는 것에 달려들어 그 돈을 다 써버리면 나중에 돈을 벌지 못할 수도 있다고 예상하고 현시점에서 욕구를 자제할 것입니다. '수지가 맞지 않는' 일은 하지 않지요. 그런데 지금은 그럴 수가 없습니다. '수지가 맞지 않는다'는 표현 자체를 거의 들을 수가 없습니다.

시라이 소비사회에 관한 정의는 다양합니다만, 제 나름대로 정의하자면 "소비 대상의 배후에 있는 피비린내 나는 현실을 사람들이 전혀 상상하지 못하게 된 상황"이 아닐까 생각합니다.

예를 들어 여기에 스마트폰이 있다고 합시다. 모두들 이것을 사서 편리하고 즐겁게 사용합니다. 한편 "이 스마트폰이 어디에서 어떻게 만들어졌는지"를 상상하는 사람은 거의 없습니다. 애플로부터 제조를 위탁받은 타이완 기업이 중국에서 노동 문제를 일으켜 화제가 되기도 했지요. 하지만 부품 하나하나까지 따져보면 어떤 스마트폰이든 그런 식으로 세계 각지의 공장에서 만들어지고 있으며, 그 안에는 가혹한 착취도 포함되어 있을 겁니다. 더욱이 소재까지 거슬러 올라가면 스마트폰은 금속이나 석유 제품으로 만들어집니다. 석유 채굴에는 피비린내가 늘 따라다닙니다. 석유 이권을 둘러싸고 세계적으로 무력 투쟁이 벌어진 역사가 있고, 지금도 리비아나 나이지리아 근처 석유 파이프라인은 IS 등 무장 게릴라의 습격을 받고 있으며, 시설을 지키기 위해 셸이나 BP 등 세계적인 석유 메이저 회사는 민병을 고용해 습격해 오는 게릴라를 공격해 죽이고 있습니다.

대체로 우리들이 평상시 사용하고 있는 모든 상품의 배후에는 그와 같은 피비린내 나는 현실이 존재합니다. 그러나 현대 소비사회의 소비자는 그런 현실을 알지 못합니다. 은폐되기 때문이지요. 상품의 배후에 남은 피의 흔적을 지우는 일에 엄청난 노력을 기울이는 것이 소비사회의 특징입니다.

디즈니랜드는 그런 소비사회의 상징이라고 할 수 있을 것입니다. 일본에서는 1980년대 전반, 소비사회가 이제 막 난숙기에 접어드는 시기에 문을 열었습니다. "배후에 있는 현실을 감추고 소비자에게 꿈의 나라를 제공한다"는 디즈니랜드의 전략이 멋지게 시대의 물결에 올라탄 것이지요.

덧붙이자면, 이전에 여행대리점에서 일하는 사람으로부터 "왜 도쿄행 저가 고속버스 종착역이 도쿄디즈니랜드인 경우가 많은지"에 대한 이야기를 들을 수 있었습니다. 2012년 간에쓰關越 고속도로에서 대형 사고를 일으킨 버스는 디즈니리조트 행이었습니다. 그것은 디즈니랜드로 가고 싶어 하는 손님이 많기 때문만이 아니라 다른 장소에 비해 대형차 주차요금이 싸기 때문이라는 겁니다. 그래서 가혹한 이동으로 피로에 지친 버스운전수가 디즈니랜드 주차장의 차 안에서 죽은 듯이 잠을 잡니다. '꿈의 나라'에서 한 발만 벗어나면 그런 현실이 있습니다. 이런 터무니없는 언밸런스가 사실상의 밸런스가 되는 것이 현대 소비사회입니다.

반미에서 친미로 전환하는 지점

우치다 지금 이야기를 들으면서 생각한 것입니다만, 전후 일본인의 대미 감정이 그렇게까지 뒤바뀌는 것은 내 기억으로는 대체로 1975년 무렵입니다. 1960년에는 안보 투쟁이 있었고, 1960년대 후반부터는 전공투 운동과 베트남 반전 투쟁이 고조되었습니다. 일본은 베트남전쟁의 후방 기지로서 간접적으로 베트남 침략에 가담했고 동시에 베트남 특수로 경제 성장의 은혜를 입었습니다. 같은 아시아인의 피를 제공하고 얻은 평화와 번영인 셈인데, 그 수혜자라는 것을 꺼림칙하게 여기는 흐름이 있었고 그것이 격렬한 베트남 반전 투쟁, 반미 투쟁의 형태로 나타난 것이라고 나는 해석합니다. 그것이 1970년대 초반까지 계속됩니다. 그런데 1975년 베트남전쟁이 끝나자 반미 기운이 단숨에 식어버리고 순식간에 친미적인 공기가 일본 사회에 퍼집니다.

그때 나는 도쿄에 살고 있었습니다만, 실시간으로 반미에서 친미로 극적으로 전환하고 있다는 것을 전혀 알아채지 못했습니다. 물론 일본인이 주도한 것이 아니라, 어느 정도는 미국 스스로 '반미 기운 진정 프로그램'에 관해 이리저리 머리를 쥐어짜, 아시아 일원에서 베트남전쟁으로 나빠진 미국의 이미지를 바꾸려고 했던 게 아닐까 생각합니다. 일본은 후방 지원 기지였기 때문에 베트남에서 트라우마적 경험을 한 많은 귀환병을 실제로 받아들였고 한국은 베트남에 파병까지 했습니다. 그래서 병사들을 포함해 많은 사람들이 "이 전쟁에 대의는 없다"는 것을 실감하며 공유하고 있었습니다. 어쨌든 그런 '더러운 전쟁'이 끝났습니다. 내가 미국 정부 관리라면 이렇게 생각했을 겁니다. "우선 '더러운 미국'이라는 이미지를 일신하지 않으면 태평양에서 미국의 세계 전략이 잘 통하지 않을 것이다. 어떻게든 각국에 친미 감정을 조성하기 위한 수단을 마련해야 한다."

이때 미국의 이미지 전환 전략에서 최대한 활용된 것이 미국의 반문화counter-culture였습니다. 잘 알려져 있듯이 미국 안에서도 베트남 반전을 주장하는 리버럴한 운동은 뿌리가 깊습니다. 킹 목사의 공민권 운동, 맬컴 엑스와 무하마드 알리의 블랙 무슬림, 히피 운동, 아메리칸 뉴시네마, 반전 포크와 같은 정치적·문화적인 '카운터'가 국내에서도 백악관과 군산복합체를 격렬하게 비판하고 있었지요. 베트남전쟁이 끝나자 그때까지 '카운터'였던 것이 주류문화main-culture를 대체했고, "자유와 반항의 정신이야말로 미국"이라는 소리가 울려 퍼지기 시작했습니다.

1975년 무렵 이후 일본의 젊은 층 지향의 미디어, 『뽀빠이』나 『핫도그 프레스』 같은 남성지는 '웨스트코스트 컬처west-coast culture' 일색이었습니다. 라디오도 텔레비전도 그러했습니다. 어느 사이에 록을 듣고, 서핑을 하고, 리바이스 청바지를 입고, 컨버스 스니커즈를 신고, 레이밴 선글라스를 쓰고, 지포 라이터로 담뱃불을 붙이고…… 이런 식의 라이프스타일이 일본을 뒤덮었지요.

물론 여기에는 시장의 요청이 있었고 그 요청에 따라 대리점이 딱 맞는 조사를 하기도 했겠지만 그것만이 아니라고 생각합니다. 미국의 국무부나 상무부가 해외에서 미국 이미지 전략이나 경제활동을 지원하는 활동에 적지 않게 관련되어 있었을 것입니다.

시라이 CIA일지도 모릅니다.

우치다 그럴지도 모르지요. 1975년을 전환점으로 하여 일본 국내에서는 그때까지의 반미 기운이 단숨에 식어버리고 젊은이들은 손을 뒤집듯이 친미적인 소비활동에 열중했습니다.

시라이 미국 측의 전술이 멋지게 맞아떨어진 셈이죠. 적어도 본토 사람들은 감쪽같이 속아 이후 '폭력으로서의 미국'이라는 것을 깨끗하게 망각해버렸습니다. 결국 현실을 감추고 꿈의 나라를 연출하는 디즈니랜드는 바로 소비사회의 상징이고, 미국이라는 나라의 폭력적인 부분을 덮어버리는 문화라는 이름의 위장막이기도 했다고 말해야겠지요.

우치다 나는 '반미에서 친미로 전환하는' 과정을 바로 옆에서 지켜보았습니다만, 어떻게 이런 일이 일어났는지 조금도 이상하다고 생각하지 않았습니다. 뭔가 정책적인 배려가 있을지도 모른다는 것은 아예 생각지도 못했습니다. 그랬던 내가 어떻게 학생들에게 "소비사회에 속지 마라. 사물의 이면을 봐야 한다"라고 말할 수 있겠습니까.

시라이 그렇지만 우치다 선생은 많은 저작에서 "소비사회의 표층이 아니라 전체적인 판을 보라"고 호소하지 않았습니까. 실제로 적지 않은 학생들이 인터넷을 사용할 때도 쇼핑사이트밖에 보지 않습니다. 정치 따위에는 관심이 없습니다. 그들에게 인터넷 사회는 쇼핑몰밖에 없다고 생각합니다. 그 외에 SNS로 자기들끼리 지나치게 커뮤니케이션을 함으로써 서로를 숨 막히게 하는 것이 고작입니다.

우치다 쇼핑몰이라…….

시라이 사람에 따라서는 인터넷을 쇼핑 도구로만 사용하기도 하지요. 접근 주체가 PC에서 스마트폰으로 교체된 영향도 클 것입니다. PC로 인터넷을 시작한 사람은 우선 최초의 홈페이지로 포털사이트를 사용하지요. 브라우저를 켜고 처음 나오는 화면, 예를 들면 야후 등을 홈페이지로 설정합니다. 그러면 야후 뉴스의 헤드라인이 눈에 들어옵니다. 그런데 특정 연령부터 그 아래 세대에게서는 그런 습관을 더 이상 찾아볼 수 없습니다.

우치다 그렇습니까? 확실히 요즘 학생들은 퍼스널 컴퓨터 자체를 갖고 있지 않지요. "키보드를 두드리지 못해서" 기업이 곤혹스러워한다는 얘기를 들었습니다. 워드를 쓸 줄 모르고 엑셀도 사용할 줄 모르는 젊은이들이 점점 늘어나고 있다고 하더군요.

시라이 학교 선생으로 있는 어떤 친구로부터 "졸업논문을 스마트폰으로 작성해 보내온 학생이 있다"는 얘기를 들은 적이 있습니다. 스마트폰에서도 당연히 텍스트 편집 애플리케이션이 들어 있으니까요.

우치다 어떻게 스마트폰으로 논문을 쓸 수 있을까……. 엄지손가락을 사용하나요?

시라이 지금은 플리크 입력 방식*이니까 집게손가락으로 화면을 움직여 입력합니다. 거꾸로 그런 방법밖에 모르기 때문에 키보드를 두드릴 때 양손을 사용하지 못합니다.

우치다 오래전 타이프라이터를 칠 때도 손가락 하나로 톡톡 치는 사람이 제법 있었습니다. 미국 영화를 보면 그렇게 소설을 쓰는 사람도 나오지요. 어떻게든 손가락 열 개를 다 사용해야 한다는 법은 없겠습니다만…….

시라이 그런 사람이 취직한다면 채용한 회사는 난감할 겁니다. 입사 전에 그런 것까지 확인하지는 않았을 테니까요.

어떤 대학의 수업 시간에 미디어 환경의 변천과 미디어 문해력literacy에 관해 이야기한 적이 있었습니다. "신문·잡지에 이어 텔레비전이 등장했고, 텔레비전과 신문이 정치적 오피니언을 표명하는 장으로 활용되었다. 매스미디어가 공적 정보 제공을 독점한 시대도 있었지만, 지금은 IT 시

● 한 키에 여러 문자를 담아 사용자가 선택해 입력하는 방식. 일본어 입력 시 하나의 키를 누르면 바로 위 사각창에 여러 글자가 표시되는데 이 중 하나를 선택하면 해당 글자가 입력된다.

대가 되어 매스미디어에 대해 개인이 의견을 표명할 수 있는 뉴미디어가 출현했다. 다만 여기에도 긍정적인 부분과 부정적인 부분이 있다"와 같은 교과서적인 이야기를 먼저 꺼냈습니다.

단, 현실성의 측면에서 말하자면 그런 강의는 대부분의 대학생에게 "나와 아무런 관계도 없는 이야기"로 들릴지도 모릅니다. 인터넷상에서 정치적 견해를 표명하는 학생은 학교 안에 거의 없기 때문입니다. 옛날에는 학생들에게 "신문 좀 읽으라"고 말해야 하는 상황이라며 탄식했었습니다. 지금은 그 정도가 아닙니다. "텔레비전 뉴스는 비판적으로 보도록 하라"고 말할 수준도 아닙니다. "제발 텔레비전 뉴스만이라도 보라"고 말해야 하는 현실입니다. 이 정도로 학생의 유치화 내지 탈사회화가 진행된 것으로 봐야 한다고 생각합니다.

생각난 김에 말하자면, 위의 사례를 들어 "모든 젊은이가 그렇다"고 말하려는 것은 아닙니다. 전혀 다른 행동양식을 가진 젊은이도 있습니다. 제 자신의 한정된 경험에 비추어 이런 경향이 있다고 추론하는 것일 뿐입니다.

우치다 지금 말씀하신 대로 젊은 세대가 소비활동을 통해서만 자기를 표현하는 측면은 확실히 있습니다. "무엇을 사는가"가 개성이나 아이덴티티를 표현한다는 것을 태어나면서부터 줄곧 미디어를 통해 주입받았으니 방법이 없지요. 따라서 상품을 살 돈이 없으면 스스로의 독자성도 고상한 취미도 사회적 가치도 표상할 수가 없습니다.

시라이 그러면 "돈이 없다"는 말은 곧 "스스로가 없다"는 말이나 다르지 않겠군요.

우치다 "돈이 없으면 내가 없다"는 감각을 당연하게 여기는 사람들이 더 많을지도 모릅니다. 따라서 돈이 없어지면 비활동적으로 바뀝니다. 자아가 축소됩니다. "돈이 없으면 이것도 할 수 없고 저것도 할 수 없다"는 식으로 가능성을 한정해버리기 일쑤지요. "할 수 없다"라고 하기보다 "해서는 안 된다"라고 생각하는 것 같습니다. 돈도 없는 주제에 신분에 어울리지 않는 '자아'를 과시하는 것은 대단히 예의에 어긋난다고 생각하는 것처럼 보입니다.

얼마 전, 내 도장에서 십 년 이상 무술을 익힌 고참 문하생이 "도장을 쉬겠다"고 하더군요. "월사금이 비싸 낼 수가 없다"는 것이었습니다. 내 도장의 월사금은 아주 쌉니다. 다른 도장의 절반 정도니까요. 그런데도 "돈이 없어" 수련을 계속할 수 없게 되었다는 겁니다. "돈이 없어서" 자신의 수행을 그만두고 사제관계를 끊는 것이지요. 이렇게 '미련 없이' 체념하는 것을 보고 나는 깜짝 놀랐습니다. "돈이 없다"는 것이 그렇게까지 자기를 낮게 평가하고 자신이 움직일 수 있는 범위를 제약해야 하는 이유가 되는 것일까요? 정말로 "돈도 없는 주제에" 자신이 하고 싶은 것, 해서 즐거운 일에 몰두하는 것을 허용할 수 없다고 생각하는 것 같았습니다. 그렇게 "분수도 모르고" "처지에 걸맞지 않게" 행동하는 것은 허용할 수 없는 사회적 위반행위라고 생각하는 것일까요? "돈이 없는 사람은 어두운 얼굴에 비활동적이지 않으면 안 된다"라는 자기규정을 여기저기서 감지할 수 있습니다.

시라이　그 감각은 무엇일까요?

우치다　나도 이상합니다. 아무래도 "나에게는 즐거운 것을 할 여유가 없다", 그래서 즐거운 것을 단념한다, 그렇게 하면 "괴롭긴 해도 내가 있을 만한 곳에 있다"는 자기평가의 안정감을 얻는 것 같습니다. 자기평가가 연봉에 따라 수치로 표시됩니다. 연봉의 증감에 따라 자기평가가 높아지기도 하고 낮아지기도 합니다. 참 이상합니다. 돈이 얼마나 있는가는 자신이 무엇을 하고 싶은가와 전혀 관계가 없지 않습니까. 그런데 아무래도 그렇지 않은 것 같습니다. '제 주제에 어울리지 않는' 꿈을 좇는 사람은 요즘 젊은이들 세계에서는 가혹할 정도로 평가가 낮은 듯합니다. 시라이 씨가 지적했듯이, 어린 시절부터 오랫동안 "사람은 소비하는 힘으로 자신의 가치를 표시한다"는 규범을 내면화한 결과가 아닐까요?

시라이　다카하시 와카기高橋若木라는 젊은 정치학자가 이런 이야기를 했습니다. 오늘날 젊은 층은 숙명론적 세계관에 사로잡혀 있다고 말이지요. 여기에서 말하는 숙명이란 단적으로 돈이 많고 적음을 가리키는 것일까요. 그렇다면 요자와 쓰바사与沢翼●처럼 이런저런 체면 차리지 않고 오로지 돈만을 추구해 숙명을 뒤엎을 수도 있겠습니다만, 분위기를 보면 그렇지도 않습니다. 소비가 자기의 가치를 표시한다는 감각도 버블 시대의 유물로서 경멸의 대상이 되었다고 생각합니다.

그러니까 지금 매달릴 데라고는 전혀 없는 상태에 빠져 있는 게 아닐까

● 와세다 대학교 출신의 투자 사기꾼. 십여 년 전 "24개월 만에 100억 엔을 벌 수 있다"는 인터넷 광고로 사람을 모으고 다단계 강의로 떼돈을 벌었다.

요? 과시적 소비로 자기를 표현하는 것이 행복하다는 감각은 젊은 층의 경제 상태를 보건대 있을 수 없습니다. 그러나 다른 한편 소비사회의 논리에서 벗어나 있는가 하면 그렇지도 않습니다. 어찌 됐든 무서울 정도로 수동적이라는 것이고, 그 수동성이야말로 소비사회가 만들어낸 것일지도 모릅니다.

이런 상황에서 새로운 가치관을 모색하는 사람도 있습니다. 구리하라 야스시栗原康라는 대학 후배가 있습니다. 오스기 사카에大杉榮 연구자이지요. 그는 와세다 대학원에 진학해 박사과정까지 수료했지만 이런저런 사정이 있어서 박사논문을 내지 못하고 있습니다. 지금은 비상근 강사로 연 수익이 80만 엔밖에 안 됩니다.

우치다 80만 엔이라……. 대단하군요.

시라이 최근에는 그가 쓴 책이 상당히 화제를 모아 일이 늘었을 테니까 수입도 올랐을 것이라고 생각합니다만, 기본적으로 은퇴한 아버지의 연금에 기대 살아가는 형편이라고 하더군요. 그런 그가 『일하지 않고 배불리 먹고 싶다はたらかないで、たらふく食べたい』(타바북스, 2015년)라는 괘씸한 제목의 책을 냈습니다.(웃음)

우치다 제목을 보면 그는 "일도 하지 않고 돈벌이도 하지 않는" 자신이 놓인 상황을 긍정하는 것 같군요.

시라이 그 자신은 그렇습니다. 그러나 그것은 지금 일본의 일반적 가치와 충돌하지 않을 수 없습니다. 그가 책에서 언급한 에피소드가 대단히 인상적입니다. 박사과정 때 결혼까지 생각하고 사귄 여성이 있었답니다.

고등학교 선생이었던 이 여성도 그럴 생각이 있었던 모양입니다. 그런데 역시 "이 사람은 도대체 언제쯤이나 착실하게 일할까"라는 불안과 불만을 갖고 있었지요.

두 사람은 집이 가까웠고 하루는 근처에 있는 쇼핑몰에 함께 갔습니다. 그런데 구리하라는 돈이 없어서 아무것도 사지 못합니다. 그녀가 "아무것도 안 사?"라고 묻자, 그는 "돈이 없어서"라고 대답합니다. "어째서 돈이 없지?" "일하지 않으니까." "왜 일을 안 해?" "일하고 싶지 않으니까." 이야기가 잘 되는가 싶었는데 그녀가 이렇게 추궁합니다. "왜 일하고 싶은 생각이 없지? 일하지 않으면 이런 곳에서 쇼핑할 수도 없잖아." 그러자 구리하라는 이렇게 되묻습니다. "왜 그렇게까지 하면서 이런 곳에서 쇼핑해야 하는데?" 그랬더니 그녀가 그 자리에서 화를 벌컥 내더니 이렇게 외치더랍니다. "뭐 때문에 나 같은 샐러리맨이 매일 하기 싫은 일을 하는지 알기나 해? 그건 이렇게 쇼핑센터에 와서 쇼핑하고 그걸로 걱정을 씻기 위해서야!"

결국 구리하라와 그녀는 파국을 맞이했습니다만, 이건 대단히 훌륭한 이야기라고 생각합니다. 이렇게 허무한 발언은 없을 겁니다. 그녀는 자신이 하고 있는 일에서 본질적으로는 아무런 의의를 발견하지 못하고 삶의 보람을 느끼지도 못합니다. 그런데도 그것을 견디는 것은 이곳에서 이렇게 돈을 쓸 수 있기 때문입니다. "돈을 쓰면서 걱정을 씻어버린다. 그때가 살아 있다고 실감하는 순간이다"라고 말하는 것입니다.

그녀도 평상시라면 그렇게 으스스한 생각을 꺼내 보이지는 않았을 겁니다. 그런데 구리하라라는 가치관이 다른 타자에게 화를 냄으로써 무의식적으로 진짜 생각을, 무서운 진실을 입에 올리고 말았던 것이죠. 아마도 오늘날 일본의 노동자 가운데 상당히 높은 비율이 이 여성과 비슷하게 실감하며 살아가고 있을 겁니다. 그것이 사실일 거라는 생각이 들었지요. "이 얼마나 불행한 나라인가"라며 전율했습니다. 다른 한편, 구리하라가 말하는 것은 돈이 있든 없든 욕망을 버리지 못할 이유는 어디에도 없다는 것입니다.

사회적 가치관의 일원화

시라이 사회생활을 하다보면 복수의 차원^{dimension}을 갖게 됩니다. 저의 경우, 대학 교원이고 그 대학 안에서 특정 학부의 교원이라는 측면이 있습니다. 다른 한편 아내가 있고 자식이 있는 것처럼 몇 가지 속성을 갖고 있지요. 그것이 시민으로 살아간다는 것입니다. 그러한 시민적 상태 안에서는 "벌이가 얼마나 된다", "세상에서 존경을 받는다", "이렇다 할 존경을 받지 못하고 있다" 등등 복수의 가치 기준에 의해 사회적 지위가 정해집니다.

이와 달리 일반사회와 동떨어진 '결사結社'적인 공동체에서 통용되는 기준도 있습니다. 결사라는 사회에서는, 특히 비밀결사에서 순수한 형태를 띱니다만, 일반적인 시민적 속성 일체를 도외시하고 그 결사 안의 독자적인 원리에 따라 그 사람의 위치가 정해집니다. 그 결사 밖에서 무슨 일을 하는지, 돈을 얼마나 버는지, 사회적 지위가 어느 정도인지 등등은 전혀 관계가 없습니다. 우치다 선생이 설립한 무도장이나 수련하고 있다는 노가쿠의 세계도 그중 하나입니다. 이와 같은 시민사회의 원리와 완전히 이질적인 차원까지 포함해 복수의 속성을 살고 있고, 시민이 위치한 차원에 중층성이 있으며, 그런 만큼 사람이 받는 사회적 평가가 복잡할 수밖에 없는 상태가 문명 세계를 사는 인간의 본래 모습이라고 생각합니다.

하지만 이렇게 자본주의 사회가 고도화했는데도 불황이 이어져 생활에 어려움을 겪는 사람이 늘어나면 이 모습은 어떻게 바뀔까요?

우치다 시민적 성숙의 지표는 "기량이 뛰어나다"거나 "담력이 있다"거나 "마음이 원숙하다"와 같이 문학적으로 표현되기 때문에 수치화할 수 없습니다. 그런데 요즘 사람들은 그런 "뭐가 뭔지 알 수 없는 지표"로 인간을 말하는 것을 몹시 싫어하는 것 같더군요. 객관성이 높은 정밀한 사정査定을 거쳐 그 결과를 수치로 제시해주기를 바라는 듯합니다. 가령 그 수치가 낮아도 사정을 받으면 안심할 수 있습니다. 이상한 일이지요. 가령 결과가 좋지 않아도 객관성이 높은 사정을 받을 수만 있다면 그쪽이 낫다고 생각합니다.

"진심을 말하자면 나는 이런 놈이 아니다"라는 것은 아마도 요즘 젊은 사람들이 가장 수치스러워하는 대사일 것입니다. 그런 얘기를 하면 끝장이라고 말합니다. 그것은 객관적이고 정확한 사정을 기피하는 '약한 인간'이나 하는 말이기 때문입니다. 자신은 '제 주제도 모르고 우쭐대면서' 허튼소리나 지껄이는 게 아니라 솔직하게 사정을 받고 그 수치에 따라 자기평가를 부풀리거나 줄인다고, 그렇게 하는 것이 사회성이 높고 현명하며 강한 생활방식이라고 생각합니다. "사정을 받는 인간은 훌륭하다. 사정을 기피하는 인간은 보잘것없다"라는 믿음은 도대체 언제부터 젊은이들 사이에 퍼졌을까요.

모르긴 해도 여기에도 시장의 압력이 관여하고 있을 것입니다. 소비시키는 쪽에서 보면 시장은 가능한 한 균질적이고 수가 많은 게 좋습니다.

소비행동이 균질적이지 않으면 어려움을 겪기 때문이지요. 가치관이 다르고 욕망이 다양한 소집단으로 나누어 제각각 좋을 대로 소비하게 하면 공급자로서는 비용 문제가 걸릴 수밖에 없습니다. 우비를 예로 들어볼까요. 소비자가 자신의 기호에 맞춰 우산이나 우비 또는 도롱이와 삿갓 중에서 어떤 것을 선택할지 모르는 경우와 소재와 디자인만으로 가격이 차별화되어 있는 비슷비슷한 나일론 우산을 연봉에 맞춰 선택하는 경우, 제조비용과 유통비용 모두 하늘과 땅만큼이나 차이가 날 겁니다. 따라서 공급자 입장에서는 소비자가 가능한 한 연봉에 맞춰 상품을 선택하기를 바랍니다. 연봉에 따르면 상품 선택 기준은 숫자뿐이니까요. 개성이나 취향에 맞춰 상품을 선택하게 해서는 곤란합니다. 그래서 상품을 선택할 때 개성이니 취향이니 이런저런 요구를 하려면 일정 이상의 연봉은 되어야 한다는 이야기를 미디어를 통해 매일매일 주입합니다. 그 이하에 속한 사람들은 잠자코 '분수에 맞는 것'이나 사라는 얘기지요. 연봉에 따라 바뀌는 것은 선택하는 상품 그 자체가 아니라 상품 선택의 자유 쪽입니다. 가난한 사람은 상품 선택의 자유가 없고 당연히 개성도 아이덴티티도 갖지 못한다고 말하는 것입니다.

시라이 미국 등은 이전부터 그런 사회였지요. 이미 세상을 떠난 저의 숙모는 화가였는데 오랫동안 뉴욕에서 살았습니다. 그 숙모가 언젠가 이런 명언을 들려주더군요. "뉴욕이라는 동네는 무서운 곳이란다. 이곳에서는 돈을 얼마나 버느냐가 문제일 뿐 뭘 해서 버는지는 문제가 되지 않기 때문이지."

뒤가 켕기는 일이든 뭐든 돈을 얼마나 버는지가 문제일 뿐이고, 돈이 없는 놈은 인간도 아닙니다. 이런 명쾌함이 아메리카니즘의 무서운 점입니다. 세계적으로 신자유주의화가 진행되면서 아메리카니즘의 그러한 일면이 무시무시한 기세로 세계 속을 내달리기 시작한 느낌입니다.

우치다 그런데 미국은 이 세상에서도 특수한 나라입니다. 출신이 다른 집단이 공생하지 않으면 안 되는 이민의 나라이기 때문이지요. 각 에스닉 ethnic 그룹마다 인간을 평가하는 기준이 다르긴 하지만 그것만으로는 통일 사회를 형성할 수 없습니다. 그래서 이민자들이 함께 살아가면서 인간의 가치에 관해 통일된 기준을 만들었지요.

미국의 경우, 최종적으로 인간의 가치를 판단하는 기준으로 채택한 것은 두 가지라고 생각합니다. 하나는 말씀하신 대로 연간 수익이고, 다른 하나는 성조기에 대한 충성심입니다. 이 두 가지는 외형적으로 표시 가능하기 때문이죠. 돈이 있는 인간은 그 수입에 어울리는 활발한 소비활동을 하는 것으로 자신의 사회적 포지션을 명시합니다. 그것은 의무입니다. 부자인데도 소박한 생활을 하거나 가난뱅이인데도 호사스런 소비생활을 하는 것은 그 사람의 가치 사정을 어지럽게 하는 것이라 하여 거의 반사회적인 행위로 간주됩니다. 애국심도 마찬가지입니다. 마음속으로 조용히 미국을 사랑해서는 안 됩니다. 사람이 보고 있는 곳에서 성조기를 향해 경례하고, 사람이 있는 곳에서 큰 소리로 'USA 만세!'라고 외치고, 전쟁이 시작되면 충의와 용기를 나라에 바치고 미국을 위해 총을 듭니다. 그러한 알기 쉬운 사회적 행동을 취하는 것이 미국 사회에서는 의

무였습니다.

그런데 이것은 문화적인 배경을 공유하지 않는 에스닉 그룹이 공생하고 있는 이민국가라는 특수한 역사적 사정에 따른 것이어서 보편성이 있는 것은 아닙니다. 그런 특수한 나라에서 채택된, "많은 달러, 성조기에 대한 충성심"이 인간적 가치의 지표라는 로컬 룰이 세계 표준이 되고 말았습니다. 그래서 모두가 어려움을 겪고 있는 것이지요.

시라이 전쟁에 대단히 강해서 그렇게 되고 말았다는……

우치다 방법이 없지요, 미국의 경우는. 특히 국가에 대한 충성심을 어떻게 담보할 것인지에 관해서는 다른 방법이 없었기 때문입니다. 원래 미국은 영국에서 이민 온 청교도들이 그들의 종교적 이상에 기초해 만든 지극히 이데올로기적인 국가입니다. 다종다양한 이민자들이 다른 땅에서 잇따라 그곳으로 왔습니다. 주민들 사이에 혈연관계가 있거나 생활문화의 동일성이 있었던 것이 아닙니다. 출신이 전혀 다른 사람들이 형성한 국가인 것이죠. 그들을 통합하기 위해서는 그 환상적인 국가에 대한 충성심을 눈으로 볼 수 있는 형태로 보여주는 것 말고는 방법이 없었습니다. 초기의 매사추세츠 식민지에서는 시민권을 얻기 위해 교회에서 신앙 고백을 하는 것이 의무였는데, 그 연장선상에 있는 것이라고 할 수 있지요. "미국을 믿습니다"라고 고백하지 않으면 시민이 될 수 없는 장치를 만들었던 것입니다.

코스파라는 병

우치다 돈이 인간적 가치의 사정 기준이 되면 "지불한 돈에 대해 어떤 대가가 있을까"에 관해 신경질적인 반응을 보이게 됩니다. 비용 대 효과, 이른바 '코스파'라는 것입니다. 이 말이 요란스럽게 쓰이게 되었지요.

시라이 확실히 인터넷 사이트 등을 봐도 곳곳에서 '코스파'라는 말이 튀어나옵니다.

우치다 코스트 퍼포먼스라는 것은 지불한 화폐에 걸맞은 재화나 서비스가 제공되었는지 여부를 신경 쓰는 것입니다. 그런데 그것은 화폐라는 수치에서 출발하기 때문에 '그것에 걸맞은' 것도 수치로 표시되지 않으면 '비용 대 효과'를 알 수 없습니다. 100엔을 지불했는데 200엔에 해당하는 것이 오면 "코스파가 좋고" 80엔에 해당하는 것이 오면 "코스파가 나쁘다"는 식으로 판정할 뿐이어서, 손에 들어오는 것도 수치적으로 알기 쉽게 가격표를 붙여 진열하지 않으면 안 됩니다. 따라서 어떤 활동에서든 저쪽에서 화폐를 지불할 경우에는 이쪽에서도 "수치로 가치를 표시할 수 있는 것"을 교환으로 내밀어야만 합니다. 돈을 낸 사람에게 "뭐가 뭔지 알 수 없는 것"을 내밀면 반사회적이게 됩니다.

'행운의 펜던트'나 '교주님의 기가 들어간 수정옥'에 터무니없는 가격표가 붙은 것을 보고 "말도 안 된다"며 화를 내는 사람도 종종 있습니다만, 그 물건에 특별한 효능이 없다는 것을 알기 때문에 '사기'라고 판단해서 그렇게 화를 내는 것은 아니라고 생각합니다. 디지털 숫자화된 화폐를 지불했는데 "효과가 수치로 표시되지 않는 것"을 교환으로 내민 것에 화가 났겠지요. 그럴 가능성이 높습니다. '행운의 펜던트'에는 절대로 행운이 따르지 않는다는 것은 아무도 증명할 수 없기 때문이지요.

합기도 도장에서도 그렇습니다. 여성 문하생이 "소년부를 만들고 싶다"고 하기에 "그렇게 하라"고 해서 일이 시작됐습니다. 어린아이들을 모아 합기도를 가르쳤지요. 그때 그녀가 "급을 부여해도 괜찮겠느냐"고 묻더군요. 합기도의 공식적인 급위級位는 5급부터 시작하지만, 아이들이니까 로컬한 급위를 만들어도 괜찮겠다고 생각하고 그러라고 했습니다. 그리고 10급부터 6급까지 만들어 급이 바뀌면 띠 색깔이 바뀌는 시스템을 채택했습니다. 그러고 나서 얼마 지나지 않아 이번에는 그녀가 곤혹스런 표정으로 "부모님들이 6급에서 10급까지 띄엄띄엄 급을 나누면 곤란하니까 좀 더 세분화해 달라고 요구해서" 10급 C에서 6급 A까지 15단계로 나누었다고 보고했습니다.

나는 이 말을 듣고 정말 놀랐습니다. 아이들이 착실하게 무도를 수련하면 부모들은 그 변화를 얼마든지 알 수 있지 않겠습니까. 몸이 커졌다거나, 밥을 잘 먹는다거나, 잠을 잘 잔다거나. 보면 알 수 있지요. 그런데 그것만으로는 만족할 수 없었던 것 같습니다. 그래서 아이들에게 일어난 심신의 변화를 수치적으로 표시할 것을 요구했던 것이지요. 객관적인 사정을 받고 그것을 수치로 표시해주지 않으면 지불한 월사금의 코스파를 알 수가 없기 때문입니다.

세미나에서 이 이야기를 했더니 마침 세미나생 중에 아르바이트로 수영클럽에서 강사를 하고 있던 사람이 "우리도 마찬가지입니다"라고 말하더군요. 옛날에는 "헤엄칠 줄 아는 사람은 이쪽으로, 헤엄치지 못하는 사람은 저쪽으로" 대략 나누어 수영할 줄 모르는 사람에게는 킥판을 주어 연습하게 했지요. 그런데 지금은 똑같이 수영을 못 한다고 해도 대단히 정밀한 단계로 나뉩니다. "얼굴을 물에 바짝 댔다", "귀까지 물에 닿았다", "머리가 물속으로 들어갔다", "발을 뗐다" 등등 헤엄을 치기 시작할 때까지 여러 단계의 세세한 검사항목이 있고 그것을 개인 카드에 기록합니다. "수영학교에서 삼십 분 동안 레슨을 받아 이 아이는 이만큼 능력이 향상되었습니다"라고 눈으로 볼 수 있게 외형적으로 표시해주지 않으면 부모는 납득하지 못하는 것 같습니다. 이건 그야말로 '코스파라는 병'입니다.

시라이 "60분 집중 레슨에 1만 엔을 지불한다. 그러면 1만 엔어치 성과가 나와야 한다. 그렇지 않으면 이상하다"라는 감각이지요. 그렇기 때문에 이상할 정도로 세세한 체크리스트를 만들고, 그때그때 가치의 교환이 정확하게 등가로 이루어지고 있는지를 체크합니다. 오늘날에는 체크하는 정도가 점점 심해져서 정확하게 가치를 확인할 수 없는 상품은 "코스파적으로 논외"가 되고 맙니다.

우치다 지금까지 "돈 이야기가 아니었던" 영역까지 시장원리가 들어왔습니다. 교육도 그렇습니다. 합기도나 수영과 마찬가지입니다. 이만큼 수업료를 냈다, 이만큼 학습에 노력했다, 그렇다면 그 대가로 학교는 무엇을 줄 것인가, 그것을 객관적으로 명시하라고 학생이나 보호자가 말하는 지경에 이르렀습니다.

그리고 모두가 '코스파라는 병'에 걸려 있기 때문에 가능한 한 적은 부담으로, 가능한 한 적은 학습 노력으로 교육 '상품'을 손에 넣으려고 합니다. 60점을 받으면 어떤 교과에서 2단위를 얻을 수 있다고 해봅시다. 그렇다면 그 교과에서 70점이나 80점을 받아봤자 아무런 쓸모가 없습니다. 수업을 빼먹을 만큼 빼먹고 시험이나 보고서는 빠듯하게 60점을 노리는 학생은, "같은 상품이라면 1엔이라도 싼 곳에서 사는 것이 당연하다!"라고 믿는 아버지와 같은 가치관에 좌우되고 있는 것입니다.

최악인 것은 강의계획서입니다. 이건 완전히 상거래의 발상입니다. 이수하기 전에 "이 수업을 한 학기 15주 동안 들으면 이런 교육 효과를 거둘 수 있습니다. 몇 월 며칠에는 이런 내용의 수업을 하고, 이 수업을 받으면 이런 지식이나 기능을 익힐 수 있습니다. 몇 월 며칠에는……" 운운하는 것을 상세하게 써야만 합니다. 그렇게 하라고 문부성에서 번거롭게 명령이 내려옵니다. 그런데 이것은 완전히 상품설명서 그 자체입니다. 내가 아무리 목소리를 높여 "교육은 상품이 아니다"라고 말해도 세상의 틀은 조금도 바뀌지 않습니다.

시라이 예. 몇 년 전 강의계획서에 '도달 목표'를 명기하는 것이 더욱 철저해졌습니다. 정말로 지긋지긋한 이야기입니다. 이런 상황에서 저는 앞으로 몇 년이나 선생 노릇을 계속할 수 있을까 생각합니다. 다행스럽게도 지금 직장에서는 지나친 요구에 시달리지는 않습니다만.

우치다 현대 일본은 단단히 이 병에 들렸지요.

시라이 그래서 저는 대학 수업에서 "교육은 상품이 아니다"라는 이야기를 철저하게 합니다. 경험상 충실하게 수업을 들은 학생은 모두 납득합니다. 코스파에 들린다는 것은 바꿔 말하면 "모든 교환은 등가교환이어야만 한다"는 관념에 사로잡힌다는 것입니다. 등가교환이란 '협의의 교환'인데, 이것만 고집하다보면 상호호혜나 증여와 같은 다른 형태의 교환을 포함하는 '광의의 교환'이 있다는 것을 상상할 수 없는 상태에 이르고 맙니다. 제 생각으로는 교육이란 증여입니다. 사실 등가교환이라는 자본주의적 경제 행위는 광의의 교환의 연쇄에 의해 성립하는 사회 전체가 있고 나서야 비로소 한쪽에서 영위될 수 있는 것입니다.

이런 것을 상상할 수 없게 된 원인은 역시 소비사회화일 것이라고 생각합니다. 왜냐하면 소비자 입장에 섰을 때 모든 사람의 최대 관심사는 자신이 낸 화폐가치와 동등한 것이 돌아올 것인지 여부이기 때문입니다. 지불한 돈보다 더 가치 있는 것이 돌아오면 누구나 좋아하게 마련이지요.

그런데 이러한 덤핑식 교환도 되풀이되다보면 '정가'로 자리 잡습니다. 그때 어떻게 이 상품이 이런 가격이 되었는지는 전혀 관심 밖입니다. 그 상품의 배후에 도대체 어떤 황당무계한 일이 있어서, 어떤 환경 파괴나 인권 억압이나 착취가 있어서 '코스파'가 이 정도인지 생각하지 않습니다. 그러한 '피의 흔적'은 깨끗하게 씻기기 때문입니다. 소비사회화가 철저해져서 상품의 배후에 대해 누구 한 사람도 생각하지 않게 된다면, 노동자는 무한한 코스트 퍼포먼스를 추구하고 그 결과 저임금에 시달릴 것입니다. 이야말로 자업자득이라 할 수 있지요. 그것은 노동자가 소비자로 활동하는 국면에서 보인 행위의 귀결에 지나지 않습니다.

우치다 지금 일본의 기업에서 말하는 '경영 노력'이란 대부분 '비용 절감'을 뜻할 것입니다. 기업만이 아니라 대학에서도 '효율화'나 '경영 노력'과 같은 말만 귀가 아플 정도로 무성합니다. "적은 인원으로 많은 일을 소화할 수 있는 방법"을 찾느라 여념이 없는 것이지요. 교원들이 과로로 쓰러지는 것은 당연합니다.

코스파 편중과 자기책임

시라이 이러한 상태가 계속되는 가운데 사회 성립의 근간인 '광의의 교환'이 기능부전에 빠져드는 것이 가장 두렵습니다.

왜 이런 일이 일어나고 있는 것일까요? 생각해보면 결국 사람들이 표층밖에 보지 못하는 상황에 이르렀기 때문입니다. 표층이란 결국 가격표입니다. 어떤 상품에 관해 "기능이 같다면 싸면 쌀수록 좋다"고 생각합니다. 그러나 거기에서 사고가 멈춰버리고 "왜 이 상품이 싼지"는 생각하지 않습니다. 이미 개별적인 사례를 보면 파국적인 사태랄까, 당사자에게는 파국이나 다름없는 사태가 벌어지고 있습니다.

예를 들어 요금이 싼 버스투어를 선택한 사람이 사고를 당했다 해도 아무도 도와주지 않습니다. 지난번 가루이자와에서 스키버스가 사고를 일으켜 승객 십여 명이 사망한 일이 있었습니다. 그런 투어는 '싼 게 비지떡'의 전형으로, 투어를 꾸린 여행회사도 사고를 일으킨 버스회사도 대단히 무책임한 짓을 했다는 사실이 분명해졌습니다. 결국 싼 것에는 그 나름의 이유가 있습니다. 분명히 원가를 밑도는 상품에 손을 대면 어딘가에서 손을 덜었을 터이고 결국 그 계산서는 구매자에게 돌아옵니다. 조금만 긴 안목으로 보면 당연한 일이지요. 하지만 그것을 이해하지 못하는 사람이 적지 않은 것 같습니다.

가루이자와 버스 사고에서는 그런 상품을 구매한 사람이 우연히 운이 나빠 일을 당한 것입니다. 고속도로를 이용하지 말고 꾸불꾸불한 산길을 달리라 하고, 거의 버스 운전 경험이 없는 운전수에게 운전을 맡기는 등 회사가 무리하게 가격을 내리기 위해 운전수에게 강제한 행동이 사고를 불렀던 것입니다. 최종적으로 그처럼 황당한 사건에 책임을 진 것은 희생된 사람들입니다. 결국 값싼 상품에 손을 내미는 것은 그 결과 발생할 트러블의 책임을 구매자 자신이 지는 자기책임을 동반하는 행위입니다. 운좋게 살아남은 사람들은 회사 경영자들에게 "책임을 지라"고 말할 수 있겠습니다만, 죽은 사람들은 이미 돌아올 수 없기 때문에 그럴 수가 없습니다. 스스로 결과를 받아들일 수밖에 없지요.

우치다 아무리 처벌해도 죽은 사람은 돌아올 수 없으니까요.

시라이 '자기책임'이라는 것은 정말이지 신자유주의를 상징하는 말로 정치가가 사용하면 대단히 듣기 싫은 소리가 됩니다만, 지금 서술한 바와 같은 의미에서 자기책임은 단순한 사실로 존재합니다. 세상은 파는 사람에게는 치열한 가격경쟁을 강제하고, 사는 사람에게는 자기책임을 묻는 방향으로 나아가고 있습니다. 가루이자와 버스 사고를 보고 그런 생각이 절실히 들더군요. "싼 것에는 그 나름의 이유가 있다"는 것을 알고 있다면 "이런 것을 사서는 안 된다"는 판단이 작동할지도 모릅니다. 그런데 돈이 없으면 알고 있어도 싼 쪽으로 눈길이 갑니다. 그런 일이 지금 시작된 것은 아니겠습니다만.

우치다 나도 젊었을 적에는 저런 초저가 버스를 타고 스키를 타러 갔습니다. 숙박한 곳은 "이런 데서도 잠이 올까" 싶을 정도로 너덜너덜한 건물이었고, 제공된 식사는 "이것도 밥인가" 싶을 정도로 보잘것없었습니다. 그때 "초저가라는 게 무엇인지"를 온몸으로 경험했습니다. 탔던 버스가 길에서 추락하지는 않았습니다만.

시라이 버스를 탔다가 죽는 일이 흔하지는 않으니까요.

우치다 보통은 싸다고 해도 잠자리나 식사가 형편없는 정도입니다. 사고로 죽을 수도 있는 리스크를 상정하는 이용자는 거의 없습니다. 그저 싸면 그만이라고 생각하지요. 그런데 숙식비용을 깎았을 경우 거기에서 우리들이 경험한 불쾌함은 회사의 이익으로 바뀔 수 있다 해도 교통사고가 발생하면 얘기가 달라집니다. 일단 사고가 일어나면 그때까지 인색하게 가격을 깎아 모은 돈을 전부 날리고도 모자랍니다. 그래서 대개 숙식비용은 깎아도 교통사고 리스크를 키울 수 있는 비용은 삭감하지 않습니다. 수지가 맞지 않기 때문이지요. 회사가 그 정도의 합리적인 사고는 하리라고 기대할 수 있을 것입니다. 그런데 그 선을 넘어버린 일이 일어나면 무슨 이야기를 해야 할지 말문이 막혀버립니다.

시라이 더 이상 합리적인 상식이 통용되지 않는 상황에 이르고 말았습니다. "일본은 선진국이니까 그렇게 터무니없는 일은 하지 않는다"라고 생각하는 것은 더 이상 적절하지 않은 것 같습니다. 한편 돈에 여유가 있는 사람은 "너무 싼 것은 위험하니까 그만두자"라고 생각합니다. 결국 가난한 사람이 사고를 당합니다. 물론 가루이자와 버스 사고의 희생자 대부분이 사립대학 학생이기 때문에 최빈곤층이라는 말할 수 없습니다. 다시 말해 필연성이 없는데도 코스파를 지나치게 추구하는 체질로 바뀐 것처럼 보이기도 합니다.

우치다 위험은 어디에나 있게 마련이고 그것을 모두 회피하려 한다면 경제적으로는 참 혹독하겠지요.

현대인은 객관적인 사정을 요구한다

우치다 코스트 퍼포먼스를 험담하는 것처럼 들릴 수도 있겠습니다만, 앞에서도 얘기했듯이 아무래도 현대인에게는 정확한 사정을 요구하는 경향이 있는 것 같습니다.

얼마 전, 도회 젊은이들의 지방 회귀를 추진하고 있는 『TURNS』라는 잡지의 취재에 응한 적이 있는데, 다음과 같은 물음이 테마였습니다. "젊은 사람이 지방으로 가서 농업에 종사하는 형태의 지방 귀향은 일부에서 확실히 진행되고 있다. 하지만 압도적 다수의 젊은이는 지방에서 도시로, 특히 도쿄로 향한다. 그 이유는 무엇인가. 도시에는 그들을 끌어당기는 무엇이 있는 것인가."

젊은이가 도시에 이끌리는 요인은 도회의 자극적이고 액티브한 라이프스타일, 사치스러운 생활, 짜릿한 경쟁 감각 등 다양할 것입니다. 그런데 나는 도시로 빨려드는 젊은이들을 몰아세우는 가장 강력한 동기는 '사정을 받는 것'이라고 생각합니다.

나는 예전에 불문학회라는 학회에 속해 있었습니다. 그 학회에서 학회지 편집을 맡고 있을 때 한 해에 두 번 학회에 나가 해당 분과에서 발표를 전부 들었습니다. 그런데 프로그램을 보니 왜 그런지 같은 이야기뿐이었습니다. 그때 친구에게 "같은 주제의 발표가 많다"고 푸념했더니 이런 우스갯소리를 들려주더군요. "일본의 불문학자 3분의 1은 말라르메 연구자, 3분의 1은 프루스트 연구자, 3분의 1은 플로베르 연구자다."(웃음) 크게 웃고 말았습니다만, 다소 과장이 섞이긴 했어도 젊은 불문학자들의 경향을 정확히 지적한 것이라고 생각합니다. 불문학과의 젊은 수재들은 확실히 19세기 문학에 집중하고 있습니다. 특히 프루스트와 말라르메와 플로베르에게. 왜냐하면 이 세 분야, 말라르메, 프루스트, 플로베르에 관해서는 일본 국내에 국제적으로 이름이 통하는 연구자가 있기 때문입니다. 따라서 연구에 관한 사정이 정확하지요. 젊은 연구자들이 학회에서 발표하거나 연구서를 쓴 경우, 이 분야라면 그 연구의 수준이 어느 정도인지 즉시 그리고 대단히 정확하게 사정이 내려집니다.

거꾸로 내가 연구하고 있던 레비나스 등에서는 정확한 사정을 기대할 수 없습니다. 내가 "레비나스 연구로 학회에 발표한다"고 말했을 때 당시 지도교수는 "그만두는 게 낫다"고 충고했으니까요. 왜냐고 물었더니 "아무도 모르니까"라고 답하더군요. 아무도 잘 모르는 내용이기 때문에 학회에서 발표하는 게 의미가 있지 않겠습니까.(웃음) 그 선생은 "우치다가 쓴 글은 흥미롭긴 하지만 점수를 받기는 어렵다"고 말하더군요. 일본에는 레비나스에 관한 연구가 축적되어 있지 않기 때문이라는 것이었습니다. 내가 쓴 글이 다른 사람의 선행연구를 표절한 것일지도 모르고, 레비나스 연구자 사이에서는 '상식'으로 간주되는 것을 자신의 독창적인 식견인 것처럼 쓴 것일지도 모른다는 것이지요. 국내에서 연구가 거의 이루어지지 않은 분야에서는 그런 일이 있어도 잘 알지 못합니다. 그래서 "사정할 수 없다"고 말합니다. 결국 '사정 불능'이라는 것은 현실적으로는 0점을 의미하게 됩니다.

시라이 일본의 그 누구도 모른다면 그렇겠지요.

우치다 물론 들으면 이해는 할 수 있을 겁니다. 재미있어 할 수도 있고 시시하다며 비난할 수도 있습니다. 그런데 엄밀한 점수는 매겨지지 않습니다. 주관적인 인상은 말할 수 있겠지만 객관적인 사정은 내리지 않습니다. 그런 영역에서는 아무리 열심히 해도 반응을 얻을 수 없습니다. 그래서 자신의 능력에 자신감을 갖는 젊은 연구자는 '사정이 정확한 영역'을 무의식중에 선택하게 됩니다. 그것은 어쩔 수 없습니다. 그렇게 하지 않으면 전임교원 자리를 얻을 수 없으니까요.

따라서 요즘 젊은이들은 성공 이전에 먼저 그 근거가 되는 '올바른 사정'을 요구합니다. 자신은 도대체 어느 정도 수준의 인간인지, '몇 점짜리 인간'인지, 등급을 매기면 같은 연령 집단에서 어디에 있을지 등등을 먼저 알고 싶어 합니다. 자신의 위치를 파악하지 않고서는 무엇을 해야 좋을지 모르기 때문이지요. 물론 개중에는 "하고 싶은 것이 있으니까 누가 뭐래든 한다"고 말하는 당당한 사람도 있습니다. 하지만 요즘 사람들은 그렇게 '잘난 체하는 것'을 싫어합니다. 분수도 모르고 높은 자기평가에 기초해 부당하게 많은 사회적 평가를 요구하는 인간을 "용서할 수 없다"고 말할 정도로 싫어합니다. 왜 그렇게 '잘난 체하는 것'이 비난을 받게 되었는지 알다가도 모를 일입니다. 젊었을 때 버릇없이 기어올라 큰소리도 치고, 잘난 척하는 놈의 콧대를 맘껏 납작하게 만들기도 하면서 성장하는 것이라고 나는 생각했습니다. 내 주위에도 그런 태도가 고약한 놈들뿐이었지요. 허풍을 떨어가면서 하지도 못할 일을 "할 수 있다"고 말하는 것도 젊은이의 특권 정도로 생각했었습니다.

시라이 저도 그랬습니다. 지금 생각하면 이런저런 소리를 늘어놓은 게 조금 부끄럽기도 합니다만 후회는 없습니다. 스무 살 정도의 인간에게 그런 기세가 없어서야 되겠습니까.

우치다 그런데 지금은 상당히 다른 것 같습니다. 우선 적정한 평가가 이루어지고 그것에 기초해 자원이 분배되어야 한다고 모두가 믿고 있는 것처럼 보입니다. 높은 등급을 받은 사람에게는 상을 주고 낮은 등급을 받은 사람은 처벌을 받는 것, 다수의 젊은이는 그것을 '사회적 공정함 fairness' 이라고 마음속 깊이 믿고 있는 것 같습니다. 성과주의적 발상이 뼛속 깊이 스며들어 있는 것이지요. 자기 자신이 어릴 때부터 줄곧 그렇게 사정을 받아왔을 겁니다. 따라서 높은 평점을 받은 자와 낮은 평점을 받은 자 사이에 자원 분배나 대우에서 차별이 있는 것은 '당연'한 것이지요. 문제는 그 평가가 정확한지 여부입니다. 부정확한 평가에 기초해 등급이 매겨지는 것은 아닌지 알 수 없습니다. 그래서 가장 먼저 정밀도가 높은 평가방식을 찾습니다. 그리고 이제부터 이야기가 무서워집니다만, '같은 것' 을 하는 인간의 머릿수가 많으면 많을수록 평가의 정밀도는 높아집니다. 이것은 누구라도 알 수 있습니다. 다른 조건을 전부 같게 한다면 단순한 비교 작업으로 등급을 매길 수 있습니다. 조건이 다르면 평가가 불가능합니다. 따라서 정확한 평가 방식을 찾으려면 "가능한 한 같은 것을 하는 인간이 많은 분야"를 선호하는 것은 당연합니다. 부모들이 아이들을 '수영학교'나 '피아노교실' 또는 '영어학교'에 보내는 것은 그것을 특별히 유용한 기능이나 지식이라고 생각하기 때문이 아니라 "누구나 하기" 때문입니다. "누구나 하는 것"을 시키면 자녀의 정밀한 등급을 알 수 있습니다. 등급을 알면 얼마만큼이나 미래를 기대해도 좋을지 알 수 있습니다. 분수에 맞지 않은 꿈이나 야심 따위는 아예 갖지도 않습니다. 어쨌든 모두가 자신이 장래에 어느 정도의 사회적 지위에 도달할 것인지, 연봉은 얼마나 될 것인지, 어느 수준의 배우자를 기대할 수 있는지 등등을 가능한 한 빨리, 가능한 한 정확하게 알고 싶어 합니다.

"자원의 분배는 등급 사정에 기초한다"는 첫 번째 룰에 동의해버리면 그다음은 일직선입니다. 두 번째 룰은 "사정은 정확하고 객관성이 높아야만 한다"는 것이고, 세 번째 룰은 "정확하고 객관성이 높은 사정을 위해서는 샘플 수가 가능한 한 많을 필요가 있다"는 것입니다. 그 결과 많은 피사정자가 좁은 분야에 몰려들어 사정을 요구하는 상황이 출현합니다. 모든 사람이 "모두가 하는 것"을 하고자 하는 것이지요. 그 결과 사회에서 급속히 다양성이 사라집니다. 사람들이 점점 균질화하고, 호환가능하게 되며, 마침내 개체를 식별하기 불가능한 상태로 나아갑니다⋯⋯.

시라이 앞에서 언급한 '숙명론적 세계관'이라는 것과 연결되는 것 같습니다. 정확한 사정을 통해 부여받은 등급에 기초해 자신의 위치를 설정한 다음 "나는 여기에 있을 수밖에 없다"고 생각하지 않겠습니까.

그렇다면 근년의 교육개혁 이야기로 이어질 수도 있겠군요. 획일적으로 능력을 측정 받고 싶어 한다면 전통적인 수험 공부로 측정 받는 것이 가장 빠릅니다. 그런데 이것이 온갖 폐해를 낳는다고 해서 AO입시*인지 뭔지 능력 계측 방법을 '다양화'한 것인데, 속셈은 결국 획일성을 추구하는 것이 아닐까요? 그처럼 획일성을 추구하는 경향은 원래 일본 사회에 내장된 성질이 아닐까 싶은데요.

우치다 그런 측면도 있겠지만 내가 보기에는 등급 평가에 의한 자원 분배야말로 공평하다는, 심플하고도 위험한 이야기가 퍼진 최근 이십 년 정도 사이에 일본 사회 전체가 단숨에 획일화한 것 같습니다.

● Admissions Office. 시험 점수만이 아니라 개개인의 문제의식과 열정, 경력과 능력 등을 종합적으로 평가해 학생을 선발하는 제도. 한국의 입학사정관제와 비슷하다.

효율성 추구로 잃어버린 고용

시라이 앞에서 높은 코스트 퍼포먼스를 다투는 풍조가 극단으로 치달으면서 기업에 대한 비용 삭감 압력이 커지고 그것이 임금 인하나 노동 조건 악화를 낳고 있다는 이야기를 했습니다. 그러나 어떤 기업이든 가격을 내리기 위한 작업 효율화나 인건비 삭감이 이미 더 이상은 불가능한 지점에 이르렀다고 생각합니다.

우치다 그렇게 계속해서 일하는 사람들을 무리하게 쥐어짜다보면 아무리 인간의 몸이 여유 있게 만들어졌다 해도 많은 사람들의 경우 더 이상 쥐어짤 게 없어질 수도 있을 겁니다.

시라이 일하는 사람의 부담 증가와 함께 또 하나 문제가 되는 것은 고용에 미치는 영향입니다. 대부분의 경영자는 인건비 삭감을 위해 "어떻게 사람을 줄일까"만을 생각합니다. 도쿄에 가서 지하철 부도심선副都心線을 타보면 정말로 조마조마합니다. 승무원을 태우는 게 마땅한데도 여덟 량이나 열 량짜리 긴 전차를 혼자서 운전합니다. 이렇게 긴 전차를 혼자 감당하는 것은 아마도 전 세계에 유례가 없을 겁니다.

우치다 승무원이 타지 않나요?

시라이 타지 않습니다. 대신 스크린도어가 모든 역에 설치되어 있지요. 값비싼 차량제어시스템을 도입해 혼자서도 운전할 수 있게 한 것입니다.

우치다 고용을 줄이면 국민 전체가 가난해질 게 뻔한데도 모두가 비용 우선을 내세우며 인간의 목을 조릅니다. 생산성 향상이란 요컨대 일하는 사람의 수를 줄이는 것을 의미하는데도 노동자 자신이 그것에 찬성합니다.

시라이 자동차의 자동운전도 대량 실업을 낳을 기술이지요. 현재는 법적으로 "사고가 일어났을 경우 누구에게 책임이 있는가"라는 커다란 문제가 있기도 해서 실용화까지는 장애물이 적지 않긴 합니다만. 저와 같은 사람은 "운전의 자동화 따위는 하지 않는 게 낫다"고 생각합니다. 그런데 업계는 언제라도 도입할 기세입니다. 경영자들도, 학자들도, 정치가들도 "그것이 자본주의의 프런티어다"라고 생각합니다. 그러는 가운데 "자동운전으로 달릴 수 있도록 바로잡자"는 방향으로 의견을 모아 법률을 바꾸고 점차 자동화를 추진할 것이라고 생각합니다. 그렇게 되면 택시나 버스, 트럭 등 영업용 차량 기사는 대부분 일자리를 잃고 말 것입니다.

여기에서 그치지 않습니다. 만약 자동운전 차량만 남으면 자동차라는 상품의 위치 자체도 바뀔 것입니다. 운전하는 기쁨이 사라지면 소유하는 기쁨도 사라지겠지요. 지금 카셰어링 움직임이 서서히 확산하고 있습니다만, 현 단계에서는 아직 그렇게 일반적이지는 않습니다. 그것은 역시 자동차에 관해서는 "자신이 소유하는 차를 운전하는 기쁨"이 대단히 큰 구매 동기이기 때문이라고 생각합니다. 그러나 운전이 자동으로 바뀌면 굳이 자동차를 소유할 필요가 없어집니다. 그 결과 장소에 따라서는 극적으로 셰어링이 진행되겠지요. 그뿐만 아니라 자동차제공서비스업 같은 것이 성업을 이루어 부탁만 하면 자동차를 집까지 보내줄 것입니다. 그런 상황에 이르면 지금까지는 적어도 세대마다 한 대씩 자동차를 구매할 가능성이 있었지만 앞으로는 10분의 1 정도 비율의 자동차만으로도 필요를 충족시킬 수 있게 될 것입니다. 아무리 생각해도 자동차회사 입장에서는 자폭일 수밖에 없다고 생각합니다만.

우치다 자동운전이면 자신은 운전할 수 없게 되나요?

시라이 하지 않아도 된다는 것이지요.

우치다 드라이빙의 즐거움이 이 세대부터는 없어진다는 얘깁니까……. 그렇게 되면 몇몇 시장은 극적으로 축소되겠군요.

시라이 정말 그럴 겁니다. 스스로 자신의 목을 조르는 참으로 어리석은 짓이라고 생각합니다. 비관적이긴 합니다만 제가 보기에 일본의 제조업자 대부분은 뒤처지지 않으려고 그 노선으로 돌진할 것입니다.

우치다 국내 수요를 늘려 매상을 올리고자 한다면 고용을 창출해 충분한 소비력을 갖춘 사람들을 재생산하지 않으면 안 되는데도 실제로는 거꾸로 가고 있습니다.

나는 대학원생 시절 히라카와 가쓰미平川克美(릿쿄 대학교 대학원 객원교수)와 함께 시부야에 번역회사를 차렸습니다. 그때 둘이서 "어떤 회사가 좋을지" 이런저런 궁리를 했는데, 나는 "사원의 친목을 위한 회사를 만들자"는 생각이었고, 히라카와는 "고용을 창출하기 위한 회사를 만들자"는 생각이었습니다. 나는 이익을 늘리는 것이 아니라 무엇보다 모두가 어울려 노는 것을 생각했고, 히라카와는 우선 고용을 창출하는 것을 생각했습니다. 지금 생각해보면 참 건전했지요.

히라카와의 경우 누군가가 "넣어주십시오"라고 말하면 모두를 받아줍니다. 그러면 일단 "저곳은 누구라도 받아들여준다"는 평판이 나지 않겠습니까. 점점 많은 사람들이 입사합니다. 분명히 회사는 급성장할 것이기 때문에 "눈코 뜰 새 없이 바쁜" 상태인 때도 있겠지만, 일손이 충분한 때도 히라카와는 채용을 합니다. 내가 "괜찮을까? 급료는 지불할 수 있겠어?"라고 물으면, 히라카와는 "급료를 지불하기 위해서는 우리들이 일을 얻어 와야지"라고 말하고 사람을 받아들입니다. 보통은 일손이 필요해 사람을 고용합니다만, 히라카와의 경우는 거꾸로 먼저 사람을 고용하고 그들을 먹여 살리기 위해 일을 얻어 옵니다. 그런데 지금 와서 생각해보면 경영자로는 그것이 정말로 올바른 자세였던 것 같습니다. '우선 고용'이라는 사고방식이지요. 최종적으로 히라카와는 비즈니스맨으로서는 성공할 수 없었는데, 그것도 '돈을 빌리러' 오는 사람들에게 탈탈 털어서 돈을 빌려주다가 큰 빚을 졌기 때문입니다.

시라이 히라카와 선생은 그 후에도 몇몇 회사를 창업했지요. 바로 그때도 "고용을 창출한다"는 신념을 갖고 새롭게 기업을 운영했습니다. 하지만 지금 "고용을 늘리기 위해 회사를 경영한다"는 자각 아래 회사를 운영하는 경영자가 과연 얼마나 될까요?

우치다 지금 '완전 고용'을 목표로 내걸고 회사를 차리는 사람은 없을 겁니다. 그런데 '국민경제'는 본래 그런 것입니다. 우선 "일본열도에 사는 1억 2천만 명을 어떻게 먹여 살릴까"라는 목표를 세우고, "그러기 위해서는 무엇을 하는 게 좋은가"라는 순서로 생각해야 합니다. 완전 고용이 국민경제의 최종 목적이며, 바로 그 점에서 글로벌 경제와 정반대입니다.

공장법 이전의 상황에 가까워지고 있는 일본

우치다 나는 신자유주의라는 것을 주장하는 사람들도 모두가 철저하게 그것을 믿는 것은 아니라고 생각합니다. "시장에 모든 것을 맡기면 결과적으로 가장 저렴한 비용으로 가장 뛰어난 품질의 상품을 시장에 내놓는 곳만 남고 나머지는 모두 도태된다. 그렇게 하면 모든 사람이 행복해진다"라는 논리를 마음으로부터 믿는 사람은 아마 한 사람도 없을 것입니다. 실제로 끊임없이 비용 삭감이 이어지다보면 어딘가에서 실질적인 손해가 생기기 때문입니다.

앞에서 가루이자와 버스 사고 얘기를 했습니다만, 저런 식으로 비용 삭감을 추구하면 결국은 살아 있는 인간에게 무리하게 강요하게 되고 가장 약한 고리부터 끊어집니다. '생산성 향상'이니 뭐니 말들 하지만 버스 운전에 기술적인 혁신 따위가 있을 리 만무하기 때문에, 요컨대 운전기사를 얼마나 값싼 임금으로 얼마나 장시간 일을 시킬 것인지 이외에는 궁리의 여지가 없는 것입니다. 그렇게 해서 살아 있는 인간으로부터 어디까지 가치를 착취할 수 있을지 경쟁하게 됩니다. 문자 그대로 '착취'입니다. 쥐어짜듯이 해서 인간으로부터 가치를 빼앗고서는 비용 삭감이라고들 말하는 것일 뿐입니다.

비용 삭감 경쟁이라는 것은 바꿔 말하면 얼마나 비정하게 종업원을 착취할 수 있는가를 둘러싼 경쟁입니다. 인간은 역시 생물로서 상당한 힘이 있기 때문에 어지간히 착취해도 쉽게 무너지지는 않습니다. 재생산 불능이라는 아슬아슬한 선까지 내몰려도 아직 계속 일할 수가 있습니다. 그래서 고용자 쪽은 계획대로 착취의 강도를 높입니다. 그런데 인간의 심신은 스트레스 가득한 환경에 꽤 잘 적응하기도 하지만 역시 무너질 때가 되면 무너집니다. 지금처럼 비용 삭감을 추진해 99퍼센트의 인구를 절대적 빈곤 상태로 내몰아가면 머지않아 일본 사회 그 자체가 붕괴할 것입니다. 현재의 아동 인구 감소에는 이런저런 이유가 있겠습니다만, 젊은이의 빈곤화에 따른 재생산 불능이 결정적인 조건입니다. 그런 상황으로 내몰아놓고서 "아이를 더 낳으라"고 다그치고 있는 실정이지요.

시라이 마르크스의 『자본』에 등장하는 오래된 이야기가 떠오르는군요. 자본가는 절대적 잉여가치를 생산하기 위해 노동자 계급의 재생산에 필요한 한계를 넘어 노동일을 설정합니다. 그 결과 프롤레타리아트를 지나치게 착취하는 바람에 육체가 모두 허약해져서 재생산 불능 상태에 이르고 어찌 해볼 수도 없는 지경에 처합니다. 노동자 계급이 없으면 착취할 수도 없습니다. 그리하여 공장법이 필요하게 되었지요. 역사적으로는 그렇게 얘기되고 있습니다만, 지금의 일본도 그런 상황에 가까워지고 있습니다.

우치다 『자본』에 나오는 19세기 당시 영국의 아동노동이나 여성노동 이야기를 옛날에 읽었을 때는 "말로 표현할 수 없는 비인간적인 노동환경이구나"라고 생각하면서 아연실색했었는데, 지금 일본 노동자의 생활은

『자본』에서 볼 수 있는 19세기 영국 노동자의 상황에 점점 가까워지고 있습니다.

19세기 영국도 "돈만 벌면 그만이다"라며 노예적인 노동을 강요했습니다. 아동노동의 경우 다섯 살 정도부터 위생상태가 엉망인 곳에서 하루 열 시간 이상 일했습니다. 학교 따위는 물론 가지 않았고 나쁜 놀이에 빠져 지내다가 스무 살이 지나면 병으로 죽었습니다. 그런 비도덕적인 짓을 해서 재산을 모은 사람들이 바로 150년 전 영국에는 많이 있었습니다. 다른 한편에는 "아무리 그렇더라도 이런 노동환경은 사람으로서 견딜 수 없을 것"이라고 말한 양식 있는 사람도 있었습니다. 노동법제나 복지제도나 공교육제도는 그런 '측은지심'에서 생겨난 것입니다. 그런데 같은 일이 21세기 일본에서 다시 일어나지 않을까 적잖이 걱정스럽기도 합니다.

시라이 혁명 말씀인가요?

우치다 아닙니다. 영국과 마찬가지로 혁명까지는 일어나지 않겠지만, 착취를 당해온 노동자가 어떤 형태로든 일어서지 않을까요?

시라이 영국의 경우는 혁명 직전에 자본가 측이 타협했습니다. 일본은 자본가에 의한 착취가 끝나면 어떤 상태에 이를까요?

우치다 그것이 내가 알고 싶은 점입니다. 레닌주의자에게 혁명의 전망은 있는지 꼭 묻고 싶습니다.

4

진행 중인 일본 사회의 유치화

유치화하는 노인들

우치다 "일본인은 시장에 의해 유치해지게 되어 있다"는 이야기가 나왔습니다만, 나도 그렇게 생각합니다. 지금은 젊은이 이상으로 노인의 유치화가 심각합니다. 『주간 현대』나 『주간 포스트』 등은 예상 독자가 점점 고령화하고 있는 탓에 요즘 들어 "70, 80이 되어도 섹스 현역" 같은 기사를 계속 싣고 있습니다. 그렇지만 그것은 그 나름대로 독자의 요구에 응하는 것이라 할 수 있습니다. 근대까지만 해도 나이가 들면 "좋은 나이네요. '시들어서' 좋지 않습니까? 이런저런 즐거운 일도 많을 테니까요"라고 말하는 것이 상식이었습니다. 『쓰레즈레구사^{徒然草}』*에 40세가 지나면 사람들 앞에서 남녀 간의 일을 두고 즐거운 듯이 말하는 것은 "어울리지 않을 뿐만 아니라 꼴사나운 짓"이라고 적혀 있는 걸 보면 잘 알 수 있지요. 그런데 지금은 고령자들이 거대한 시장을 형성하고 있습니다. 그들은 언제까지고 번뇌로부터 벗어나지 않은 채 어떻게든 활발한 소비활동을 하고 싶어 하는 것 같습니다. 할아버지와 할머니들이 빨리 '시들어'버려 물욕을 잠재우고 불도^{佛道}에 귀의한다면 그것만큼 자본주의에 치명적인 것

● 1331년 무렵 지금의 형태로 정리되었을 것으로 추정되는 요시다 겐코(吉田兼好)의 수필집. 자연이나 사회에서 경험한 일을 중심으로 인물의 일화와 기담^{奇談} 등을 섞어가며 감상이나 의견을 서술한 글들을 모은 책이다.

도 없을 겁니다.

그래서 겉보기에는 노인이지만 실속은 중학생 정도인 사람들이 늘어나고 있습니다. 이러한 노인의 유치화는 안티에이징을 추구하는 그들의 자기결정에 의한 것이 아니라 시장의 요청에 따른 것이라고 생각합니다. 인터넷 우익 중에도 70대를 포함해 고령자가 많지 않을까 싶습니다만.

시라이 과거의 『쇼쿤諸君』이라든가 지금도 발행되는 『세이론正論』과 같은 잡지에서는 상당히 오래전부터 독자의 고령화를 언급하곤 했지요. 『세이론』의 경우 독자의 99퍼센트가 남성이고, 구매층의 평균 연령은 칠십몇 살이라고 합니다. 이렇게 연령층이 높으면 『세이론』 독자는 매년 죽어서 줄어들어야 맞을 것입니다. 그럼에도 발행부수가 격감하지 않고 폐간되지도 않는 것은 그 나름대로 새로운 독자를 획득할 수 있기 때문일 겁니다. 다른 한편 구매자의 평균 연령은 변함이 없습니다. 이것은 결국 "새롭게 독자가 되는 사람 또한 고령자 남성"이라는 것을 의미합니다.

우치다 노인들이 저렇게 유치한 사회관을 스스로 나서서 내면화하면 어떻게 될까요?

시라이 과거라면 "전전戰前에 교육을 받은 세대는 역시 보수적 심성을 갖고 있다"고 설명할 수 있겠지만, 지금 새롭게 고령자가 되는 사람은 전후의 교육을 받았기 때문에 이런 설명은 설득력이 없습니다. 이 지점에서 저는 '리비도설'이라는 단순한 가설에 이르렀습니다.

왜 고령 남성은 우익적 언설을 좋아할까요. 매년 매호 거의 같은 내용밖에 실리지 않는데도 왜 같은 잡지를 구매하는 것일까요. 그것은 고령

남성의 남성 기능의 쇠퇴와 긴밀하게 관련되어 있는 것은 아닐까요. 누가 뭐래도 남자의 입장에서 볼 때 "더 이상 서지 않는다"는 것은 대단히 허전한 일이겠지요. 용감한 언동을 좋아하는 것은 그 반동이라 할 수 있으며, 이는 자기의 비참함을 집단의 힘, 그러니까 국가에 의해 보상받고 싶다는 심리상태를 표출하는 게 아닐까 생각합니다.

그런 사람들은 지금의 아베 정권을 강력하게 지지하게 됩니다. 그들의 핵심적인 에토스가 아베의 정치세력과 대단히 잘 들어맞는 것이지요. 아베 정권의 경우 남성과 여성의 지지율 격차가 뚜렷한데, 남성들의 지지율이 높고 여성들의 지지율이 낮습니다. 이렇게 보면 아베 정권은 '일본의 할아버지'가 가진 나쁜 점을 압축해서 보여주는 것만 같습니다. 버블 붕괴 후의 '잃어버린 20년'은 누구 탓이냐는 질문을 던진다면, 그것은 할아버지들 탓이라고 대답하지 않을 수 없습니다. 왜냐하면 정치 세계를 비롯해 이 나라의 사회는 압도적으로 남성중심주의이고, 장년층과 노년층 남성이 결정권을 쥐고 있기 때문입니다. 할아버지들에게 키잡이 역할을 맡겼지만 일이 원활하게 진행되지 않는 것이 분명해서 "이제는 실권을 조금 양보하는 게 어떻겠느냐"는 말이 나오는 상황에 이르렀습니다. 그러나 절대로 양보하지 않을 것이라며 버티고 있습니다.

『일본전후사론』에서 아베의 전후 헌법에 대한 뒤틀린 증오는 '임포텐츠 마초impotenz macho'를 생각나게 한다는 이야기를 했습니다만, 정권 지지율이 그 나름대로 높은 수준을 유지하면서 떨어지지 않는 것은 이 뒤틀린 에토스가 현재 일본의 뭔가를 대표하고 있기 때문입니다. 결국 여기에서 말하는 '일본의 할아버지'를 대표하고 있는 것이지요. 그들은 "일본이 원활하게 나아가고 있지 않은" 것에 책임이 있고, 그런 의미에서 불능이라는 것이 날마다 증명되고 있음에도, "우리들이 아니면 안 된다"라며 강한 척합니다. 그야말로 '임포텐츠 마초'라 아니할 수 없습니다.

이런 사람들은 무의식의 영역에서는 불안에 시달리기 때문에 그것이 공격적인 국가주의로 나타납니다. 여성들이라면 "당신의 물건이 더 이상 서지 않는다고 해서 그게 무슨 대수냐. 개인의 문제를 제멋대로 천하와 국가에 연결시키지 마라"라고 말하겠지요. 그래서 여성의 정권 지지율은 낮습니다.

우치다 결국 "성적 무력감에서 국위 발양發揚으로 향한다"는 해석이군요. 우익 노인들이 그런 얘기를 들으면 화를 낼지도 모르겠네요.(웃음) 그러나 고령자용 미디어의 경우 이야기의 패턴이 단순하고 유치한 것은 틀림없습니다. 똑같은 이야기 패턴이 지겹도록 반복됩니다. 정치적 주장의 틀도 이미 결정되어 있고, 처음부터 끝까지 그 목표에 합치하는 데이터만 밀어 넣습니다. 그런 것을 아무리 읽어봐야 자신이 처음 갖고 있던 세계인식의 틀이 더욱 강화되고 경직되기만 할 뿐 지성은 끝도 없이 저열해집니다. 그것이 두렵다는 생각을 못 하는 것일까요?

실제로 그런 노인들은 새로운 사건이 일어나도, 그것이 "중국과 한국은 나쁘다"거나 "일본은 훌륭하다"는 이미 알고 있는 결론으로 곧바로 연결되지 않는 한, 전혀 관심을 보이지 않을 겁니다. 이해하고 싶다는 욕구조차 없습니다. 예를 들면 미국 대통령선거에서 샌더스나 트럼프가 등장했을 때도 "그 사건을 우익 언론은 어떻게 평가해야 할까"를 『WiLL』이나 『세이론』이 확정해주기까지는 자신이 책임질 만한 발언을 절대로 하지 않았지요. 새로운 사건, 전대미문의 사건에 직면했을 때 충분한 데이터가 없는 단계에서 그 의미를 이해하고 적절하게 대응하는 것이 지성의 가장 중요한 일인데도, "하나의 패턴으로만 사고하는" 사람들은 그 패턴에서 일탈하는 사건을 이해하려는 노력을 처음부터 포기해버립니다.

시라이 같은 패턴의 반복이라는 점에서 우파 잡지는 포르노그래피와 흡사합니다. 포르노그래피의 경우도 감상하는 사람이 보는 것은 기본적으로 늘 똑같습니다. 나체와 성교뿐이지요. 리비도란 그런 것이기 때문입니다.

우치다 확실히 포르노와 우익 잡지는 놀랍게도 흡사합니다.

시라이 뭐, 과거의 좌익 잡지에도 유사한 사례가 있었던 것 같습니다만, 그래도 그때는 좌파에게 힘이 있었지요. 국가주의 지향이 리비도와 강하게 관련되어 있는 것은 틀림없어 보입니다. 주로 남성의 리비도와……. 물론 여성 중에도 대단히 남성적인 사람이 있으니까 예외는 있겠습니다만.

우치다 고령자의 경우, 일에서 은퇴한 후 자신의 사회적 유용성에 불안을 느끼면 그 무력감을 과격한 정치적 언설로 보상하고자 하는 사례도 있지 않을까요?

시라이 그럴 수 있다고 생각합니다. 인정욕구가 채워지지 않으면 목소리를 높이고 싶어질 테니까요. 고바야시 요시노리小林よしのり 씨는 넷우익을 비판하면서, "세상의 경기가 나빠지고 개인의 생활에서도 고뇌하는

사람이 많아지면서 상처 입은 자존심이나 자의식을 국가의식을 통해 끌어올리고자 하는 사람이 늘어났다"라고 지적합니다. 이 지적 자체는 옳다고 생각합니다만, "처음 그런 풍조를 만든 것은 바로 당신들이 아닌가"라는 생각도 떨치기 어렵습니다.

"고령화 사회에서 노인의 마음의 황폐"와 같은 문제도 제기되고 있습니다. 이와 관련해 과거 사회적 지위가 높았던 노인이 가장 성가신 존재로 간주됩니다. 예를 들어 교사였던 사람이 있습니다. 몇십 년씩이나 아이들을 상대로 폼 잡는 일을 해왔는데 은퇴 후 갑자기 폼을 잡을 수 없게 됩니다. 그러면 그 낙차에 마음 둘 곳을 찾지 못해 걸핏하면 괴이한 행동을 하기도 하고, 가게에서 이상하게 오만한 태도를 취하기도 하며, 공공시설에서 비상식적인 요구를 하다가 출입을 금지당하는 등 문제를 일으키곤 한답니다. 남의 일이 아니라 무서운 이야기입니다.

단나게이의 부활에 대하여

우치다 그런 얘기는 흔히 들을 수 있습니다. 일전에 어머니께 들은 얘깁니다만, 고령자를 대상으로 하는 노인복지센터에서 가장 귀찮은 사람이 "옛날에 잘나갔던 할아버지"라고 하더군요. "내가 누군 줄 아느냐. 제대로 경의를 표하라"라는 태도를 취하기 때문에 다른 노인들과 직원들 모두 싫어한답니다. 물론 그런 일은 어제오늘 이야기가 아니겠지요. 다만 과거의 노인들은 얼마간 자제력을 갖추고 있었던 게 아닐까요.

나는 그것 때문이라도 '단나게이^{旦那藝}●의 부활'을 역설합니다. 옛날에는 어느 정도 사회적 지위에 도달한 사람은 50세 정도가 되면 뭐든 '단나게이'를 익혔습니다. 우타이^謠◆를 배우거나, 조루리^{淨瑠璃}▲를 하거나, 하이쿠를 짓거나, 참선을 하거나, 건강한 사람은 무도를 하거나 했지요. 이런 기예의 가장 좋은 점은 초심자라면 그가 누구든 체계적으로 스승으로부터 질책을 받아가며 배운다는 것입니다. 그 나름대로 나이가 들고 어느 정도 사회적 지위에 도달하면 더 이상 윗사람으로부터 꾸지람을 듣는 일이 없어지지 않습니까. 이것은 지성에 있어서나 감수성에 있어서나 바람

- 부자나 큰 가게 주인 등이 여기^{餘技}로 익혀둔 예능 또는 기예.
- 노가쿠 가사 또는 그것에 가락을 붙여 노래하는 것.
- 반주에 맞추어 이야기를 읊는 행위.

직하지 않습니다. 인간은 정기적으로 꾸지람을 들어가며 자신의 '모자란 부분'을 자각할 필요가 있습니다.

시라이 일부러 질책 받을 위치에 자신을 둔다는 말씀이군요. 그것은 인류학적 지혜입니다.

우치다 기예를 익히는 과정에서 초심자는 무엇을 해도 실패하게 마련입니다. 일거수일투족이 다 틀려서 질책을 받기 일쑤이지요. 그런데 기예의 좋은 점은 아무리 실패해도, 아무리 하수라 하더라도 그 어떤 사회적인 패널티도 없다는 것입니다.

나는 오랫동안 노能*를 배우고 있는데, 제대로 하지 않으면 스승으로부터 식은땀이 날 정도로 꾸지람을 듣습니다. 하지만 잘 생각해보면 우타이의 가사 한 구절이 틀려도, 좌우 발의 움직임이 틀려도 틀린 것은 틀린 것일 뿐 "어떻게 해도 상관없는 것"입니다. 틀렸다고 해서 곤란을 겪는 사람도 없고 괴로워하는 사람도 없습니다. 실질적으로 아무런 해악도 끼치지 않습니다. 꾸지람을 듣고 잠깐 풀이 죽을 따름입니다. 그런데 바로 이것이 노인의 비대한 에고를 억제하는 데 뛰어난 효과가 있습니다. "틀렸어! 몇 번을 말해야 알아듣겠어!"라고 한바탕 꾸중을 들으면 아무리 훌륭한 사람이라도 움츠러듭니다. 단나게이가 일본의 전통으로 자리 잡은 것은 노인이 자아를 비대하게 하여 모든 사람에게 성가신 존재가 되는 것을 막기 위한 문화적 장치였기 때문일 것이라고 생각합니다.

● 시가와 춤을 동반하는 연극으로, 탈을 쓰고 연기하는 것이 많다.

시라이 　그렇다면 단나게이의 부활은 사회적으로도 중요한 의미가 있겠군요.

우치다 　장년층과 노년층 남성은 무엇이든 배우는 게 좋습니다. 당장 문화센터에 가서 시작할 수도 있겠지만, 정해진 월사금을 지불하고 일정 기간만 배우는 것은 단나게이가 아닙니다. 문화센터에서는 사제관계가 발생하지 않기 때문이지요. 개중에는 기예를 상품으로 생각하고 돈으로 살 생각을 하고 오는 사람도 있습니다. 이런 사람들은 강사에게 꾸중을 들으면 되레 화를 냅니다. 왜 "문화센터 강사 따위"에게 "나처럼 훌륭한 인간"이 질책을 들어야 하느냐며 말이지요. 가르치는 콘텐츠는 상품이고 월사금은 그 대가라는 상거래의 틀 안에 갇혀 있는 한 몇 년을 배워도 그것은 단나게이가 될 수 없습니다. 단나게이란 몸이 움츠러들 정도로 꾸중을 듣고서야 익힐 수 있는 것이니까요. 꾸중을 듣지 않기 위해 침식을 잊고 배움에 매진하지 않으면 단나게이가 될 수 없습니다.

단나게이도 하나의 기예인 한 수행에 끝이 있을 수 없습니다. 30년쯤 꾸준히 익히다가 70, 80세가 되어서야 겨우 "다른 사람 앞에 보일 수 있는 수준은 됩니다"라고 말할 수 있을 만큼 수련을 쌓으면 노인이 되었을 때 인간이 꽤 둥글둥글해집니다. 편의점 카운터에서 점원에게 호통을 치는 할아버지가 되지는 않지요.

시라이 　예컨대 좌선을 하면서 어깨를 맞는 것도 같은 의미이겠군요.

우치다 　그렇겠지요. 좌선을 한다 해도 보통 사람은 대오해탈^{大悟解脫}의 길을 찾아 선당^{禪堂}에 다니는 것은 아닐 겁니다. 자신이 꾸준히 해왔고 또 성공한 프로그램과는 다른 프로그램에 따라 다시 한 번 초급부터 시작하는 것이 중요하지 않겠습니까. 뭐든 한 가지에 숙달해 그 나름의 평가를 받으면 처음부터 다시 새로운 것을 배웁니다. 이런 과정을 반복합니다. 그것이 대단히 중요하다는 것을 옛사람들은 알고 있었다고 생각해요. 옛날에는 현역에서 은퇴하고 나면 자식에게 집안일뿐만 아니라 이름까지 넘기고 자신은 은거명隱居名을 쓰면서 그때까지의 생활방식에서 벗어나 "노인으로서 새로운 삶"을 시작했잖아요. 누구도 그전에 노인이 되어본 적이 없기 때문에 "올바른 노인으로 살아가는 방법"도 처음부터 배웠을 것입니다.

시라이 '노인'에 입문하지 않으면 안 된다는 말씀이군요.

우치다 기모노를 입기도 하고, 분라쿠文樂●를 보러 가기도 하고, 시가를 읊조리며 걷기도 하고, 한시를 쓰기도 하고……. 노인은 모름지기 "그런 것을 해야만 한다"는 암묵적인 사회적 요청이 있었겠지요. 그것은 노인에게 노인다운 행동을 새로 배우게 하고 그것을 즐기도록 함으로써 노인이 초래할 문제를 최소화하기 위한 장치였을 수도 있습니다.

다니자키 준이치로谷崎潤一郎의 소설 『여뀌 먹는 벌레蓼喰ふ虫』를 보면 '노인 놀이'를 즐기는 노인과 그것을 동경하는 청년이 등장하는데, 확실히 "노인이 하면 어울리는 일"이라는 게 있습니다. 이렇게 옛날에는 젊은 사람이 "노인밖에 할 수 없는 일"을 선망하고 동경하는 문화가 있었습니다.

● 조루리에 맞추어 공연하는 설화 인형극.

욕망의 대상을 연령에 따라 '흩어놓는' 것이 중요하다는 것을 옛사람들은 알고 있었던 것입니다.

　　시라이　그러한 사회적 지혜가 사라져가는 것도 유치화라고 할 수 있겠군요. "노화현상은 내버려두면 발생하는 것"이라는 인식이 있으면 "어떻게든 그것을 최소화하고자 하는" 지혜도 작동할 텐데, 유치화하고 있는 탓에 그 문제가 방치되고 맙니다.

젊은 세대의 유치화와 이니시에이션의 결락

시라이 '성숙의 거부'라는 말이 있는데, 젊은 세대의 유치화 진행도 상당히 심각합니다. 저는 대학 현장에서 20년 가까이 이 문제를 관측해왔습니다만, 요 몇 년 사이에 눈에 띄는 것은 학생 단체의 알림이나 권유 포스터에 이른바 모에아니메^{萌えアニメ}* 식 그림이 늘어났다는 점입니다. 어느 사이엔가 로리콘^{ロリコン}◆ 취향은 당당하게 긍정해도 좋은 것이 되었습니다. 패션도 유치해지고 있습니다. 패션에 민감한 것은 주로 여학생입니다만, 과거에는 어른스러운 옷차림을 하고 싶어 하는 경향이 있었습니다. 그것이 시대와 함께 '귀여운 여자'로 바뀌었고, 지금은 자신을 '아이 같은 여자'로 연출하기에 이르렀습니다.

이런 말을 하면 "아니다. 그런 모습을 '굳이' 재귀적으로 선택하는 것이다"라는 반론이 나올 수도 있겠지만, 저는 그렇게 생각하지 않습니다. 반성적으로 그러한 선택을 하는 것이 아닙니다. 대학생의 얼굴이 알기 쉬운 지표입니다. 2010년대 대학생과 1990년대 무렵의 대학생, 나아가 1970년대, 1960년대 대학생의 얼굴은 모두 다릅니다. 이상하게도 연대가 바뀔

● 스토리보다 캐릭터를 중시하는 애니메이션 장르의 하나.

◆ 롤리타콤플렉스의 줄임말로, 특히 중년 남성이 어린 소녀에게만 성적 흥미를 느끼는 이상 성욕을 뜻한다. 롤리타는 나보코프의 동명 소설에 등장하는 성적으로 조숙한 소녀의 이름이다.

때마다 얼굴이 점점 어려 보입니다. 이것은 정말이지 뚜렷한 경향입니다.

우치다　확실히 그렇습니다.『사자에상サザエさん』▲에 등장하는 1950년대 대학생이 지금이라면 '아저씨'처럼 보일 테니까요.

시라이　최근에 안 것입니다만,『사자에상』에 등장하는 남편 마스오의 동료 아나고 씨의 연령 설정은 대략 20대였다고 합니다. 지금은 도저히 있을 수 없는 일이겠지요. 그림을 보면 50세 정도의 느낌입니다. 그런데 작자인 하세가와 마치코가 이 만화를 그리기 시작했을 때는 20대 남자의 얼굴이 그런 느낌이었다는 것입니다.

우치다　우리들이 아이였을 때 대학생의 이미지는 그야말로 어른이었습니다. '형'이 아니었지요.

시라이　역사적으로 보면, 학생 분쟁이 끝났을 무렵부터 급격하게 대학생의 얼굴이 어려 보이기 시작한 것 같습니다.

우치다　아마도 정치투쟁이라는 이니시에이션initiation이 없어졌기 때문이겠지요.

시라이　이니시에이션, 그러니까 통과의례 말씀이군요. 과거에는 정치투쟁이 어른이 되는 단계로 기능했다는 건가요?

우치다　일종의 이니시에이션이었다고 생각합니다. 이것은 남성에게만 해당되는 이야기이긴 합니다만, 과거에는 소년기에서 청년기에 이르는 도중에 그 지점을 통과하기 위한 의식이 있었습니다. 에도 시대까지

▲　하세가와 마치코長谷川町子의 만화. 이 만화를 원작으로 텔레비전 애니메이션이 만들어지기도 했다. 주인공의 이름이 후구타 사자에フグ田サザエ이다.

는 원복元服●이고 전전에는 징병이었습니다. 전후에는 병역이 없어진 대신, 1950년대부터 1960년대까지는 "정치투쟁에 대해 어떻게 행동할까"가 일종의 후미에踏み繪◆로 기능했습니다. 그것은 무시하는 것도 우회하는 것도 허용되지 않아서 참가하지 못할 경우 그 이유를 밝혀야만 했고, 참가할 경우 어떤 당파에 들어가 어느 정도의 전투성을 갖추고 싸울 것인지 등등에 관해 개인적인 태도를 명확히 할 필요가 있었습니다. 그런데 학생들의 정치투쟁은 처음부터 "숙명적으로 질 수밖에 없는" 것이었지요. 어떤 당파에 참가하든, 참가하지 않든, 비겁하게 행동하든, 용감하게 행동하든, 어떤 길을 택하더라도 모두가 질 수밖에 없었습니다. 정치투쟁에 관련되면 경찰관에게 얻어맞기도 하고, 당파의 관료에게 목이 졸리기도 하고, 다른 당파 사람들에게 테러를 당하기도 하는 등 호되게 당해야 했습니다. "그런 시시껄렁한 일에는 참가하지 않겠다"는 선택을 하면 '겁쟁이'라는 둥 '방관자'라는 둥 '권력의 개'라는 둥 인정사정없는 욕설을 뒤집어쓰고서 깊은 상처를 입어야 했습니다. 개입해도 다치고 개입하지 않아도 다칩니다. 누구도 피할 수 없는 이러한 통과의례를 거치면서 "어떤 식으로 상처를 입었고 또 그 상처를 어떻게 스스로 치유했는지"에 관해 모두가 말할 만한 언어를 갖고 있었습니다. 그 언어를 통해 그 사람의 자질과 성숙도를 살필 수 있었지요. 그런데 1970년대 어느 시점에 이니시

● 성년에 달하여 어른의 의관을 착용하는 의식.

◆ 에도 시대에 기독교도인지 아닌지를 식별하기 위해 밟게 했던 그리스도상이나 마리아상 등을 새긴 널쪽. 또는 그 널쪽을 밟게 한 일. 흔히 사상 조사 따위의 수단으로 비유되기도 한다.

에이션 기능을 하던 정치투쟁이 사라져버렸습니다. 아마도 통과의례 기능을 하기에는 너무나도 비효율적이었고 받는 상처도 깊었기 때문일 겁니다. 투옥된 사람도 있었고 평생 장애를 안고 살아야 하는 사람도 있었으니까요.

시라이 요즘은 굳이 말하자면 취업활동을 일종의 통과의례라 할 수 있을 겁니다. 취업활동을 하지 않는 사람이 없습니다. 그것 때문에 고생하기도 하고 꼴사나운 일을 겪기도 하지요. 이것이 바로 이니시에이션 아니겠습니까. 모두가 하고 있는데 자기만 그것을 하지 않으면 결함이 있는 인간이 되고 만다고 생각하는 것 같습니다.

우치다 저렇게 열심히 취업활동에 매달리는 것은 취업활동이 이니시에이션을 대체하게 되었기 때문이라고 확실하게 말할 수 있을 것입니다. 취업활동의 경우 역시 취업활동을 해도 상처를 입고 취업활동을 하지 않겠다는 선택을 해도 상처를 입습니다. 요즘 세대가 "그 지점을 통과하다보면 모두가 예외 없이 상처를 입는다"는 경험을 할 수 있는 것은 취업활동밖에 없을지도 모릅니다. 대학입시는 더 이상 이니시에이션 기능을 하지 못하고 있으니까요.

대학입시의 변질과 학력 저하

시라이 대학입시의 변질도 젊은 세대가 유치화하는 큰 요인이라고 생각합니다.

일찍이 입시전쟁의 폐해를 소리 높여 비판하던 시대가 있었고, "이런 획일적인 입시제도는 안 된다. 무엇보다 입시 방법을 다양화해야 한다"는 의견이 강해서 AO입시나 유토리교육ゆとり教育●과 같은 제도가 도입되었습니다. 그러나 그 결과, 앞에서도 얘기했듯이, "찔끔찔끔 시스템을 바꿔봐야 획일적인 행동양식은 바뀌지 않는다"는 것을 알게 되었다고 생각합니다.

저처럼 교육에 종사하고 있는 사람들의 입장에서 보면 원래 학교교육이란 사회제도이기 때문에 기본적으로 획일적일 수밖에 없습니다. "제도니까 획일적이어도 상관없지 않은가. 어설프게 시스템을 바꾸지 마라"라고 생각할 수도 있습니다. 방식을 바꾸면 그만큼 많은 노력이 필요합니다. 그런데 방식을 바꿨는데도 결국 인간의 행동은 바뀌지 않습니다.

우치다 맞는 말씀입니다.

시라이 일방적으로 획일적인 입시제도를 없애버린 결과 폐해가 적지 않

● 유토리ゆとり는 '여유'란 뜻으로 학생의 자율성과 종합적 인성을 중시한 교육을 말한다.

습니다. 많은 사학에서 AO입시를 통해 들어온 학생의 비율이 늘었습니다. AO입시는 본래 획일적인 학력시험으로는 측정할 수 없는 대단한 능력, 그것을 증명하는 뛰어난 실적이 있는 학생을 선발하고자 한 제도였습니다. 그런데 그 실태를 보면 어느새 학력시험의 단순한 무효화로 끝나고 말았습니다. 당연한 일입니다만, 고교생 나이에 대단한 사회적 충격을 줄 수 있는 뭔가를 성취한 자는 거의 없습니다. 따라서 AO입시는 얼마 지나지 않아 사학의 경영 안정을 위해 가능한 한 일찍 그리고 잽싸게 입학생을 확보하기 위한 시스템으로 바뀌고 말았습니다. 이 제도가 안고 있는 가장 큰 문제는 단순합니다. AO입시를 통해 대학에 들어가고자 하는 수험생은 학력을 자신의 능력이 닿는 최대한의 수준까지 신장시키려 하지 않는다는 점입니다. AO입시의 확대가 대학생의 학력 저하를 조장하는 측면이 있다고 말하지 않을 수 없습니다. 저와 같은 사람들은 "AO입시를 전부 중단하고 통일적인 시험으로 돌아가는 게 낫다. 결국 그것이 가장 품이 덜 들기 때문이다"라고 생각합니다.

우치다 전에 내가 있었던 고베 여학원대학교에서도 동창생을 우대하기 위해 "동창생의 딸, 손녀, 자매에게는 별도로 학과 시험을 치르지 않고 면접과 소논문만으로 선발한다"는 안이 제출된 적이 있습니다. 여학원은 동창회의 공헌도가 대단히 높고, 졸업생들의 애교심으로 유지되는 부분이 있습니다. 그래서 동창생과 관계가 있는 사람이라면 대학에 친근감도 갖고 있을 테고 충성심도 높을 것이기 때문에 우대할 수 있는 근거가 된다고 생각하고 나도 찬성했습니다. 그런데 막상 뚜껑을 열어보니 정원을 초과하는 수험생이 왔더군요. 몇 사람은 떨어질 수밖에 없었지요. 그런 데 소논문과 면접만으로 합격 여부를 가려야만 했습니다. 결과를 발표했 더니 당연하게도 부모들이 이의를 제기했습니다. "도대체 내 자식이 어디 가 부족하단 말입니까?"라고. 그도 그럴 것이 소논문과 면접뿐이니까요. "내 자식이 어디가 문제라고 말씀하시는 겁니까"라고 따지면 대답이 궁 합니다.

시라이 왜 떨어졌는지 모르겠다고 하면…….

우치다 그렇게 한바탕 혼쭐이 나고 다음 해부터 학과시험을 치르기로 했습니다. 학과시험까지 치르면 떨어졌을 경우 "아깝게도 1점이 부족했 습니다"라고 말할 수 있으니까요. 떨어진 수험생도 "딱 1점이 모자랐다" 며 납득할 것입니다. 특별히 인격에 관해 부정적인 판정을 내린 게 아니니 까요.

그때 왜 학과시험을 치러왔는지 그 이유를 알았습니다. 그것은 대학 측이나 수험생 측이나 학과시험이 "인간 능력의 극히 일부밖에 측정할 수 없으며 인간적 가치와는 무관하다"는 이해를 공유하고 있었기 때문입 니다. 따라서 아무렇지도 않게 떨어뜨릴 수도 있고, 떨어진 쪽의 피해도 적습니다. "입시는 인간 능력의 극히 일부 그것도 그다지 본질적이지 않 은 능력밖에 판정할 수 없다"는 것에 관해서는 사회적 합의가 있습니다. 그래서 자신보다 편찻값이 높은 대학에 진학한 친구들에게도 특별히 콤 플렉스를 느끼지 않게 되고, 편찻값이 높은 대학에 간 녀석이 중도 탈락 했다는 소리를 들어도 그다지 놀라지 않습니다. 모두가 "입시로는 인간의 가치를 알 수 없다"라고 생각하기 때문이지요.

"인간의 가치를 알 수 없는 학과시험"은 바로 그렇기 때문에 다른 어떤 평가 방식과 비교해도 대단히 객관적일 수 있었던 것입니다. "객관적이기는 하지만 그것으로 인간의 가치를 판정할 수는 없다"는 특성이 바로 학과시험의 장점이었던 셈이지요.

시라이 말씀하신 대로 학교교육에서 치르는 시험에서 100점을 받을 수도 있고, 80점을 받을 수도 있으며, 50점밖에 받지 못할 수도 있는데, 이는 어차피 하나의 기준에 지나지 않습니다. 물론 그 점수가 장래의 지위나 수입에 관련된다는 점에서 중요한 지표일 수는 있겠지만, 다른 한편으로 아이들은 "시험 점수는 극히 일면적인 평가에 지나지 않는다"는 것도 감각적으로 알고 있었을 것입니다.

그런데 그것이 유토리교육을 실시하면서부터 이상하게 바뀌었습니다. '사는 힘'이니 '인간의 종합적 능력'이니 하는 말들이 나오기 시작하는데 정말로 마음이 불편하더군요. 예를 들어 영어가 50점이어서 또는 수학이 50점이어서 "너는 안 돼. 낙제야"라는 말을 했다 하더라도 그것은 어쩌다가 그 과목의 점수가 좋지 않았다는 얘기일 뿐입니다. 그런데 "인간의 종합적 능력을 평가했더니 너는 50점이다"라는 말을 했다면 그것은 그 사람의 인간성을 부정하는 게 아니겠습니까. 제가 유토리교육에서 대단히 불쾌하게 느낀 것은 "왜 학교에서 그런 말까지 해야 하는가"라는 점이었습니다.

우치다 예전의 입시공부는 거의 고행에 가까웠지요. 시라이 씨 세대는 들은 적이 없겠지만, '사당오락'이라는 말이 있었습니다. 이것은 "시험 전에 수면시간을 하루 네 시간까지 줄인 수험생은 합격하지만 다섯 시간 잔 수험생은 떨어진다"는 의미입니다. 우리들이 중학생이었을 때 유행했던 말이지요. 시험에 떨어진 아이들마저도 하루에 다섯 시간만 자고 공부했던 겁니다.

그것은 거의 '수행'이었습니다. 그도 그럴 것이 무슨 의미인지도 모르면서 끝없이 외워야 했으니까요. 지망한 학교에 떨어지고 나서도 사회적으로 그렇게 가혹한 벌칙이 주어진 것도 아닙니다. 그 점도 '수행'에 가깝습니다.

선사禪寺의 수행에서는 무슨 의미가 있는지 전혀 알 수 없는 일을 끝없이 시키는데, 일 년도 지나지 않아 2할 정도는 진저리를 치며 떨어져 나간다고 합니다. 그런데 수행을 성취하지 못했다고 해서 절의 주지가 될 수 없는 것은 아닙니다. 수행의 성취 여부는 생업을 영위하는 것과 별 관계가 없었던 것이죠.

그것과 유사한 느낌의 '입시공부 수행'이 초등학교 고학년부터 고등학교 3학년까지 이어졌습니다. 수행을 성취하면 남들의 부러움을 삽니다. 그렇다고 시민으로서 성숙했다는 뜻은 전혀 아닙니다. 그 점이 이니시에 이션과 다르지요.

시라이 단, 그런 쓸모없는 고행을 그만둔다고 해서 잘 되느냐 하면 꼭 그런 것도 아닙니다. "더욱 혹독해진" 것이 교육 현장의 현실입니다.

교육 현장을 잘 모르는 사람일수록 '입시공부의 폐해'를 쉽게 입에 올립니다. 아직도 "일본이 지금 이처럼 엉망이 된 것은 입시공부 같은 하찮은 짓을 해왔기 때문이다. 그것이 문제다"라고 말하는 사람이 있습니다만, 현상 인식이 완전히 틀렸습니다.

저출산에 따른 아동 인구 감소 시대로 접어든 지금은 과거와 같은 극심한 입시지옥은 없습니다. 입학생 전원에게 엄밀한 학력시험을 요구하는 대학은 정말이지 극히 일부에 지나지 않습니다. AO입시에는 오랜 기간의 시험공부가 필요 없기 때문이지요. 그렇게 해서 경쟁이 느슨해지고 입시라는 일종의 벽이 사라진 결과 학생들에게 무슨 일이 일어났는지를 그런 사람들은 잘 모릅니다.

저는 어떤 학교에서 1학년을 대상으로 연습과목을 가르친 적이 있습니다. 그때 기말보고서를 내라고 했습니다. 그런데 7, 8명이 제출한 보고서 중에 절반 이상은 읽지도 않고 그 자리에서 돌려줬습니다. 돌려준 이유는 행을 바꿔 새로운 단락을 쓰면서 처음 한 글자를 비워놓지 않았기 때문입니다.

아마도 그들은 "행을 바꿀 경우 한 글자를 비워놓아야만 한다"는 것을 십 년 가까이 줄기차게 학교에서 배웠을 겁니다. 십 년 가까이 귀가 아프게 들었을 텐데도 그렇게 하지 못합니다. 제 생각에 이것은 정말로 두려워할 만한 일입니다.

이런 경향이 이대로 계속된다면 어떻게 되겠습니까. 농담이 아니라 대학에서 구구단까지 가르쳐야만 할 것입니다. 이 정도로 배우는 자세가 위기에 처해 있습니다.

그런 학생들도 뭔가 계기가 마련되면 착실하게 공부하는 경우도 있습니다. 이와 관련해서도 알기 쉬운 기준이 있습니다. 그것은 공부가 아니라도 스포츠든 음악이든 뭔가 한 가지 일에 힘을 쏟은 경험이 있는지 여부입니다. 노력한 경험이 있는 학생은 어떤 계기가 주어지면 지적으로도 훌륭하게 성장합니다. "고등학교까지 운동부에 있었다"고 말하는 학생은 예상 밖으로 크게 바뀌는 모습을 보이곤 합니다. 고등학교까지 운동을 계속했다는 것은, 설령 운동부가 강한 학교가 아니었다 하더라도, 그 나름대로 열심히 했다는 얘기이기 때문입니다.

반대로 18, 19세가 될 때까지 인생에서 "나는 이 분야에서 최고가 되고 싶다"는 의욕을 갖고 뭔가를 죽어라 해본 경험이 전혀 없는 학생은 참으로 딱하기 짝이 없다고 저는 생각합니다.

지난번에도 문부과학성은 일부 대학에 대해 핵심에서 벗어난 지도를 했습니다. "수학 수업 시간에 인수분해를 가르쳤다"느니 "영어 수업 시간에 be동사를 가르쳤다"느니 이런저런 얘기가 떠돈 모양입니다. 그러자 "그런 것은 대학에서 가르치기에 적절하지 않다. 좀 더 대학다운 내용을 가르치는 게 바람직하다"라고 행정지도를 했다고 합니다.

대학 쪽에서는 "정말로 모르는데 어떻게 하란 말이냐"라고 반박합니다. "대학에 오기 전에 착실한 기초학력을 다져주지 않기 때문에 대학에서 이러는 것 아니냐"라는 얘기지요.

그렇다면 "고등학교가 잘못했다"는 얘기가 될 텐데, 고등학교 선생에게도 할 말이 있을 겁니다. 그들은 "그렇게들 말하지만 고등학교에 들어오는 시점에서 학력이 갖춰져 있지 않았다"라고 말하겠지요. 다시 중학교의 잘못이라고 말하면 중학교는 중학교대로 초등학교의 잘못이라고 말할 겁니다. 초등학교 선생에게도 당연히 핑곗거리가 있겠지요. 그들은 이렇게 말할 겁니다. "가정학습이 이상합니다. 배우려는 자세가 처음부터 갖춰져 있지 않습니다. 그래서 이렇게 된 것입니다."

그리 되면 이번에는 "문제는 가정학습이다"라는 얘기가 될 텐데, 과연 가정에서 잘못한 것일까요. 아버지와 어머니의 모럴이 시대의 풍조에 따라 그렇게 추락했느냐 하면, 결코 그렇지는 않을 것입니다. 부모라면 누구나 자기 자식이 공부든 규율이든 그 나름대로 착실하게 배우기를 바랄 것입니다.

그렇다면 이것은 아이들을 둘러싸고 있는 사회 환경, 그 사회 환경이 발신하는 메시지에 의해 위기가 초래되었다고 생각하지 않을 수 없습니다. 교육을 바로 세우기 위해서는 그런 문제를 정확하게 인식해야 합니다. 그런데 정부는 변함없이 입시제도를 바꾸거나 교과과정을 만지작거리는 일에만 매달립니다. 교육 문제의 본질이 무엇인지도 모르는 것이지요.

우치다 나도 그렇게 생각합니다. 문제는 개별 가정교육의 실패가 아닙니다. 이것은 사회 전체의 흐름이기 때문입니다. 젊은이의 미성숙과 노인의 유치화가 사회적으로 전면화하고 있는 것은 "성숙하지 마라"라는, 눈에 보이지 않는 강한 압력이 가해지고 있기 때문일 겁니다.

지금 일본 사회의 모든 국면에는 시민적 성숙을 방해하려는 힘이 작용하고 있습니다. 먼저 학교교육 안에서도 '성숙'이라는 말이 나오지 않습니다. 문부과학성에서도 아이들의 시민적 성숙을 지원할 방법 따위는 전혀 생각하지도 않습니다. 문부과학성이 추진하고 있는 글로벌 인재 육성이니 뭐니 하는 것은 말하자면 아무런 생각도 없이 윗사람이 하라는 대로 죽을 때까지 일하는 인간, 수탈하기 쉬운 인간, 비판정신이라곤 찾아볼 수 없는 인간을 기르는 것입니다. 그런 인간을 대량 생산하도록 문부과학성이 일본의 대학에 요청하고 있습니다.

고착화하는 계층과 계급

우치다 『21세기 자본』에서 토마 피케티는 격차 해소를 위해 어떻게 자원을 분배해야 할 것인지에 대해 논했는데, 한때 뜨겁게 화제를 모았던 그의 논의는 곧 식어버리고 말았습니다. 이제는 그 누구도 피케티의 이름조차 입에 올리지 않습니다.

시라이 일본의 경우 2000년대 초반 무렵부터 격차 문제에 초점이 맞춰졌고, 그런 흐름 속에서 정권 교체가 이뤄져 민주당 정권이 탄생하기도 했습니다. 그러나 새로운 정권의 등장으로 격차 문제가 해결되었느냐 하면 아무것도 바뀐 게 없습니다. 우왕좌왕했을 뿐 해결한 것은 아무것도 없습니다. 격차 문제 해결을 내걸고 정권을 탈취한 민주당의 전략과 함께 어느샌가 격차론은 시들해지고 말았습니다.

우치다 지금은 격차보다 오히려 빈곤이 화제가 되고 있는 것 같습니다.

시라이 제 생각도 그렇습니다. 빈곤은 격차가 벌어져서는 곤란하다는 차원에서 접근할 문제가 아니기도 합니다. 절대적 빈곤이 눈에 띄게 된 것이지요. 다음은 무엇에 초점이 맞춰질까요? 역시 계급 문제일 수밖에 없을 것이라고 생각합니다만.

우치다 계급보다는 계층이 아닐까요? 계급과 계층, 계급사회와 계층사회……. 조금 의미가 다르다고 생각합니다.

계층은 문화자본의 '많고 적음'을 통해 재생산됩니다. 문화자본은 그것을 갖고 있는 계층에게는 의미가 있지만, 그런 것과 인연이 없는 계층에게는 아무런 의미도 없습니다. 따라서 문화자본과 인연이 없는 계층은, 예컨대 파리의 교외에 사는 이민자들은 프랑스 문학에 관한 지식이나 인상파 회화에 관한 감식안 또는 테이블 매너나 적절한 와인의 선택 등에 관한 지식이 특별히 유용하다고 생각하지 않습니다. 그런데 프랑스의 경우 문화자본이 그대로 사회적 평가의 지표가 되기 때문에 "그런 것은 소용없다"고 생각하는 사람들은 정말로 그 행동에 의해 자동적으로 사회의 최하층에 자기 자신을 고정시켜버립니다.

　계층사회에서는 계층에 따라 사용 언어, 생활규범, 먹을거리, 듣는 음악, 좋아하는 스포츠, 출입하는 레스토랑, 즐겨 찾는 리조트 등등이 전부 달라집니다. 그리고 각자가 자신이 속한 '범위'를 아주 편하다고 생각하기 때문에 계층 간 유동성이 사라지고 계층 간 벽은 더욱 높아집니다.

　이에 비해 계급 차이의 지표는 돈의 소유 여부밖에 없기 때문에 어떤 계기로 최하층 인간이 초부유층으로 뛰어오를 수도 있습니다. 폭력배나 사기꾼도 재주가 있어서 초부유층 반열에 오르면 그것에 상응하는 사회적 위신을 인정받습니다. 상위 계급에 오르기 위해서 지성이나 예술적 감수성 따위가 필요하다고 생각하는 사람은 아무도 없습니다. 현대의 일본과 미국 그리고 중국이 그런 사회라고 생각합니다. 변화하는 사회 환경에 대한 적응 능력과 기동성이 뛰어나면 단숨에 권력의 핵심에 진입할 수도 있습니다.

계층사회는 문화자본의 많고 적음에 따라 나뉘고, 문화자본은 개인의 신체에 내면화합니다. 신체화한 문화자본은 쉽게 몸으로 익힐 수 있는 것은 아니지만, 일단 몸에 익히면 잃어버리지 않습니다. 그처럼 타성적인 것이 계층 차별화의 지표가 되기 때문에 사회적 유동성은 낮습니다. 한편 계급사회는 돈의 많고 적음에 따라 나뉘고, 돈에는 "색깔이 없기" 때문에 사회적 유동성이 높습니다.

시라이 계층이라고 부를지 아니면 계급이라고 부를지에 관해서는 말의 정의를 정리할 필요가 있겠습니다만, 많은 사람들이 말하듯이 저는 일본도 계층사회, 계급사회로 바뀌고 있다고 생각합니다. 제 나름대로 정의하자면 단순히 빈부의 격차가 있다는 것만으로는 계급사회라고 말할 수 없습니다. 그것이 세대를 넘어 고착화할 때 계급사회가 됩니다. 전후 일본에서 '일억총중류一億總中流'*라는 말이 유행했는데, 그런 사회 상황에서는 계급 간 이동이 상당한 수준이었습니다. 국민들도 "이렇게 통풍성이 좋은 사회가 바람직하다"고 느끼고 있어서 폭넓은 지지를 얻을 수 있었지요.

예를 들어 알기 쉬운 지표 하나를 보자면, 대학 동급생과 친해져서 어떤 집에서 태어났느냐는 얘기를 했을 때, 예전에는 부모 세대가 고졸이나 중졸인 경우가 드물지 않았습니다.

그런데 그러한 계급 간 이동이 급속히 줄어들고 세대를 넘어선 고착화가 진행되고 있습니다. 예를 들면 지금 명문대학은 부속학교를 아주 많이

● 일본에서 1970년대와 1980년대에 걸쳐 국민의 90퍼센트 가까이가 중류층이라는 의식을 갖게 된 사회 현상.

세우고 있습니다. 그 이유는 편찻값을 높은 상태로 유지하기 위해서라고 합니다. 대학의 명성은 일반 입시에서 편찻값에 크게 좌우되기 때문에 대학으로서는 어떻게 해서든 그것을 높은 상태로 유지하고 싶어 합니다. 그러나 아동 인구 감소 사회로 접어들고 있기 때문에 모집인원을 줄이는 것 이상의 유효한 방책이 없습니다. 하지만 단순히 모집인원을 줄이기만 한다면 학생 수가 줄어 대학의 수입도 감소할 수밖에 없습니다. 어떻게든 머릿수를 확보한 다음 모집인원을 줄이고 싶어 합니다. 그래서 부속학교를 만들어 많은 학생을 받아들이고, 일반 입시에 관해서는 모집인원을 줄여 편찻값을 유지하려고 하는 것입니다.

과거에는 "좋은 학력을 갖고 싶다"고 생각한다면 기본적으로는 한판 승부인 대학입시에 매달릴 수밖에 없었습니다. 그런데 부속학교가 늘어남으로써 대학에 들어갈 수 있는 길이 다양해졌습니다. 고등학교부터 부속학교에 들어갈 수도 있고 중학교부터 들어갈 수도 있습니다. 초등학교부터 들어갈 수도 있습니다. 게다가 입학시험 자체도 다양해지고 있습니다. AO입시 등도 늘고 있고, 추천방식도 늘고 있습니다. 실은 그것이 부모의 연봉과 결부된 새로운 학력 격차를 낳고 있는 것입니다.

어떤 사립대학에서 가르치고 있는 선생으로부터 몇 년 전에 들은, 너무나도 노골적인 이야기가 있습니다. 그 선생은 당시 가까운 시일 안에 대학을 옮기기로 정해져 있었고, "옮기게 돼서 참 좋다. 지금 근무하고 있는 대학은 곧 망할 것 같다"며 기뻐했습니다. 왜 그러냐고 물었습니다. 강의 외에 학생 담당 위원 일까지 하고 있는데, 그 일이라는 게 "수업료를 낼 수 없으니까 나중에 납부하게 해주십시오"라고 적은 서류에 도장을 찍는 것이라고 합니다. 그런 일을 통해 입학한 학생의 가정이 가난하다는 것을 여실히 알 수 있었다면서 대략 다음과 같은 이야기를 들려주었습니다.

"일찍이 그 대학은 돈 많은 집안의 학력이 낮은 자제가 오는 곳이었습니다. 대학의 주차장에는 벤츠나 BMW가 즐비했지요. 학생이 외제차를 타고 학교를 다녔던 겁니다. 그런데 지금은 빈곤층 자제가 오는 학교로 바뀌었습니다.

이것은 단순히 아동 인구 감소나 부모 세대의 빈곤만이 문제가 아닙니다. 여기에서 분명하게 볼 수 있는 것은 부잣집에서는 더 이상 자식을 편찻값이 낮은 대학에 보내지 않게 되었다는 것입니다. 지금은 돈만 있으면 초등학교에서 고등학교에 이르는 어떤 단계에서 가장 평판이 좋은 대학에 들어갈 수 있습니다.

그렇게 해서 부잣집 자제는 순조롭게 학력을 얻을 수 있습니다. 그렇다면 편찻값이 낮은 대학에 들어오는 학생은 어떤 집안의 자식일까요. '많은 수업료를 내고 이런 학교를 다녀봐야 장래에 쓸 만한 경력이 되지 못한다'는 것을 이해하지 못할 정도로 문화자본이 빈약한 집안의 자식들입니다. 그런 가정이기 때문에 다니는 도중에 학비가 부족해 수업료를 내지 못하는 일도 일어납니다. 계획성이 없는 것이지요."

우치다 　우울한 얘기군요. 나는 일본 사회에서는 문화자본의 배타적 축적이 그다지 이루어지지 않았다는 인상을 지우기 어렵습니다만, 시라이 씨는 계층의 고정화가 진전되고 있다고 생각하십니까?

시라이 예. 일본의 경우 예전에는 부모 세대가 학력이 없고 자산이나 문화자본이 없어도 공부를 잘해서 그 지역 명문 공립고등학교에 진학하면 졸업 후 명성 있는 대학에 들어갈 수 있었습니다. 그리하여 그 나름대로 학력을 얻을 수 있었고, 그럭저럭 안정된 장래를 생각할 수 있었지요. 하지만 그 구도는 이미 급속하게 붕괴하고 있다고 생각합니다.

요즘 들어가기 어려운 명문 중학교를 가고자 하는 아이들 사이에서는 입시학원인 SAPIX(사픽스)가 인기를 끌고 있다고 합니다. 이 학원은 그야말로 확장일로에 있습니다. 그 SAPIX를 요요기제미나루代々木ゼミナール● 관련 회사에서 사들였습니다. 요제미의 본업은 대학입시 지도였는데 수강생이 줄어들어 이제는 손을 떼고 "실질적으로 부동산업으로 돌아선 것이 아니냐"는 얘기도 들립니다만, 주요 시장을 대학입시에서 중학입시로 전환했다고 봐야 할 것입니다.

이 전환은 대단히 상징적인데, 일본에서는 지금 학력 상위층이 선택하는 주요 장벽이 대학입시에서 중학입시로 점점 빨라지고 있다는 것을 보여줍니다. 그렇게 되면 개인의 노력 이상으로 세대의 수입이 크게 효력을 발휘합니다. SAPIX든 어디든 중학입시를 대비하는 학원의 학비는 연간 100만 엔 전후라고 합니다. 그 돈을 감당할 수 없는 집의 자식은 이른바 명문 중학교 진학이 어려울 수밖에 없을 겁니다.

우치다 그래요? 그런 데서부터 계층 분화가 시작됩니까?

● 도쿄 요요기에 본원이 있는 유명한 입시학원. 일본 전역에 여덟 개의 분원이 있으며, 흔히 '요제미' 또는 '요요제미'라고 부른다.

시라이 결국 일본에서는 학력도 돈이면 다 된다는 얘기입니다. 그야말로 노골적이죠. 도쿄대생 부모의 수입 데이터 등을 기초로 하여 이런 경향은 이전부터 적잖이 지적되어왔습니다만, 교육 현장에 있다보면 바로 지금 이 경향이 노골화하고 있다는 것을 강하게 느낍니다.

일본을 탈출할 수 있는 인간이 높은 평가를 받는다

시라이 지난해 안보 관련 법안에 반대하는 SEALDs의 활동은 크게 화제가 되긴 했습니다만, 다른 한편으로는 그들에 대한 차가운 시선이나 공격도 무시하지 못할 정도였던 듯합니다. 열렬한 아베 신자들이 '적'이라며 두들기는 것은 이해할 수 있습니다. 하지만 그렇지 않은 비판도 있었지요.

우치다 무슨 이유로 그들을 비판하는 건가요?

시라이 호리에몬ホリエモン●적인 시선의 논평이 많았습니다. "그렇게 해봐야 아무것도 바뀌지 않는다"거나 "데모나 하다니 참 고리타분하다" 등등. 또는 "그들은 결국 사회주의적인 보호를 요구하는 것인데 그것은 자립심이 부족하다는 얘기다"라고 말하는 사람도 있었습니다. 어떤 이유를 들이대든 그것은 표면적인 것이고, 그저 "저런 활동 자체가 생리적으로 싫다"고 말하는 사람들이 많습니다.

우치다 기존의 룰 안쪽에서 룰을 속이거나 빈틈을 노려 성공했다고 자부하는 사람들이 그럴 겁니다. 그런 사람들은 "나는 정해진 룰에 따라 게임을 해서 이겼다. 너희들은 부당하게도 게임의 룰을 바꾸려고 한다"고

● 일본의 유명한 실업가 호리에 다카후미堀江貴文의 애칭이 '호리에몬'이다.

생각할지도 모릅니다. 굳이 경쟁을 해서 이기고 싶지도 않지만 좀 더 진지하게 살고 싶다는 SEALDs의 표현은, '성공한 사람'의 입장에서 보자면, 그들의 성공을 전혀 부러워하지 않는 것으로 비칠 수도 있습니다. 그래서 자신들의 노력이나 재능이 경시당하는 게 아닌가 싶어 벌컥 화를 내는 것인지도 모릅니다.

시라이   반발하는 이유는 잘 모르겠습니다만, IT 기업을 세운 사람들 중에는 "내 문제가 아니라면 다른 사람의 일은 관계없다"고 생각하는 사람이 많은 것 같습니다. "살기에 불편해지면 일본 따위는 버려도 그만이다"라고 생각하는 듯합니다. 호리에몬도 "전쟁이 일어나면 현금을 잔뜩 짊어지고 해외로 탈출할 것"이라고 확실하게 말했으니까요.

우치다   그렇습니다. 그들은 뛰어난 기동성을 발휘해 승부를 내기 때문에 내셔널리즘과는 무관합니다. 그런 의미에서 우익과 다릅니다. 그러한 사람들이 사회의 상위에 랭크되어 있다는 점 역시 새로운 상황이라고 할 수 있을까요?

도사 히로유키土佐弘之라는 국제정치학자는 현대 사회에서 자원 배분에 관여하고 있는 가장 중요한 능력은 기동성mobility이라고 했습니다. 기동성이란 문자 그대로 '움직이는' 능력을 말합니다. 상황의 변화에 대응해 사는 곳을 바꾸고, 직업을 바꾸고, 국적을 바꿀 수 있는 사람들을 기동성이 뛰어나다고 합니다. 알기 쉽게 말하면 자국 내에서 전쟁이 일어나거나 테러가 발생하거나 전염병이 만연할 때 자가용 제트기를 타고 잽싸게 탈출할 수 있는 인간들이 그렇지요. 그런 사람들과 파국적인 사태가 찾아왔을 때 걸어서 국경까지 가야만 하는 사람들 사이에 벌어진 기동성의 격차는 종종 생사를 좌우하기도 합니다.

기동성이 뛰어난 사람들은 세계 각지에 집이 있고, 일이 있고, 친구나 지인의 네트워크가 있어서 어떤 파국적인 일이 일어나 일본을 버리게 되더라도 특별히 곤란을 겪지 않습니다. 싱가포르에 회사가 있고, 하와이에 콘도미니엄이 있고, 파리에 아파트가 있고, 케이맨 제도에 은행계좌가 있으니까 일본을 벗어나도, 일본이 없어져도 아무런 어려움이 없도록 준비되어 있는 사람, 그런 수완 좋은 사람이 현대 일본 사회에서는 대단히 높은 평가를 받습니다.

거꾸로 일본어밖에 할 줄 모르고, 일본 이외의 지역에서 살아본 적이 없을 뿐만 아니라 살 곳도 없고, 일본의 산하를 좋아하고, 일본식 식사를 즐기고, 일본의 종교나 의례를 좋아하고, 일본의 음악을 좋아하고, 일본 열도는커녕 고향을 벗어나지도 못한 로컬한 사람은 이 글로벌 사회에서 최하위로 평가받습니다. 그들의 특징은 "이동할 수 없다", 그러니까 기동성이 없다는 점입니다. 그런 인간이 지금 일본에서는 최하위로 평가받고 있습니다.

정말로 역설적인 얘기입니다만, 현대 일본에서는 "언제든 마음이 내킬 때 일본을 버릴 수 있는 사람, 일본이 파국적인 상황에 이르러도 조금도 곤혹스러울 게 없는 사람"이 국내적인 평가에서는 최상위를 차지하고 있습니다. 내가 자주 사용하는 비유인데, 그것은 "선장 자리를 맡겼더니 배가 난파하자 즉각 구조선을 불러 승무원과 승객을 남겨두고 자기 혼자만

함교에서 탈출할 정도로 눈치가 빠른 사람이 낫다"고 말하는 것이나 다름없습니다. 그야말로 불가사의합니다. 일본을 버릴 수 있는 능력을 높이 평가하고, 그런 사람에게 일본이 어떻게 하면 좋을지 결정해달라고 말하니까요.

시라이 예. 상식적으로 생각하면 말도 안 되는 도착倒錯이 일어나고 있다는 것을 알 수 있습니다. 그런데 이런 경향은 전혀 수그러들 기미가 없고, "글로벌 인재가 되기 위해서는 무엇을 하는 게 좋을지"를 설명하는 실용서가 판을 칩니다.

우치다 중학생쯤 된 아이를 해외 유학을 보내거나 국내의 국제학교에 보내는 흐름은 이전부터 적잖이 있었습니다. 나에게도 가끔씩 『닛케이 키즈 플러스』나 『프레지던트 패밀리』 같은 잡지로부터 취재 요청이 옵니다. "영어교육은 어떻게 해야 하는가", "아이들을 일찍부터 해외로 보내는 것을 어떻게 생각하는가" 등등이 흔히 받는 질문입니다. 도시 지역에 사는 주부들 중에는 "남편을 도쿄에 남겨둔 채 아내와 아이만 해외로 가서 국제학교에 아이를 입학시키고, 그곳에서 중등교육을 마치게 한 다음 대학은 영어권 학교에 보내 그곳에서 학위를 따고 나서 일본으로 돌아오게 하는" 진로를 생각하는 사람이 늘어나고 있는 듯한데, 그것에 대한 의견을 묻기도 합니다. 그런 얘기를 듣고 있노라면 왠지 모르게 신물이 납니다. 하지만 그들은 모두 "일본을 버릴 수 있는 사람, 일본에 대해 단념한 사람, 일본의 사회제도를 전혀 평가하지 않는 사람"들이야말로 일본에서 높은 등급을 받는 것이 당연하다고 믿어 의심치 않습니다. 그것을 '이상하다'고 생각하지 않아요. 그렇게 생각하는 사람이 더 이상하지요.

전에 어떤 위원회에서 일본의 교육제도가 엉망진창이라고 말하는 사람이 있었는데, 그가 "그래서 내 자식은 일본의 학교에 보내지 않고 고등학교부터 미국에 유학시켜 지금은 하버드에 다니고 있다"라며 자랑을 늘어놓더군요. 나는 이 사람 말하는 것이 참 이상하다고 생각했습니다. 그 사람의 자식이 그대로 해외에 눌러앉아 취직을 하고, 가족을 꾸리고, 그곳에서 살아간다면 "좋으실 대로 하세요"라고밖에 말할 수 없겠지만, 이후 일본으로 돌아와 미국에서 받은 교육을 "일본을 벗어날 수 없었던 다른 일본인"과 경쟁할 때 유리한 방향으로 이용할 작정이라면 그것은 문제가 있다고 생각했습니다. 이유는 이렇습니다. "우리 자식에게는 보잘것없는 일본의 학교교육을 받게 하지 않겠다"라고 말하는 사람은 당연하게도 자신의 아이는 그 "보잘것없는 일본의 학교교육"밖에 받을 수 없었던 아이들보다 상대적 우위인 것으로 평가받아야 한다고 생각하겠지요. 그렇다면 그 사람은 무의식적으로는 일본의 학교교육이 앞으로도 계속 보잘것없는 것이기를 바랄 것입니다. 그렇게 하지 않으면 일본의 학교를 포기하고 해외에 유학을 보낸 비용이 얼마나 아깝겠습니까. 해외에 유학을 보낸 사람들은 절대로 "뭐 일본의 학교교육도 꽤 훌륭하지 않은가. 이 정도면 유학을 보내지 않아도 괜찮을 거야"라고 생각하지는 않을 겁니다. 따라서 이런 사람들은 기회만 있으면 일본의 학교교육을 비난하려고 합니다. 정말입니다. 예외가 없습니다. 일본 학교교육의 성패보다도 자신의 예상이 옳다는 것을 입증하는 쪽이 우선입니다. 그래서 이 사람은 우리들이 참석했던 회의에서 학교교육이 화제에 오를 때마다 "그렇게 하면 일본의 학교교육은 파탄에 이르고 말 것"이라며 이런저런 제안(예컨대 글로벌화)을 했던 것입니다. 그런데 아마도 본인은 자신이 무의식적으로 학교교육을 파탄 내는 짓을 하고 있다는 것을 모를 겁니다.

시라이 그런 얘기를 듣다보니 두 가지가 생각납니다. 하나는 결국 식민지 엘리트의 행동양식 그 자체라는 것입니다. 종주국에서 경력을 쌓은 다음 그 위신을 이용해 식민지에서 잘난 체를 합니다. 자신이 글로벌 스탠더드에 도달했다고 생각한다면 '세계의 한가운데'에서 승부를 내면 될 텐데도 그럴 수 없으니까 식민지 안의 '글로벌 엘리트'로 행동합니다. 터무니없이 로컬한 행동을 하는 것이지요. 그리고 얼마 전의 이른바 대학 개혁이라는 것도 이런 무리들을 우대하는 것을 원칙으로 삼았습니다. 정확하게 말하자면 배신이지요. 현재와 미래의 국민에 대한 배신일 뿐만 아니라, 막부 말기부터 쇼와 시대에 이르기까지 어떻게 해서든 일본을 독립국으로 유지하려 애썼던 선인들의 노력에 대한 심각한 배신이기도 합니다.

다른 하나는 이러한 행동은 4등국 국민에게나 어울린다는 것입니다. 패전을 인정하지 않은 까닭에 질질 끌리듯이 패전을 이어갈 수밖에 없는 4등국 그 자체의 상황이 표면화하는 가운데, 부모가 자식을 어떻게 지도할 것인가라는 문제와는 별도로, 일본에 절망하는 젊은이가 나오는 것도 어쩔 수 없다고 생각합니다. 젊은이가 "나는 더 이상 이 나라에 미련이 없습니다. 뛰쳐나가겠습니다"라고 말한다면, 솔직히 저는 "너는 남아야 한다"거나 "돌아와야만 한다"고 설득할 자신이 없습니다. 소설가 히라노

게이치로^{平野啓一郎}는 트위터에서 일본의 현상에 관해 "차세대의 절망을 상상할 수 없는가?"라고 투덜댔습니다만, 동감합니다. 정말이지 '상상할 수 없는' 사람들은 차세대로부터 버림받아도 쌉니다.

일본 사회에 널리 퍼져 있는 파멸 원망

시라이 지난번 대담에서 우치다 선생께서는 "일본인은 파멸 원망顧望을 갖고 있다"고 지적하면서 "일본은 주체적으로 파멸로 향하고 있는지도 모른다"고 말씀하셨습니다. 확실히 그런 가설을 놓고 보면 앞뒤가 딱 맞습니다. 지금 사회의 여러 국면에 일종의 니힐리즘이랄까 "아무래도 좋다"는 체념의 감정이 퍼져 있고, 확실히 파멸을 바라는 마음에서 비롯됐다고 생각할 수밖에 없는 일들이 늘고 있습니다. 일본인의 마음 아주 깊은 곳에 무의식화한 자기혐오가 스며들어 있는지도 모른다고 생각합니다. 니힐리즘이지요.

파멸로 향하고 있다는 사실을 확실하게 숫자로 보여주는 것이 예를 들면 저출산에 따른 아동 인구의 감소입니다. 이대로 출생률이 계속 하락하고 인구 구성이 급격하게 변동한다면 정말 큰일이라고 모두가 입을 모아 말합니다. 그러나 그 누구도 착실한 대책을 강구하려 하지 않습니다.

동시에 그것은 신자유주의화와 연결되어 있습니다. 신자유화의 흐름 속에서 더욱더 많은 사람들이 도쿄 한곳으로 모여들고 있습니다만, 인구당 출생률 수치를 보면 도쿄는 단연 최하위입니다. 다른 한편 도쿄로 인구가 집중하는 경향은 변함없이 멈추지 않습니다. 결국 도쿄는 일본의 블랙홀과 같은 곳이 되고 있는 셈이지요.

우치다 젊은 사람들을 빨아들일 만큼 빨아들이는데 재생산은 없는 상황입니다.

시라이 그렇습니다. 돈, 물건, 사람을 모조리 빨아들입니다. 이런 상황이 바람직하지 않다는 것을 모두 알고 있지만 그래도 멈추지 않습니다.

왜 이 지경까지 아동 인구 감소 문제가 심각해졌을까요. 세계적으로 성숙한 자본주의 국가에서 이러한 출생률 곡선을 그리는 경향이 있다는 것은 알고 있습니다. 그렇다 하더라도 너무 극단적이지 않습니까. 그 원인은 여성들의 무의식적인, 일종의 스트라이크가 아닐까 생각합니다.

남자아이는 어렸을 때는 귀여울지도 모르지만 어차피 시시껄렁한 일본 아저씨가 되잖아요.(웃음) 여자아이는 그 시시껄렁한 일본 아저씨에게 시달리는 불행한 여성이 되지요. "어느 쪽이든 싫다. 이런 나라에서는 더 이상 아이를 낳고 싶지 않다"라고 마음속 깊은 곳에서 느끼고 있는 것이 아닐까요?

우치다 갓난아이에게 우유를 먹이면서 그렇게 생각할까요?(웃음) 참 씁쓸하군요.

시라이 작년에 평론가 니시베 스스무西部邁 씨를 만날 기회가 있었습니다. 그때 들은 이야기입니다만, 전쟁이 끝나고 조금 지났을 때 니시베 씨의 어머니가 "일본 남자는 칠칠치 못하다"고 푸념하더니 이런 불평을 털어놓더랍니다. "미국에게 한 방 얻어터졌다고 저렇게 기가 죽어버리다니. 한 번 졌을 뿐인데 말이야. 정말 한심한 놈들이야." 니시베 씨가 그 이야기를 이미 세상을 떠난 아내에게 들려줬더니, 니시베 씨의 장모도 딸에게 자기도 전적으로 동감한다고 말했답니다.

일본 여성은 일본 남성에게 깊이 절망하고 있는 게 아닐까요? 전쟁에서 지는 바람에 낳아 기른 젊은이들이 많이 죽었습니다. 그래도 "또 싸울 것이다"라고 한다면, "좋아. 그래도 상관없어. 힘들어도 얼마든지 아이를 낳을 테니까"라고 말했겠지요. 그런데 한 번 졌다고 바싹 엎드리다니 이 무슨 한심한 꼴이냐는 겁니다. "더 이상 이런 놈들의 자식은 낳지 않겠다"는 마음을 갖고 있는 게 아닐까요?

끝없이 대미 종속으로 치닫는, 한심하기 짝이 없는 일본 남자의 대표와도 같은 아베 수상이 총리대신 노릇을 계속하고 아동 인구가 멈출 줄 모르고 줄어드는 상황과 이 이야기는 멋지게 맞아떨어지지 않습니까?

우치다   아니, 너무 나간 것 같습니다. 그런데 설득력은 있어요.(웃음) '일본인의 파멸 원망'이라고 말하긴 했지만, 그것은 단순한 파멸 원망과 조금 다르다고 생각합니다. 일본인의 경우, "계속 이 방향으로 가면 큰일이니까 여기에서 약간 방향을 수정하는 게 어떻겠습니까"라는 말을 잘 하지 못합니다. 도중에서 노선을 변경하기가 불가능하지요. '큰일'이 일어날 때까지는 노선을 수정할 수가 없습니다. 그런데 그 일이 일어나면 다소 노선을 수정합니다. 그래서 빨리 '큰일'이 일어나도록 시스템을 점점 나쁜 방향으로 끌어갑니다.

무술가 미쓰오카 히데토시光岡英稔 씨와의 대담 『생존교실生存教室』(2016년)에서도 그 이야기를 했습니다만, 막부 말기 에도 사람들, 에도 시대 말기의 일본인들은 '에도 체계scheme'를 몹시 싫어했던 것 같습니다.

무도武道를 예로 들면, 메이지유신 후 그때까지 이어온 고풍스런 무도 유파 대부분이 사라졌습니다. 오래된 것은 가마쿠라 시대부터 끊어지지 않고 맥을 이어온 무도의 유파가 고작 몇 년 사이에 일본에서 사라져버립니다. "무기가 근대화하면서 칼이나 창을 다루는 시대는 끝나버렸다. 시대의 요청이 없어짐으로써 일본의 무도는 내리막길로 접어들었다"는 것이 야마다 지로키치山田次朗吉의『일본검도사』등 무도사의 공식적인 해석입니다. 그런데 그것은 설득력이 없어 보입니다. 실제로는 이미 전국시대 말기에도 전쟁에서는 화기火器가 주력이었고, 에도 시대는 전쟁이 없던 시대라서 칼이나 창에 의한 살상 기술의 습득에 대한 '시대의 요구'도 아예 없었기 때문이지요.

시라이 확실히 그렇습니다.

우치다 그것은 현대에도 마찬가지입니다. 나는 합기도를 수련하고 있습니다만, 그것은 특별히 사람을 내던지거나 팔을 꺾는 기술을 익히려고 하는 것이 아닙니다. 그런 실용성을 발휘할 기회는 거의 없으며, 평생 한 번도 없는 게 좋습니다. 이아이居合●와 장술杖術도 배우고 있습니다만, 길을 가다가 난폭한 놈이 습격하면 조금도 당황하지 않고 허리에서 날카롭게 간 세 자짜리 애도愛刀를 스윽 꺼내서 상대를 베어 쓰러뜨리는 상황 따위는 만날 리가 없습니다. 만나고 싶지도 않고요.

따라서 에도에서 메이지로 바뀌든, 쇼와에서 헤이세이로 바뀌든 무도

● 앉아 있다가 재빨리 칼을 뽑아 적을 베는 검술.

의 실용성을 둘러싼 상황은 그다지 변하지 않았습니다. 그런데 메이지유신 때는 6백여 유파가 사라져버렸습니다. 여기에는 "더 이상 필요성이 없기 때문"이 아닌 다른 이유가 있었으리라고 생각합니다. 그래서 나는 옛 무도의 계승자들이 "전통을 이어받는 것을 마뜩잖게 생각하기 때문일지도 모른다"는 가설을 음미하고 있는 중입니다.

부모로부터 "조상들이 물려준 집안의 전통이다. 그러니 어떤 일이 있더라도 맥이 끊어져서는 안 된다"는 말을 지겹도록 들어온 무술가들이 메이지에 이르러 "그런 건 그만두는 게 낫다"는 내용의 정부 발표를 듣습니다. 그리고 '기다렸다는 듯이' 어깨의 짐을 내려놓은 게 아닐까요? 그런 측면이 있을 수도 있다는 얘기입니다. 그런데 집안 대대로 내려오는 무도를 정말로 중요하게 생각했다면 누가 뭐라고 하든 계승했을 것입니다. 별도로 정부의 공인이 있어야 수련이나 교수가 가능한 것은 아니었을 테니까요. 할 마음만 있으면 개인적으로 얼마든지 가능했습니다.

가노 지고로嘉納治五郎 선생이 유도를 배우고 싶다고 생각한 것은 18세 때, 그러니까 메이지 10년(1878년)입니다. 유신 후 십 년밖에 지나지 않은 시점이지요. 하지만 소년 가노가 도쿄 안을 찾아다녔을 때 유도 도장은 거의 사라진 상태였습니다. 겨우겨우 접골 일을 하고 있던 야기 사다노스케八木貞之助라는 사람을 찾아갔으나 그는 더 이상 가르치지 않는다고 말합니다. 덴진신요류天神眞揚流◆ 동문인 후쿠다 하치노스케福田八之助라는 사람

◆ 일본 유도의 한 유파.

을 소개받아 그곳에 입문합니다. 거기에도 제자가 두 명밖에 없었고, 자택의 다다미 여덟 장 크기의 방에서 가르치고 있었습니다.

수백 년 이어온 전통이 하루아침에 사라지는 일본 사회의 급격한 전환, 이것은 상당히 일본적인 특징이 아닌가 생각합니다. 더 이상 이런 시스템은 지키지 않아도 된다고 생각하면서 에도 시대 후반 백 년 정도를 질질 끌어오다가, 위에서부터 아래까지, 막부 신하부터 무술가까지 모든 사람들이 '에도 체계'에 넌더리를 내며 "빨리 무너뜨리고 새로운 틀로 바꾸는 게 좋겠다"고 몰래 마음먹고서, 하루라도 빨리 무너뜨리기 위해 무의식적으로 시스템을 보잘것없는 것으로 만드는 일에 가담했던 것은 아닐까요? 그도 그럴 것이 막부 말기 신하들의 막부 비판도 대단했으니까요. 가쓰 가이슈와 후쿠자와 유키치福澤諭吉도 막부 신하로 말기에는 막부 정치의 중심에 있었지만 "막부는 썩어빠졌다"라고 내뱉듯이 씁니다. 정말 심하지 않습니까?

시라이 속으로는 모두가 그만두고 싶어 어쩔 줄 모릅니다. 하지만 누구도 그런 말을 하지 않습니다. 위에서 "더 이상 필요 없다"고 말하면 안도의 한숨을 내쉬지요.

우치다 비슷한 이야기는 또 있습니다. 오카야마현의 쓰야마津山에 갔을 때 본 것인데, 쓰야마성 성터에 훌륭한 돌담이 남아 있더군요. 그 지방 사람에게 "참 훌륭하군요. 그런데 성은 어떻게 됐습니까? 역시 공습으로 불탔나요?"라고 물었더니, "공습으로 파괴된 게 아니라 메이지유신 후에 무너졌습니다"라고 말하더군요. "그것 참 몹쓸 짓을 했군요. 보신전쟁戊

辰戰爭• 때 그랬나요?"라고 물었더니, "그게 아니라 메이지 정부에 공순恭順의 뜻을 표하기 위해 우리 스스로 파괴했습니다"라는 대답이 돌아왔습니다.

그 말을 듣고 깜짝 놀랐습니다. 조사해봤더니 정말 그랬더군요. 메이지 초년의 폐성령廢城令이라는 지령에 따라 육군 군사시설로 사용될 부분을 제외한 성의 나머지는 대장성에서 국유재산으로 접수해 전부 파괴하기로 결정했던 것입니다. 다만 히메지성姬路城처럼 그 지역에서 반대운동이 있었던 곳은 파괴하지 않았습니다. "이렇게 뛰어난 것을 어떻게 무너뜨릴 수 있느냐. 파괴하지 마라"라고 부탁한 곳은 마지못해 남겨두었던 것입니다. 그런데 쓰야마번 사람들은 "폐성령에 따라 대장성 관할이 되었습니다. 성은 파괴합니다"라는 말을 들었을 때 특별히 반대운동도 하지 않고 성을 전부 파괴해버렸습니다. 히메지성만큼이나 멋진 성이었을 겁니다.

나는 이런 이야기를 받아들일 수가 없습니다. 몇백 년 동안 그 자리를 지켜온 '나라'의 랜드마크가 아닙니까. 성 아래 사람들이 아침저녁으로 이 성을 올려다보았을 테지요. 그것을 정부의 지령 하나로 "파괴하라"고 하면, "웃기는 소리 하지 마라"라고 되받는 게 상식 아닌가요? 열렬한 반대운동을 펼친 주민이 메이지 정부의 협박에 굴복했다는 이야기는 듣지 못했습니다. 그런데 쓰야마 사람들은 별로 아까워하지도 않고 폐성에 동

• 1868년부터 1869년까지 일본에서 왕정복고로 수립된 메이지 정부와 옛 막부 세력이 벌인 내전.

의했던 것입니다. 그런 얘기를 들으면서 막번 체제 말기에 이미 '에도 체계'의 구석구석까지, 위에서부터 아래까지, 무술에서부터 성까지, "더 이상 보는 것도 지긋지긋하다"라는 감정이 널리 퍼져 있었을 것이라고 생각했습니다.

고후쿠지興福寺의 다가와 슌에이多川俊映 주지에게서 들은 얘긴데, 메이지의 폐불훼석廢佛毀釋 당시 이 절의 불상과 불구佛具 그리고 경전까지 전부 불 탔을 때 오층탑을 산 사람이 있었답니다. 오층탑을 불태운 다음 타지 않고 남은 금속만 모아 돈으로 바꾸려고 했던 모양입니다. 그러자 그 지역 사람이 "그래선 안 된다"라고 했답니다. 그 이유는 "우리들이 소중하게 여기는 오층탑을 태웠다가는 벌을 받을 게 뻔하다" 따위가 아니라, "탑을 태우든 말든 아무 상관없지만 주위로 불이 번지면 위험하니까 그만두라"는 것이었습니다.

고후쿠지는 오랫동안 신앙의 대상이었을 텐데도 하루아침에 메이지 정부가 발령한 즉흥적인 폐불훼석령에 따라 애물단지가 되고 맙니다. 더 이상 숭경崇敬의 대상이 아니게 된 것이지요. 나는 폐불훼석이라는 정치적 사건 그 자체도 너무나 섬뜩합니다. 신불습합神佛習合이라 하여 천3백 년 이상 이어온 것이 아닙니까. 그것을 정책적인 이유로 '분리한다'는 말을 듣고 당시 일본인들은 많은 곳에서 "좋으실 대로 하세요"라며 될 대로 되라는 식으로 대응했던 것입니다. 정말 이상하다고 생각합니다. 무술도 성도 오층탑도 불상도 에도 시대 사람들에게는 마음속 깊이 자리 잡은 '소중한 것'이었겠지요. 그런데 그런 것들이 무너지는 것을 멍하니 보고만 있었습니다.

나는 이것을 '에도 체계로부터 벗어나기'라고 할 수 있지 않을까 생각합니다. 마찬가지로 '메이지 체계로부터 벗어나기'로서 지난번 전쟁이 있었고, 그리고 '전후 체제로부터 벗어나기'로서 아베 정권이 있다고 볼 수 있습니다. 이처럼 구조적으로 동형적인 것이 반복되고 있다는 느낌을 떨치기 어렵습니다.

시라이 그렇군요. 지난 세계대전의 끝도 동형적입니다. 입으로는 '성전 완수'니 '일억 불덩이'니 용감무쌍한 말을 하면서도 속으로는 모두가 진저리를 치고 있었습니다. 8월 15일 후에도 독자적으로 전쟁을 계속하자고 말하는 사람이 단 한 명도 없었다는 것이 그 증거입니다. 그래서 사카구치 안고^{坂口安吾}는 『속타락론^{續墮落論}』에서 "거짓말 작작해라! 거짓말 작작해라! 거짓말 작작해라!"라며 깊은 자기기만을 규탄했던 것입니다. 옥음방송의 "참기 어려운 것을 참고 견디기 어려운 것을 견디며" 운운하는 말은 문면으로는 "지금 전투를 멈추고 창을 거둔다는 것은 용맹하고 헌신적인 너희 신민들에게는 견디기 어려운 일이겠지만 어떻게든 참아달라"는 의미입니다. 사카구치 안고는 "이 말을 듣고 모두가 안도의 한숨을 내쉬었다. 더 이상 전쟁을 계속하는 것은 지긋지긋하다고 생각하고 있었기 때문이다"라는 의미의 말을 했지요.

원전 재가동이 상징하는 것

시라이 후쿠시마의 원자력발전소는 방사능을 뿌려대는 형태로 국토를 훼손했습니다. 이것은 후쿠시마 지역의 인간뿐만 아니라 대지에 대한 죄이기도 할 것입니다. 그런데 우파, 우익의 주류에 속한 사람들은 그런 아픔을 전혀 느끼지 못하는 것 같습니다. 그렇기 때문에 아무렇지도 않게 "원자력발전을 계속할 것"이라고 말하는 것이겠지요. 보수, 보수라고 입으로는 말들 하지만 이 사람들에게는 지켜야 할 게 아무것도 없는 셈입니다. 그러한 감각을 어떤 말로 표현하면 좋을까요. 저는 이 또한 일종의 니힐리즘이라고 생각합니다.

부흥대신을 지낸 다카기 쓰요시高木毅의 아버지는 쓰루가敦賀 시장이었던 다카기 고이치高木孝一인데, 바로 원전을 유치한 장본인입니다. 그 사람이 강연에서 한 말이 우치하시 가쓰토内橋克人의 책 『일본의 원전 어디에서 잘못되었는가日本の原発、どこで間違えたのか』(아사히신문출판, 2011년)에 실려 있습니다. 새로 원전을 유치하고 싶어 하는 사람들의 초청으로 이시카와현 시카마치에 간 그는 득의양양하게 "원전이 들어오면 호박이 굴러들어오는 것처럼 엄청난 돈이 들어온다"는 말을 합니다. 그리고 마지막으로 이렇게 말합니다. "백 년 뒤에 장애인이 태어날지, 50년 후에 태어나는 아이들이 전부 장애인이 될지 알 수 없지만, 원전을 세우는 게 낫다고 생각합니다."

강연은 만장의 박수와 함께 끝납니다. 대단한 강연이었지요.

이 '장애인 발언'은 잘 알려져 있습니다만, 이 말을 하기 전에도 이 사람은 그 지역의 이런저런 에피소드를 소개합니다. 예를 들면 이렇습니다. 쓰루가의 원전이 방사능 누출 사고를 일으켰다, 그런데 양식 미역에서 방사능이 검출되어 출하를 중단한 일이 있었다, 그러자 원전에서 보상금이 나온다, 결국 일하지 않고도 돈을 받을 수가 있다……. 그리고 "지금 쓰루가의 어민들은 모두 이런 일이 해마다 한 번씩 있었으면 좋겠다고 생각합니다"라는 말을 덧붙입니다.

이런 감각이 니힐리즘 아닐까요? 니힐리즘이 도대체 무엇인지 니체를 읽어도 잘 알 수 없지만, 우치하시의 이 책을 읽어보면 그 본질을 잘 알 수 있습니다. 어민들은 조상 대대로 이어온 생업에 대해 실은 아무런 가치도 느끼지 못합니다. 그보다 편안하게 돈이 들어오는 쪽이 훨씬 낫습니다. 말하는 사람이나 듣는 사람이나 그런 감각을 당연하게 받아들이기 때문에, 말하는 사람은 득의양양하게 그런 이야기를 하고 그때마다 강연회장에서는 박수와 웃음소리가 커지는 상태에 이른 것입니다.

원전 문제도 다르지 않습니다. 후쿠시마에서 저런 사고가 일어났는데도 후쿠이든 가고시마든 그 지역 사람들 사이에서는 "빨리 가동하라"고 요구하는 목소리가 압도적으로 큽니다. 우치다 선생은 후쿠시마의 생업 소송에서 강연하셨지요. 저도 했습니다만, 어땠는지요?

우치다 평소 하던 말을 했고, 모두가 환하게 웃으면서 들어주셨습니다. 시라이 씨는 뭔가 느낀 점이 있었습니까?

시라이 저는 이른바 '영속패전 체제' 이야기를 했습니다. 제2차 세계대전을 벌였을 때의 국가 체제와 현재 일본 국가의 체제는 기본적으로 틀이 같고, 전후 민주주의 개혁에 의해 바뀌었다고들 하지만 핵심적인 골격은 바뀌지 않았다, 지난번 전쟁 때 국가가 국민을 어떻게 취급했는가, 결국은 당신들에 대해서도 당시와 같은 취급을 할 것이며 지금 그렇게 하고 있다는 내용의 말을 했습니다.

저는 생업소송은 대단히 중요하며 의의가 있다고 생각해서 응원하고 있습니다. 왜냐하면 생업소송은 단순히 배상을 받는 것을 목표로 하는 것이 아니라 '이치를 따를 것', 구체적으로는 '원상회복'을 요구하고 있기 때문입니다. 조금 기술적인 이야기입니다만, 원자력 사고가 발생했을 경우 원칙적으로 통칭 원배법原賠法(원자력 손해의 배상에 관한 법률)에 따라 배상 등 사후처리가 이루어집니다. 이 법률은 운영책임자의 과실 정도를 불문하고 피해자를 구제한다고 정하고 있습니다. 얼핏 피해자에게 유리한 것처럼 보이는 법률이지만 겉보기에만 그럴 뿐입니다. 이 법률은 원전 추진과 한 세트인데, 조문의 첫 부분에 "원자력 사업의 건전한 발달에 이바지하는 것을 목적으로 한다"라고 명시되어 있습니다. 이 법률의 취지는, 간단하게 말하면, "사고가 일어나 피해가 났을 때는 두말없이 돈을 지불할 것이므로 원자력 추진 방침에는 아무런 변화가 없다"는 것입니다. 그러니까 이 법에 기초해 소송을 제기해서 이긴다 하더라도 금전적 구제는 기대할 수 있겠지만 국책인 원자력 추진에는 아무런 영향을 미칠 수가 없다는 얘기입니다. 그래서 생업소송은 원배법을 따르지 않고 국가와 도쿄

전력의 책임을 추궁하고 있습니다. 원고단은 4천 명이 넘는데, 후쿠시마 제1원전 사고에 관한 소송 중에서는 최대 규모입니다.

다만 4천 명이라는 숫자를 많다고 볼 것인지는 미묘한 문제입니다. 후쿠시마현 전체 인구가 약 2백만 명이니까요. 원고단은 후쿠시마 현민을 더욱 늘리기 위해 이런저런 활동을 하고 있습니다. 그런데 후쿠시마현 전체가 나서서 사고의 책임을 추궁하면 이치에 맞는 자세로 나올까요? 그럴 것이라고 판단하기에는 상황이 만만치 않습니다. 원고단 단장 나카시마 고^{中島孝} 씨의 말을 빌리면, "국가의 부흥프로그램을 따를 수밖에 없을 것이다. 반대해서 어쩌자는 것이냐"는 것이 후쿠시마 현민 다수의 심정이라는 겁니다. 나카시마 씨는 "이런 일을 겪고도 이치에 맞게 바로잡으려 하지 않는다면 정말로 수치스러운 현민이다"라며 탄식했지요.

우치다　원전 재가동을 그 지역 사람들이 지지한다는 것은, 니힐리즘이라는 말이 적당한지 어떤지는 잘 모르겠지만, 원전에 의해 조상 전래의 생활 형태가 파괴된다는 것에 관해 심리적 저항감이 거의 없었고, 오히려 그것이 없어지는 것을 은밀하게 환영했다는 것을 의미하는 게 아닐까 생각합니다. 단순히 돈이 들어오니까 기뻐하는 것이라고 하기에는 뭔가 부족합니다. 원전을 유치함으로써 **지금까지 조상 대대로 이어온 생활방식을 버릴 대의명분이 생긴** 것을 내심 기뻐하는 게 아닐까요? 자신의 판단에 따라 전통적인 생활방식을 포기하는 게 아니라 위에서 그러라고 하니까 어쩔 수 없이 포기하는 것이라고 하면서 말이지요.

시라이　"나라에서 '이건 대단히 중요한 일'이라며 밀어주니까"라고 말하겠지요.

우치다 그렇지 않고서야 어업이 불가능해지고 해초가 오염되어 출하할 수 없는 마당에 기꺼이 허무주의적인 대응을 할 리가 없습니다. 아무래도 마음속 어딘가에는 생업에 대한 뒤틀린 증오가 자리 잡고 있을 것이라고 생각합니다. 이런 바다는 오염되는 게 낫다거나 이런 물고기는 먹지 않는 게 낫다는 식으로 독한 마음을 품지 않고서는, 눈앞의 돈 문제만으로 저렇게 간단하게 조상 대대로 이어온 생업이나 자연환경을 내팽개치는 결단을 할 수는 없을 겁니다.

얼마 전 모타니 고스케漢谷造介 씨와 대화를 나눌 때도 이상한 이야기를 들었습니다. 모타니 씨는 일본 여기저기에 초대되어 지역 진흥책에 관해 조언하고 있는데 그때 새로운 아이디어를 내놓자, 뭐냐고 말참견하면서 방해하는 사람이 있었답니다. 젊은 사람들이 "이렇게 하면 어떻겠느냐"고 제안하면 그때마다 "그런 건 가능할 리가 없다"며 찬물을 끼얹곤 했는데, 그렇게 트집을 잡는 사람은 왠지 대부분 몇 대에 걸쳐 여관이나 요정을 운영해온 이들이었다고 합니다.

그런 식으로 새로운 지역진흥책을 하나하나 내차버리고 아무것도 하지 않은 탓에 그 지역은 점점 쇠퇴해 결국 그 사람의 오래된 여관도 문을 닫아야 했고, 그 사람은 여관 종업원이 되었다는 겁니다. 그런데 그 후에 모타니 씨를 만났더니 그 사람의 얼굴이 환해졌다고 하더군요. 무거운 짐을 내려놓은 것 같았다고 했습니다. 그 사람은 내심 오래된 여관 따위를 계속 운영하고 싶지 않았던 것입니다. 하지만 입장이 입장인지라 '싫다'

는 말은 못 합니다. 대대로 이어온 여관은 역사적 환경의 변화라는 불가항력에 의해 문을 닫아야 했다, 자신에게는 책임이 없다……. 그는 무의식 속에서 이런 해결책을 바라고 있었습니다. 그런데 누군가가 생각해낸 지역진흥책이 어쩌다가 멋지게 현실화하면 다시 오래된 가게를 이어가야만 하지요. 그래서 그것을 방해합니다. 하루라도 빨리 문을 닫고 싶은데 내 손으로는 문을 닫고 싶지 않습니다. 그래서 '시대 탓'으로 돌리는 겁니다.

무의식적인 생업의 파괴 원망은 확실히 존재한다고 생각합니다. 조상 대대로 이어온 생업이나 자신이 계승해야만 하는 기예나 전통에 관해 표면적으로는 "무슨 일이 있어도 지켜야만 한다"고 우기지만, 의무감이 강하면 강할수록 이면에는 "이런 건 없어지는 게 낫다"라며 독이 든 욕망을 감추고 있는 경우가 많습니다. 그래서 외부에서 뭔가 대의명분이 주어지면 대부분 기뻐하며 내팽개쳐버립니다. 그런데 자기 자신은 기뻐하고 있다는 것을 자각하지 못하지요.

막말 때 일본에는 3백 명의 제후가 있었습니다만, 판적봉환版籍奉還● 후 "나는 이대로 조상 대대로 이어온 영지에 머물면서 풀뿌리를 씹더라도 영민領民과 고락을 함께하겠노라"는 기특한 소리를 한 번주藩主는 아마 한 사람도 없을 겁니다. 번주들은 줄줄이 '영지=나라'를 버리고 도쿄로 나갔습니다. 그리고 화족華族 축에 끼어 단순한 소비생활을 향락했습니다.

● 근대 일본의 중앙집권 정책 중 하나. 1869년 다이묘들은 천황에게 자신들의 영지와 영민, 즉 '판적'을 반환하기로 했다.

전국시대부터 조상들이 목숨을 걸고 지켜온 영지를 버리고, 성을 버리고, 영민을 버리고 도회지의 소비생활로 흘러들어갔지요. 아무런 저항도 없이 그랬습니다. 참 놀랄 만한 일입니다.

시라이 그때까지 이어온 자신들의 생활을 실은 전혀 사랑하지 않았다는 말이 되겠군요.

우치다 그렇습니다. 어떤 것이든 안정된 체제가 장기간 이어지면 어딘가에서 "이만하면 됐다"라는 팽만감이 만연하고 파괴 원망이 국민적 규모로 커집니다. 일본 사회에서 가장 허무주의적인 요소라 하면 그것이 아니겠습니까. 세계 다른 나라는 어떤지 잘 모르지만, 이것은 아무래도 일본인 고유의 성격이 아닌가 생각합니다. 지진이 있고, 태풍이 오고, 쓰나미가 밀어닥치고, 화산이 분화하고……. 가혹하고 불안정한 자연환경에 적응하는 가운데 일정 기간 시스템이 안정되면 '지긋지긋해하는' 심성이 고개를 드는 게 아닐까요. 전부 내팽개치고 싶고, 전부 파괴하고 싶어집니다. 이런 파괴 원망이 있으면 파국적인 사태를 만나도 망연자실하지 않습니다. "차라리 후련하다"며 적극적인 기분으로 바뀔지도 모릅니다.

메이지유신뿐만 아니라 지난 패전에서도 그랬다고 생각합니다. 패전 직후 일본, 특히 도쿄의 분위기는 그 어떤 뉴스 영상을 보아도 기묘하게 밝지 않습니까. 〈사과의 노래〉*가 울려 퍼지고, 암시장에 모인 사람들은 눈을 반짝거리며 이상하게 활기를 띠고 있습니다.

● 나미키 미치코平木路子가 부른 패전 후 제1호 히트곡. 가련한 소녀를 붉은 사과에 의탁해 전쟁의 중압에서 벗어난 해방감을 노래했다.

사카구치 안고는 공습이 한창일 때도 도쿄에 머무르고 있었는데, 훗날『타락론』에서 그때의 기분을 이렇게 표현합니다. "예상할 수 없는 신세계를 향한 불가사의한 재생. 그것에 대한 호기심은 내 일생에서 가장 신선한 것이었고, 그 기괴한 신선도에 대가를 치르기 위해서라도 도쿄에 머무를 필요가 있다는 기묘한 주문에 걸려 있었다."

　'기괴한 신선도'라는 말, 이상하지요? 그뿐만 아니라 패전 후 도쿄 사람들의 모습을 이렇게 묘사합니다. "폭격 직후 이재민들의 행진은 허탈이나 방심과 종류가 다른 놀랄 만한 충만과 중량을 지닌 무심하고 순진한 운명의 산물이었다. 웃고 있는 것은 언제나 열대여섯 살, 열일고여덟 살 소녀들이었다. 그들의 웃는 얼굴은 상쾌했다. 불탄 자리 여기저기를 파헤쳐 찾아낸 사기그릇을 불에 탄 양동이에 담기도 하고, 보잘것없는 짐을 지키며 길 위에서 햇볕을 쬐기도 했다. (중략) 불탄 벌판에서 소녀들의 웃는 얼굴을 찾는 것이 나의 즐거움이었다."

　자신들의 생활 기반이 철저하게 파괴되었는데도 왠지 '상쾌하게 웃는 얼굴'을 하고 있는 소녀들의 모습과, "나는 위대한 파괴를 사랑했다"고 잘라 말하는 작가의 '밝은 니힐리즘'이라 부를 수 있는 것이 어떤 경로를 거쳐 형성되었는지 조금 더 검증해볼 필요가 있다고 생각합니다.

일본인의 자기혐오와 니힐리즘

시라이 생업을 사랑하지 않는다는 점에서는 대학도 마찬가지입니다. 뭐가 뭔지 알 수 없는 대학 개혁이 버젓이 통용되어온 것도, 당사자가 생업을 사랑하지 않기 때문이겠지요.

우치다 그래요. 참 이상한 일입니다. 애정이 있다면 저런 개혁은 불가능합니다. 모두가 착각하고 있습니다만, 기존의 대학 구조에 대해 "이런 건 상당히 괜찮다"거나 "대학의 이런 교풍이나 전통은 지켜야 한다"고 생각하는 사람은 압도적으로 소수입니다. 대부분의 사람들은 뭔가 대의명분이 있어서 대학의 시스템을 파괴해도 좋다고 이야기하면 **기다렸다는 듯이 기꺼이 파괴**합니다. 학부나 학과 개편에도, 교육프로그램 개정에도 이상할 정도로 열심히 매달립니다. 그럴 힘이 있으면 오래된 제도를 재활용할 수 있는 방법을 찾는 데 집중하는 편이 나을 것입니다. 그러면 얼마든지 연구 교육 활동이 가능하리라고 생각합니다만, 그보다는 있는 것을 파괴하는 일에 더 재미를 붙인 듯합니다.

시라이 "이런저런 시대니까"라며 도무지 알아들을 수 없는 말만 하지요. 그래서 "이런저런 게 뭐냐"고 물으면 대답을 못 합니다.(웃음)

우치다 "이제부터는 이러저러하니까"라는 말을 들으면 모두가 '이러저러한' 것의 내용이 무엇인지 따지지도 않고 어물쩍 넘어갑니다. 일본의 다수는 전통적인 것을 지켜가는 것을 철저하게 혐오하는 듯합니다. 그래서 "전통적인 것을 지켜라"라고 말하는 사람들은 말없이 조용하게 전통적인 것을 지키는 것이 아니라, "전통적인 것을 지키는 것을 방해하는 제도나 사상"을 지목하고 그것을 파괴하는 운동에 푹 빠지는 것이겠지요. 나는 무도와 노가쿠를 익히고 있습니다만, 내가 아는 한, 전통적인 기예를 진지하게 배우는 이들 가운데 "전통적인 것을 지켜라"라고 외치는 극우 세력의 광적인 운동에 참가하는 사람은 한 명도 없습니다. 저렇게 외치는 사람들은 지키는 것을 싫어하고 파괴하는 것을 좋아합니다.

시라이 자신의 생업이나 일상생활을 사랑하지 않는 것은 정말 불행한 상태입니다. 그렇다면 그런 불행한 상태를 참지 않고 타파하면 될 텐데, 일본에서는 불행한 상태를 감수하는 것, 그것을 견디는 것이 미덕으로 간주됩니다. 더욱 나쁜 것은 불행을 참는 것을 매우 좋아한다고 말하는 사람은 언제까지든 좋을 대로 하면 될 텐데, 다른 사람들을 시기한다는 점입니다. 자신들이 참고 있는 불행에 빠져들지 않는 사람을 시기하는 감정이 솟구칩니다. 가끔 농담 반 진담 반으로 "잔업을 하지 않는다니 이상하다"거나 "출근지옥을 맛보지 못하다니 어른이 되려면 아직 멀었다"라고 말하는 사람을 볼 수 있는데, 정말로 그런 말은 하지 않는 게 좋을 겁니다.

정리하자면 이렇습니다. 결국 자신이 놓여 있는 불행한 상태에 대해 당연히 불만이 있어서 일상생활을 전혀 사랑하지 않는 것이겠지만, 불행을 감수하는 것이 미덕으로 간주되기 때문에 불평도 못 하고 바꾸지도 못합니다. 그래서 외적인 이유로 상황이 변화하면 억눌려 있던 불만이 표면화해 파괴 충동이 나타납니다.

이 같은 니힐리즘이 물리적으로 드러나는 것이 길거리가 아닐까요. 이정도로 아름답지 않은 국토가 있을까 싶을 만큼 볼품없어지고 있을 뿐입니다.

우치다 세계적으로 보아도 일본의 길거리는 최저 수준이지요. 그것은 자기가 사는 동네에 대한 사랑이 없다는 것을 인정하지 않으면 설명할 수 없다고 생각합니다. 애정이 있다면 이렇게 함부로 대하지 않습니다. 흔히 "눈앞의 경제적 합리성을 찾아 과거의 것을 파괴해버린다"고 합니다만, 내 생각에 그것은 거짓말입니다. 경제적 합리성 따위와는 거리가 먼 것처럼 보이기 때문입니다. 저런 파괴는 더욱 비합리적이고 더욱 어두운 정념에 내몰린 탓이겠지요. 그도 그럴 것이 경제적 합리성을 추구하면서 아름다운 거리를 유지하는 것은 조금도 어려운 일이 아니고, 장기적으로 보면 거리가 아름다운 도시를 남기는 쪽이 훨씬 경제적 합리성에 어울립니다. 따라서 경제적 합리성 운운하는 것은 파괴를 정당화하기 위한 변명에 지나지 않습니다. 진짜 목적은 "거리를 더럽히는" 것입니다. 교토타워를 보면 악의 말고 무엇을 느낍니까?

시라이 확실히 그렇습니다.

우치다 교토타워는 분명히 악의의 산물입니다. 그런데도 저런 게 세워졌다는 것은 "해보자"고 말을 꺼낸 사람이 있었고, "그거 좋겠네"라며 지지한 사람들이 적지 않았다는 얘깁니다. 교토의 경관이 파괴될 것을 뻔히 알면서도 "경제적 합리성에는 적합하다"거나 "법률적으로는 규제할 수 없다"는 따위의 이유를 들어 허가를 내준 사람들이 있었습니다. 교토의 정계, 재계, 관계의 상층에 속한 사람들이 그랬습니다.

시라이　알렉스 커$^{Alex Kerr}$가 "일본인은 자신들이 전통과 자연을 사랑하는 민족이라고 말하지만 사실은 전혀 그렇지 않다. 그것은 길거리를 보면 알 수 있다"라는 취지의 글을 쓴 적이 있는데, 정말 그렇다고 인정하지 않을 수 없습니다. 일본을 잘 아는 외국 사람의 얘기를 들어보면 이처럼 냉정합니다. "우리는 뭔가를 잃어버렸다. 그것이 일본 근대의 비극이자 고뇌이다" 운운하는 일본 지식인의 한탄이 아니라, 외부의 시선으로 바라보는 사람에게서 "당신들에게는 더 이상 아무것도 남아 있지 않다"는 말을 들으면 적잖이 고통스럽습니다. 이런 상태이기 때문에 전통이나 자연에 대한 애착이 있던 '일본인의 본래적 심정'을 강조하는 움직임은 눈속임이고 즉흥적인 것이어서 쓸데없이 광적인 방향으로 흐르게 마련입니다.

우치다　지금의 신사본청^{神社本庁}만 하더라도 광적인 정치적 활동을 펀드는 것은 일본 국민이 신사에 대해 갖고 있는 자연스러운 숭경의 마음을 훼손할 뿐입니다. 자민당 의원의 포스터를 여기저기 붙이는 것은 자민당 지지자 이외의 참배자를 불쾌하게 하는 효과밖에 없을 겁니다.

시라이　일본 의회와 유착한 신사는 정말이지 구제할 길이 없습니다. 그들은 국가신도^{國家神道}에 가담했던 과거에 대해 아무런 정리도 반성도 하지 않고 또다시 국가주의 이데올로기를 떠받들고 있습니다. 그들이 말하

는 '그리운 옛날'의 핵심은 하나는 이데올로기이고 다른 하나는 돈입니다. 그들의 속마음은 이럴 겁니다. "그땐 참 좋았지. 국가가 후원자여서 주머니 사정을 걱정할 필요가 없었어." 지금 교토에서는 시모가모진자下鴨神社가 부지 안에 고층 아파트를 세우려 하자 이에 반대하는 운동이 벌어지고 있습니다. 이래저래 화제를 모으고 있지요. 그만큼 신사가 돈 문제로 어려움을 겪고 있다는 얘기인데, 저는 동정할 마음이 전혀 없습니다. 신사를 가로막고 있는 자들이 이런 행태를 보이는데 어떻게 돈이 모이겠습니까. 자업자득이지요. 그러나 다른 한편 아파트 건설로 귀중한 자연이 파괴되는 것도 확실합니다. 결국 신사의 세계는 국가에 기생하면서 잘못된 과거를 직시하지 못하기 때문에 일본인 고유의 신앙에 해를 끼치고 있는 셈입니다. 살고 있는 곳이 신사 근처여서 종종 산책하러 갑니다만, 사쿠라이 요시코櫻井よしこ●의 포스터가 붙어 있는 것을 보면 정말 불쾌합니다.

우치다 그런 게 바로 자학이라고 생각합니다만.

시라이 실은 많은 일본인이 깊은 자기혐오와 니힐리즘에 빠져 있고, 자신들의 현재 모습이 싫어서 어쩔 줄을 모릅니다. 지킬 가치가 없다고 생각하는 거죠. "아무려면 어때"라는 식으로 반응할 뿐입니다.

우치다 정권 자체가 그렇습니다. 아베 신조는 자신을 두 번씩이나 총리 대신 자리에 앉혀준 정치 체제를 '전후 체제'라 부르면서 그것을 악의적

● 일본의 대표적인 보수 우파 논객.

으로 매도합니다. 정말 이상합니다. 그가 아무리 노력해도 올라갈 수 없다는 이유로 기존 시스템을 매도한다면 또 모르지만, '신하로서 최고의 자리'에 두 번씩이나 자신을 앉혀준 시스템을 매도하다니요.

"아름다운 나라로"라는 말도 기묘합니다. "아름다운 나라로"라고 말한 이상 "지금의 일본은 추할" 수밖에 없습니다. 추하니까 파괴하고 처음부터 다시 만들자고 말합니다. 그리고 이 점에 관해서는 아베 정권에 대한 지지 여부와 관계없이 국민 대부분의 생각이 일치합니다. 아베 정권 지지자들은 "지금의 추한 일본을 파괴하라"고 말합니다. 아베 정권에 반대하는 사람들은 "아베 지배하의 추한 일본을 파괴하라"고 말합니다. 어느 쪽이든 "현대 일본은 엉망진창이다"라는 평가에는 일치합니다.

결국 모든 사람이, 그러니까 현재 시스템의 수혜자도, 시스템에 대해 아무런 생각이 없었던 사람도, 정권의 지지자도, 반대자도 "지금 여기 있는 것을 파괴한다"는 것에 대해서는 의견이 일치합니다. "지금의 시스템을 깨끗이 무너뜨리자"고 할 때, '지금의 시스템'이 가리키는 것이 무엇인지에 관한 해석은 완전히 자의적입니다. 모두가 저 좋을 대로 '지금의 시스템'이라는 말의 내용을 결정해도 상관없습니다. 그래서 현역 오사카 시장이 "이런 오사카여서야 되겠습니까?"라고 말해도 아무도 이상하게 생각하지 않습니다. 각자의 머릿속에서 제멋대로 그 말을 "내가 좋지 않다고 생각하는 오사카의 모습"으로 변환해 "'저것'은 무슨 수를 써도 안 돼"라며 고개를 끄덕입니다. 그런데 '저것'이 무엇을 가리키는지에 대해서는 아무런 합의가 없습니다.

지금 일본을 좀먹고 있는 것은 이런 일본적 니힐리즘이라고 생각합니다. 이에 대항하기 위해서는 논리적으로는 안티니힐리즘의 입장을 택할 수밖에 없습니다. 그런 점에서 SEALDs의 등장은 대단히 획기적입니다. 그들은 뭔가를 '파괴하라'고 말하지 않습니다. 오히려 '파괴를 멈추라'고 말합니다. 국회 안에서는 여당 의원들이 체제의 근본적인 개혁을 서두르라고 말할 때 국회 밖에서는 젊은이들이 "잠깐만 기다려라. 조금만 더 얘기를 하자"고 말했습니다. 이것은 근대 일본 정치사에서 처음 보는 사건이 아닌가 합니다. 국회 안에서는 노인들이 "현상을 파괴하고 일본을 전쟁할 수 있는 나라로 바꾸자"며 현상 부정을 노리고, 국회 밖에서는 젊은이들이 "입헌민주주의를 지키라", "헌법을 수호하라", "일본을 바꾸지 마라"라며 현상 긍정을 호소합니다.

시라이 정말 그렇습니다. "우선 현상을 유지하자"라고 하지요.

우치다 "우선 현상을 유지하는 게 어떻겠느냐"는 주장이 국론을 양분하는 정치적 운동이 되었다는 것은, 잘 생각해보면 믿기 어려운 사건입니다.

시라이 히로세 준은 앞에서 언급한 책 『자본의 전제, 노예의 반역』에서 어느 스페인 운동가의 말을 빌려 그 나라에서 일어난 오큐파이 운동과 함께 "좌익은 끝났다"라고 썼습니다. 일본의 경우 일단 "입헌주의를 지킨다"는 것이 첫 번째 이슈였습니다만, 세계의 대중운동은 "자신들의 몸을 지킨다"는 생활권 방위투쟁의 일환으로 전개되었다는 점에서 공통적입니다. 급격하게 변화할 것인지 아니면 완만하게 변화할 것인지 뭐라고 말할 수는 없지만, "작은 것을 지키기 위해서도 큰 변화가 필요하다"는 인식에 도달하는 것이 바람직한 전개가 아닐까 생각합니다.

우치다 세부 조정을 하면서, 마이너 체인지(부분 변경)를 하면서, 쓸 만한 것은 남기고 쓸 수 없는 것은 바꿔가는 '피스밀piecemeal'한 보정작업은 실은 품이 가장 많이 들고 지혜가 필요한 일입니다. 그런 품을 아까워하고 지혜를 아까워하는 사람들이 "파괴하라"고 말하지요.

5

현실과 동떨어진 일본에 대한 처방전

사회의 토대는 윤리이다

시라이 정권을 비판하면서 답답하게 느끼는 것 중 하나는, 현실에서 정권을 대상으로 하는 말이 "온통 모순투성이가 아니냐"고 아무리 지적해도 콧방귀도 뀌지 않는 사람들이 있다는 점입니다. 우리들도 반지성주의를 비판하는 책을 썼습니다만, "이것으로 대상을 공격할 수 있을지", 조금은 안타까운 느낌이 없지 않았던 것 같습니다.

우치다 정말 그렇습니다. 형사드라마를 보면, 용의자가 취조하는 형사에 의해 그때까지 주장해온 알리바이가 무너지거나 진술상의 모순이 간파당하면 벌벌 떨면서 "미안합니다. 제가 범인입니다"라고 자백하는 장면이 종종 나옵니다. 오래전, 검찰관 친구가 "저런 일은 실제로는 있을 수 없다"고 말하더군요. 진술상의 모순을 간파당했을 때 무너지는 것은 지식인뿐이라는 것이지요. "우치다 너 같은 녀석은 약간만 진술상 모순이 간파당해도 금방 주저앉을 거다"라면서 말입니다.(웃음) 자신이 말하는 것은 일관성이 있고 논리성이 유지될 수 있다는 것이 지식인의 아이덴티티를 형성하는 기초입니다. 따라서 다른 사람으로부터 논리적 파탄을 지적받으면 아이덴티티가 무너집니다. 그 순간을 모면하기 위해 거짓말에 거짓말을 덧붙여가며 지리멸렬한 변명을 하기보다는 "말씀하신 대로 제가 했습니다"라고 자백해야 지식인으로서 프라이드는 상처를 입지 않습니다.

그런데 그런 모습을 보이는 사람은 자신을 지성적인 인간이라고 자부하는 사람뿐이지요.(웃음) 지성적이라는 것에 별다른 가치를 두지 않는 인간은 진술의 전후 모순 따위를 지적받아도 아파하지도 안타까워하지도 않습니다. 예컨대 야쿠자는 취조 자리에서 "어제 이렇게 말하지 않았느냐. 그런데 오늘은 이렇게 말하다니 앞뒤가 안 맞잖아!"라며 아무리 다그쳐도, "아, 그랬지요. 하지만 어제 일은 없었던 걸로 해주십시오. 오늘 이야기가 진짜입니다"라고 천연덕스럽게 말합니다. 진술상의 모순 정도로는 유죄를 입증할 수 없다는 것을 알고 있는 것이지요.

아베나 하시모토를 보면 그때 검찰관 친구가 했던 이야기가 생각납니다. "얼마 전에 이렇게 얘기하지 않았느냐"고 추궁해도 "그때와 지금은 상황이 완전히 다르다"라며 아무렇지도 않게 지나갑니다. 자기가 하는 말을 쉽사리 바꾸면서도 식언을 부끄러워하지 않습니다.

시라이 "모순은 없습니다"라고 말하면 그걸로 끝이지요.

우치다 딱 야쿠자의 논법입니다. "그때와 지금은 상황이 다르다"라고만 하면 그 어떤 식언이나 위약違約도 빠져나갈 수 있다는 것을 알고 있습니다. 지식인이기를 포기한 인간은 강합니다. 지식인은 그 점이 약하지요.

시라이 "모순이 아니냐"는 공격을 받으면 "아, 예, 확실히 그렇군요"라며 무너져버립니다.(웃음) 〈형사 콜롬보〉를 보면 살인을 저지른 자는 틀림없이 부자나 지식인뿐이지요.

우치다 〈후루하타 닌자부로古畑任三郎〉도 같은 성격의 드라마입니다. 그런

드라마에서 범인은 대개 상류층 사람들, 고학력 사람들입니다. 자산가나 예술가 또는 대학교수 등. 그들은 탐정이 진술상의 모순을 딱 하나만 찾아내 지적해도 "제가 졌습니다"라며 무릎을 꿇습니다. 그런데 실제로 형사사건을 일으키는 사람은 검찰관에게 지적으로 보이기를 바라지 않습니다. 무의미하다는 것을 잘 알기 때문이지요.

시라이　부자가 몸 사린다는 말이 있듯이 부자가 사람을 죽이는 일은 드물다고 하지요.

우치다　반지성주의라는 것은 어떤 의미에서 일종의 생존 전략일 수도 있습니다. 오늘날 일본의 정치 세계에서는 우둔한 게 낫습니다. 발언에 논리성이 없다거나 증거가 부족하다거나 일관성이 없다는 것은 정치 세계에서 살아남는 것과 아무런 관계가 없다는 사실을 다들 잘 알고 있는 것이지요.

시라이　모순을 간파당해 곤란해지면 "매스컴에서 이상한 보도를 했기 때문"이라며 도리어 화를 내기도 합니다.

우치다　제멋대로 지껄이는 것이죠. 그런 말도 안 되는 소리가 많은 정치가에게 용기를 주었다고 생각합니다. "그래? 그렇게 말해도 괜찮단 말이지?"라며 힘을 얻을 겁니다. 그때까지 말했던 것과 정반대 얘기를 해도 통합니다. "나는 TPP에 반대한다"고 했다가 "나는 TPP에 반대한다는 얘기를 한 번도 한 적이 없다"고 완전히 말을 바꿔도 미디어는 아무런 비난도 하지 않고 지지율도 떨어지지 않습니다. 그것을 학습한 까닭에 모두가 그걸 모방합니다. 이렇게 생각해보면, 우리들이 로직이라고 부르는 것의 유효성 여부는 자신의 말에 대한 개인적인 책임감이나 지적 성실성이라는 모럴에 의거하고 있다는 것을 알 수 있습니다.

시라이 정말 그렇습니다. 로직은 모럴을 기초로 해야 비로소 기능하는 것이어서 로직을 지탱하는 토대가 되어야 할 모럴이 무너지면 로직도 흔들리고 맙니다. 지금은 그 방향으로 세상이 움직이고 있으며, 어이없기 짝이 없는 무책임한 발언을 계속하는 인간이 정치를 주도하고 있습니다.

이런 상황을 바꾸려면 모럴부터 바로 세워야지, 로직만 바로잡으려 해봐야 별무소용일 것입니다. 그렇다면 도대체 어디에서부터 손을 대야 할까요?

우치다 윤리라는 것은 집단적으로 살아가기 위한 이법理法을 말합니다. '죽이지 마라', '도둑질하지 마라', '간음하지 마라'와 같은, 인간이 집단을 만들고 함께 살아가는 데 반드시 필요한 최저한의 룰이 윤리입니다. 사회의 규율은 모두 여기에서 시작하지요.

공인이란 공무에 있는 기간만은 사리사욕의 추구를 스스로 억제하고 공공의 이익을 자기의 이익보다 우선시하고 있는 '것처럼 보이'도록 행동하지 않으면 안 됩니다. 옛날부터 그렇게 하도록 정해져 있습니다. "외밭에서 신발끈을 매지 말고 자두나무 아래에서 갓끈을 고치지 마라"는 것은 공인의 행동에 관한 규범입니다. 자두나무 아래에서는 갓끈이 느슨해졌더라도 고쳐서는 안 되고, 외밭에서는 신발끈이 풀렸더라도 허리를 굽혀서는 안 된다는 얘기지요. 그것은 공인에게는 '추정유죄推定有罪'라는, 일반 시민과는 다른 룰이 적용되기 때문입니다. 따라서 설령 "자신이 하고 싶지 않은 일"이라 해도 "공인으로서는 하지 않으면 안 되는 일"이라면 해야만 합니다. "자신이 말하고 싶지 않은 것"이라 해도 "공인으로서는 말하지 않으면 안 되는 것"이라면 말해야만 합니다.

하시모토는 그러한 공인의 규범을 멋지게 파괴해 보여주었습니다. 입장상 행동을 자제하고 '그럴싸한' 말을 하지 않으면 안 되는 공무원, 교원, 변호사와 같은 사람들을 집중 공격했습니다. 저놈들은 입으로는 '그럴싸한' 얘기를 늘어놓지만 사실은 색욕色欲에 따라 움직인다며 가면을 벗기는 데 열중해왔습니다. 그리고 실제로 자기 자신은 자두나무 아래에서 갓끈을 고치고 외밭에서 허리를 굽혀도 지지율이 전혀 떨어지지 않는다는 것을 실증해 보였습니다.

시라이　모든 상업 활동의 바탕에도 윤리가 있습니다. 앞에서 "일본에서는 가치의 일원화가 진행되어 정밀한 교환비율이 요구되고 있다"는 이야기가 나왔습니다만, 저는 교환이라는 행위에도 협의의 교환과 광의의 교환이 있다고 생각합니다. 그리고 광의의 교환에는 비율rate 따위가 존재하지 않습니다.

협의의 교환이란 이른바 등가교환입니다. "백 엔을 냈을 경우 딱 백 엔의 가치가 그 자리에서 받아들여지지 않으면 이상한", 앞에서 말한 정밀 사정의 세계가 바로 등가교환의 세계이지요. 그러나 실제 사회에서는 그런 교환만 이루어지는 게 아닙니다. 광의의 교환에서는 그 자리에서 반드시 대가를 받을 수 있는 것이 아닙니다. 얼핏 일방적으로 주어지는 것처럼 보입니다. 하지만 길게 보면 준 쪽도 준 가치에 대한 보답을 받습니다.

이른바 증여의 교환이라고 불리는 영역이지요. 많은 인류학자들의 주장에 따르면 사회는 바로 그런 교환을 바탕으로 성립합니다. 저도 그렇게 생각합니다. 현대에는 그러한 감각이 무뎌지고 있지 않습니까. 흐름을 보면 최근 십 년, 이십 년 사이에 광의의 교환이 급속히 사라지고 있는 것 같습니다.

우치다 '광의의 교환'을 움직이는 것은 '반대급부 의무감'이라고 생각합니다. 마르셀 모스의 『증여론』에 따르면, 교환은 "증여를 받으면 뭔가를 돌려주어야만 한다"는 부채감에서 시작합니다. 증여를 움직이는 것은 "이것을 드리지요"라며 뭔가를 건네는 아량이 아닙니다. "선물을 받았다. 받은 이상 보답하지 않으면 벌을 받는다"는 공포와 초조가 사람을 반대급부 행동으로 몰아세웁니다. 경제적 인간이란 요컨대 "뭔가를 받았을 때 '보답'하지 않으면 좋지 않은 일이 일어난다"는 믿음을 깊이 내면화한 인간을 가리킵니다. 그러한 인간만이 교역을 시작합니다. 남으로부터 뭔가를 받았을 때 '행운'이라면서 호주머니에 집어넣고는 누구에게도 아무것도 주지 않는 사람들만으로 구성된 공동체에서는 어떤 의미에서든 경제활동은 발생하지 않습니다.

경제활동의 시원적 형태는 침묵교역입니다. 공동체의 주변부에서 뭔가를 발견합니다. 그걸 보고 "뭔가가 놓여 있군", "이런 곳에 나에게 보낸 선물이 있네"라고 생각한 사람이 있습니다. 이 사람이 증여와 반대급부의 모든 과정을 움직이게 됩니다. 누군지 모르는 사람으로부터 생각지도 못했던 선물을 받았다, 고마운 일이긴 하지만 반대급부를 하지 않으면 벌을 받을 터이므로 뭔가를 보답하지 않으면 안 된다……. 이렇게 생각하고 그 선물이 놓여 있던 장소에 자신이 소중하게 여기는 뭔가를 갖다 놓습니다. 얼마 있다가 그 자리에 가보니 자신이 갖다 놓은 '답례품'이 사라지고 대신 뭔가 다른 '선물'이 놓여 있습니다. 고맙게 그것을 받고 다음에는 무엇으로 보답할지 궁리합니다. 모스의 『증여론』에 따르면, 이런 일을 반복하면서 석기시대의 경제가 시작되었습니다.

침묵교역의 핵심은 모든 경제활동을 움직이는 것이 "선물을 받았다"는 피증여 감각이라는 것입니다. 그리고 그것은 실제로는 누군가로부터 선물을 받는 것이 아닐지도 모릅니다. 처음에 "나에게 보낸 선물"이라고 믿어버린 것은 "놓여 있었던 것"이 아니라 동물이 가져다 놓은 것일지도 모르고, 바람에 실려 온 것일지도 모르며, 나무에서 떨어진 것일지도 모릅니다. 그런데 그것을 보았을 때 "이건 나에게 보낸 선물이다"라고 직감하고 반대급부의 의무감에 속을 태운 사람이 있었습니다. 바로 그가 모든 경제활동의 기점에 있는 사람입니다.

아마도 인류의 경제활동이 시작된 기점은 이 '착각'이었을 것이라고 생각합니다. 길가의 쓰레기를 자신에게 보낸 선물이라 생각하고 "고맙습니다"라며 감사의 뜻을 표한, 피증여 감각이 과잉인 사람이 있었습니다. 이 사람이 경제활동에 시동을 걸었습니다. 경제는 비정서적이고 계량적인 것이라고 믿는 사람이 많지만, 모든 허식을 벗겨내고 보면 그 본질은 피증여 감각이라는 지극히 주관적인 것입니다.

그런 종류의 신체 감각이 경제활동의 기초를 이룹니다. 그것을 가리켜

시라이 씨는 '광의의 교환'이라고 한 것 같습니다. 시장에 가면 상품이 있습니다. 수중에 있는 화폐를 꺼내 자신이 원하는 것을 삽니다. 그것이 경제활동이라고 믿어버리는 사람이 있습니다만, 그 전 단계에 증여를 느끼는 힘, 반대급부의 의무를 느끼는 힘이 있습니다. 그것이 없이는 어떤 경제학적 개념도 죽은 것이나 다름없습니다.

시라이 "확실히 뭔가를 받았다"라는 감각이지요.

우치다 그것은 지금도 우리들의 일상생활에 들어와 있습니다. 얼굴을 마주쳤을 때 "안녕하세요"라는 말을 듣고도 아무 대답도 하지 않으면 심리적으로 대단히 괴롭습니다. 그래서 보통은 이쪽에서도 "안녕하세요"라고 대답합니다. 그 말을 하지 않고 아무 일도 없었던 것처럼 지나치기 위해서는 뭔가 핑계가 필요합니다. "소리를 듣지 못했다", "저건 누군가 다른 사람에게 인사한 게 아니었나", "저놈은 요즘 불쾌한 짓을 했으니 인사를 받고 싶지 않다" 등등 뭔가 자기 자신에 대한 핑곗거리가 없으면 "안녕하세요"라는 인사 한마디조차도 무시할 수가 없습니다. 그 정도로 받았으면 돌려줘야 한다는 반대급부 감각은 강합니다.

시라이 그리고 그것이 성립된 다음에도 윤리라는 것은 필수적이지요.

신체성을 회복하라

시라이 "일본 사회의 다양한 영역에서 열화劣化가 급속히 진행되고 있다"는 사실 인식을 전제로, 이에 대해 우리 나름의 처방전을 제시하는 것이 이 대담의 전체적인 테마였습니다. 이 경우 처방전이란 예컨대 "다음 참의원 선거에서 아베 정권에 반대하자"거나 "개헌을 저지하자"는 것은 아닙니다.

우치다 주로 문명사적인 이야기를 해왔지요.

시라이 그렇습니다. 오랜 시간에 걸쳐 점점 나빠졌으니까요.

우치다 따라서 열화에 걸린 것만큼 시간이 지나지 않으면 재생될 수가 없습니다.

시라이 이미 나빠진 것을 다시 되돌리는 작업이야말로 "일본을 되돌리는" 일과 맞먹습니다. 그것은 단시일 안에 가능하지 않습니다. 문제의 본질을 파고들어 조금이라도 해결에 기여해야만 합니다. 그때 생각해야 할 중요한 포인트 중 하나가 "경험이나 체험을 복권시키는 것"이 아닐까요?

우치다 경험과 실감을 비롯해 구체적인 것이 중요합니다. 신체나 자연이 그렇지요. 사회적 현실의 일차적인 소여所與는 구체적인 것이 아닙니다. 환상입니다. 금융경제를 예로 들면, 주식 거래는 이미 알고리즘에 따라 진행되며, 1초에 1천 회에 달하는 초고속으로 매매가 이루어집니다. 그렇게 획득된 천문학적인 자산도 더 이상 물건으로 실감되는 것이 아니라 그저 빛의 점멸로서 디스플레이에 표시될 뿐이지요. 그런데 사람들은 그것을 현실이라고 믿습니다. 그 결과 자연이나 구체적인 것으로부터 괴리됩니다. 현재 일본의 열화는 바꿔 말하면 "현실적인 것으로부터 괴리"라고 말할 수 있지 않을까요?

시라이 아베가 말하는 '아름다운 나라'도 실감이 완전히 결여되어 있습니다. 그러나 왠지는 모르지만 지지를 받고 있는 실정입니다. "도대체 이게 무엇이냐"는 겁니다.

우치다 사람들도 자신의 뿌리를 잃고, 글로벌화한 세계, 도시화한 인공적인 환경에서 살고 있습니다. 어디에도 뿌리를 내리지 못한 채 공중을 떠다니고 있는 것이죠. 이런 상태에서는 정치가들 자신도 그들 나름의 위기감을 느끼고 있으리라고 생각합니다. 그런데 그런 정치가들 자신도 공중에 붕 뜬 채 어디에서도 구체적으로 반응할 수 있는 현실을 찾지 못하고 있습니다. "여기에 뿌리를 내려라"라며 가리키는 것도 두툼한 구체적인 사물이 아니라, '전통적 가족'이니 '에도다움'이니 하는 얄팍한 상상적 구조물에 지나지 않습니다. 지금 정치가들이 제안하는 "뿌리를 내린다"는 것은 어떤 이데올로기에서 다른 이데올로기로 공중 이동하는 것에 불과합니다. 어쨌든 "지금 상태는 바람직하지 않다. 어딘가에 뿌리를 내리지 않으면 안 된다"는 것만은 모두가 느끼고 있는 듯합니다.

그런데 "뿌리를 내린다"는 것은 파시즘의 상투적인 문구입니다. 자신에게는 숙명적으로 뿌리를 내려야 할 대지가 있고, 그 대지에서 공급받은 자양분에 의해 자신 안에 있는 본질이 활력을 얻어 점차 "참된 자신"이 되어간다는 사상은 곧바로 인종주의와 배외주의로 연결됩니다. 하이데거가 빠졌던 함정이지요.

시라이 20세기 말 이후의 좌익사상은 철저하게 그것을 비판해왔습니다. "'뿌리'라고 얘기되는 것도 전부 만들어진 이야기다. 구성된 것에 지나지 않는다"라고 말이지요. 이른바 구성주의적인 견해입니다.

다만 저에게 구성주의적 사고방식은 "이론적으로는 이해할 수 있지만 실감으로 딱 와닿지 않는" 것이었습니다. 줄곧 위화감을 떨치기 어려웠지요. 우치다 선생은 어떻습니까?

우치다 도시에 살고 있는 인간에게 마지막으로 남은 자연은 신체라고 생각합니다. 아무리 도시화하여 인공적 환경을 만들어낸다 하더라도, 그곳에서 살아가는 인간이 신체를 지니고 있는 한, 먹을거리가 필요하고, 배설물을 내보내야 하고, 놔두면 더러워지고, 늙고, 병들어 쇠약해지고, 그러다 누구나 죽어 썩게 마련입니다. **신체는 도시에 남은 최후의 자연입니다**. 도시의 내부에서는 생활에 필요한 것을 거의 조달할 수가 없습니다. 그래서 가모노 초메이鴨長明는 『호조키方丈記』●에서 "교토에 살면서 무슨 일을 하든 누구나 기본적인 것은 시골에 의존하기 때문에 시골에서 기르는 것이 없으면" 도시 사람은 굶을 수밖에 없다고 말했던 것입니다. '기르는 것'도 없지만 동시에 교토에는 '사체死體'라는 자연물을 처리하는

● 가마쿠라 시대의 수필. 일본 중세문학을 대표하는 작품이다.

기능도 없었습니다. 따라서 사람이 죽으면 사체는 교토의 외부, 그러니까 아다시노化野나 도리베야마鳥部山와 같은 자연과 문명의 경계 지역에 내버려졌습니다.

다시 말하지만 신체는 도시가 처리할 수 없는 최후의 자연입니다. 내가 무도나 노를 익히는 것은 한마디로 말하면 '자연과 인간을 잇는 회로'인 신체를 회복하고 또 정비하기 위해서입니다. 이데올로기나 환상으로 제어할 수 없는 자연으로서 신체를 실감하고 조절하며, 자연과 현실을 만나기 위한 회로로 삼고 싶습니다. 도시의 내부, 콘크리트와 유리에 갇혀 있다 해도 신체는 낮과 밤의 리듬, 밀물과 썰물의 리듬, 동식물의 리듬을 따릅니다. 자연의 흐름에 따라 심장이 뛰고, 자연의 리듬에 따라 호흡합니다. 아무리 도시화·인공화한 환경에서라도 신체가 있는 한 자연과의 유대는 얼마든지 이어질 수 있습니다.

그래서 나는 수련을 통해 신체에 묻습니다. "뿌리는 있는가?"라고 말이지요. 그렇게 물으면 신체는 "있다"고 답합니다. 때론 그저 "아주 이상하다"라고 말하기도 합니다. '뿌리'라는 것은 관념이 아니기 때문입니다. 대단히 본질적인 것이기 때문이지요. 기층에는 자연이 있습니다. 그 자연 과정 위에 문화의 층이 놓여 있고, 이 두 개의 층은 뒤얽혀 있는데 그곳이 '뿌리'가 내리는 자리입니다.

산하라든가 풍토라는 것은 모두 반은 자연물이고 반은 인공물입니다. 사토야마里山●가 그렇습니다. 자연과 문명의 '기수역'과 같은 곳이지요. 자연이 밀면 문명이 되밀고, 문명이 침략하면 자연이 밀쳐냅니다. 이처럼 자연과 문명이 경계를 맞대고 길항하는 장이 사토야마입니다. 그곳이 대표적인 '뿌리'의 장이라고 생각합니다.

나에게는 자연과 인공이 길항하는 '기수역'과 같은 장이 도장이자 노의 무대입니다. 그곳은 자연인 동시에 인공이기 때문에 그 비율을 따지기가 어렵지요. 문제는 그것을 고르게 배분하는 것입니다. 오늘날 일본에서는 '반은 자연이고 반은 인공'인 '적절한 지점'을 찾기가 쉽지 않습니다. 곳곳에서 인공이 넘쳐납니다. 따라서 자연의 비율을 좀 더 높일 필요가 있습니다. 추상적인 표현일 수도 있겠습니다만, 문제는 '손어림'입니다. 그런 까닭에 "이렇게 하면 된다"라는 명쾌한 처방전은 내놓을 수 없습니다. 손으로 어림해야 하니까요.(웃음)

시라이 "마땅히 이러해야 한다"라고 하는 맞춤형 처방전은 내놓기가 어렵지요.

우치다 그렇습니다. 한 사람 한 사람에게 "너는 이것을 먹고, 너는 이곳으로 가라"라고 느낌으로 처방하지 않으면 안 됩니다. 각자 약이 다르지요. 직감에 따르기 때문에 매뉴얼화할 수 없습니다. 나는 스스로 도장을 만들고 환경을 손수 꾸려서 문하생 한 사람 한 사람에게 개별적인 처방전을 내놓습니다.

시라이 시골이 아니라 도시에서도 그렇게 할 수 있다는 말씀이군요.

우치다 물론입니다. 어디서라도 가능합니다. 아이를 기르는 것, 노인을

● 농경이나 지역 사람들의 생활과 밀접한 마을 숲.

돌보는 것, 또는 도장에서 신체 단련 기법을 가르치는 것 모두가 기본적으로 같은 일입니다. 모두 다 인간의 살아 있는 몸을 다루기 때문이지요. 살아 있는 몸을 다룰 경우 어디에서나 통하는 매뉴얼이나 일반적인 해법은 없습니다. 늘 케이스 바이 케이스, 임기응변입니다. 다만, 오랫동안 하다 보면 몇몇 케이스에 관해서는 "이건 앞에서 다루었던 케이스와 아주 비슷하다"는 것을 저절로 알게 됩니다.

시라이 저절로 알게 됩니까?

우치다 그렇습니다. 개별적인 처방인데다 일반적인 해법도 없고 법칙성도 제멋대로이기 때문에 이데올로기에 맞서는 대항축으로서는 취약합니다. 무심코 이런 방법을 강령처럼 여겼다가는 순식간에 파시즘 쪽으로 기울고 맙니다. 파시즘 쪽으로 향하지 않고 자연과의 관계를 깨뜨리지 않으면서 자신을 길러주는 대지와의 유대를 지키는 것은 말처럼 간단한 일이 아니지요.

시라이 브레이크를 걸면서 나아가는 감각과 비슷하겠군요.

우치다 그렇습니다. 브레이크를 걸면서 액셀을 밟는 느낌이지요. 앞으로 나아가지 않을 수 없지만 너무 나가면 벼랑에서 떨어집니다. 인간이 사는 영역은 정해져 있습니다. 이쪽으로 너무 나가서도 안 되고, 저쪽으로 너무 나가서도 안 됩니다. 양쪽의 출입 금지 지역 사이에 인간이 사는 세계가 있습니다. 넓기도 넓습니다만, 누군가 "이쪽에서 저쪽으로 더 나가면 안 되는 '출입금지선'이 좌표로 말하면 어디냐"고 묻는다면 신통한 대답을 할 수가 없습니다. "그곳을 넘으면 위험해. 왠지 그럴 것만 같아"라고 말할 수 있을 따름이지요.

시라이　"그건 상식^{commonsense}이야"라고 말하는 것과 비슷한가요?

우치다　그렇습니다. 상식이지요. 정말로 그렇다고 생각합니다. "결국은 상식이다"라는 얘기입니다. 상식에 대해서는 어느 누구도 일반성을 요구하지 않으니까요. 모든 상식은 지역과 기간이 한정되어 있어서 동서고금 만인에게 적용할 수가 없습니다. 그렇듯 잠정적이고 지역적인 규범인 까닭에 상식은 기능하는 것입니다. 상식은 일반성을 요구하지 않습니다. 그 절도^{節度} 때문에 간신히 기능하는 것이니까요.

시라이　일본인의 이상한 점은, 흥미로운 점이라고 해야 할지 모르겠습니다만, 정치에 관해서만은 상식을 지키지 못한다는 것입니다. 신체성을 극도로 멀리한 채 관념론으로 치닫는 경향이 있는 듯합니다. 과거의 연합적군 사건이 단적인 예이지요. 지금은 반체제 쪽이 아니라 권력의 주류 쪽이 글로벌화라는 관념론을 떠받들고 있습니다만.

우치다　특히 좌익의 정치사상은 즉각 관념론으로 흐르곤 합니다. 좌익 쪽에서는 신체가 취약하고 언제든 상처 입을 수 있다는 것을 정확하게 판단하지 못하는 것처럼 보입니다. 과격파는 "약해 빠진 소리 하지 마라. 그 정도는 혁명적 정신만 있으면 아무것도 아니다"라며 대일본제국 육군이나 할 법한 소리를 하곤 하지요. 전전^{戰前}의 군인을 고무했던 야마토 다마시^{大和魂}(일본의 혼)와 과격무장투쟁파의 계급적 투쟁심은 본질적으로 같은 것입니다. 본래 정치는 신체에 거점을 두어야만 합니다. "졸린다", "지친다", "배가 고프다"와 같은 말은 머리가 지금 하고 있는 일에 대해 신체가 "No!"라고 하는 것입니다. "그만 해라"라고 말하는 것이지요. 혁명도 좋고 투쟁도 좋지만 잠을 자지 않으면 견딜 수 없다고 충고하는 것입니다. 그런데 좌익은 그러한 신체적인 호소를 무시하지 않으면 정치적인 전투성을 획득할 수 없다고 믿습니다. 그래서 정치는 어렵습니다. 원래 좌익사상은 피억압자의 신체에 가해진 폭력이나 수탈에 대한 공통의 고통스런 실감에서 출발했을 것입니다. 하지만 상처 입은 신체를 '측은하게 여기는 마음'에서 출발했을 터인 정치운동이 조직적으로 전개되는 과정에서 정치 주체는 자신이 취약하고 상처 입기 쉬운 신체를 지니고 있다는 점에 무감각해집니다. 하지만 자기 신체의 호소에 귀를 기울이지 않는 인간이 다른 신체의 호소에 귀를 기울일 리 만무합니다. 취약하고 무너지기 쉬운 신체를 옳고 그름의 판단기준으로 삼지 않으면 정치는 현실적 유효성을 잃어버립니다. 사회적으로 어떤 목표를 달성하기 이전에 정치 주체인 자신의 신체가 무너져버리기 때문입니다.

이데올로기보다 인간성

시라이 앞에서 얘기했던 다나카 가쿠에이나 도쿠다 도라오의 예를 봐도 옛날 사람들은 본인의 이데올로기 등에는 그다지 신경 쓰지 않고 인간 자체만을 있는 그대로 보았던 것 같습니다. 그들은 "이데올로기란 상대적인 것일 따름이다. 중요한 것은 얼마나 잠재적인 에너지를 지니고 있으며, 그것을 어떻게 활용하느냐이다"라고 생각했습니다. 동시에 "나는 그런 놈을 활용할 수 있다"는 자신감을 갖고 있었습니다. 좌익운동을 했던 학생이 다나카 가쿠에이의 사무소로 찾아가서 "당신의 방식은 틀렸다"라고 말했을 수도 있습니다. 설령 그런 일이 있었다 하더라도 다나카 가쿠에이에게는 "아니, 틀린 것은 너다. 내가 맞다. 그러니 내 말을 들어라"라고 설득할 자신이 있었겠지요. 도쿠다 도라오도 그랬을 테고요.

우치다 그 세대는 아수라장을 빠져나왔기 때문이지요. 그들은 수많은 아수라장을 지나왔습니다. 내 아버지도 중국 대륙에서 아수라장을 경험했다고 할 수 있는데, 그는 "저놈은 철학이 있다"는 식의 독특한 표현으로 사람을 평가하곤 했습니다. "철학이 있고 없고를 대체 무슨 기준으로 단정하는 것일까" 적잖이 궁금해하기도 했습니다만, 아무튼 학력이나 사회적 지위, 정치사상 따위와는 무관했던 듯합니다. "부탁한다"고 했을 때 "알았다"라고 대답하는지 여부, 일단 "알았다. 내가 책임지겠다"라고 말한 이상 그 다짐을 몸을 던져 지키는지 여부 등을 기준으로 하여 아버지는 "철학이 있는 인간인지, 철학이 없는 인간인지"를 판정했던 것 같습니다. 아버지는 대륙 생활 막바지에 이르러 대일본제국이 무너지는 것을 눈앞에서 지켜보았는데, 실제로 그곳에서는 사회적 지위, 지식, 학력 따위는 거의 문제가 되지 않았습니다. 그런 상황에서는 "신뢰할 만한 사람인지 여부"만이 문제가 됩니다. "여기에서 기다려달라"고 말했을 때 기다려주는지 여부, 그것이 때로는 생사를 가르기도 하지요. 그래서 아버지는 인간을 판단할 때 "한 번 말한 약속을 무겁게 여기는지 여부"를 우선적인 기준으로 삼았던 듯합니다.

시라이 선생의 아버님은 정보와 관련된 일을 하셨지요?

우치다 예. 만주와 베이징에서 정보 관련 일도 하고 선무공작도 했던 모양입니다. 그 때문인지 식민지 관료와 군 엘리트에 대한 아버지의 불신감은 대단했습니다. 마음으로부터 경멸해 마지않았지요.

시라이 저는 극한 상태를 헤쳐 온 경험은 없습니다만, 어떤 사람이 신용할 만한지 여부를 판단할 때는 그러한 상황을 상상해보곤 합니다. 예를 들어 전국시대에 살고 있다고 가정하고, "이 사람과 함께해도 괜찮을까? 진실한 의미에서 파트너십을 맺을 수 있을까?" 등등을 생각해보는 것이지요.

우치다 나도 그렇습니다. 싸움에서 패해 격렬한 후퇴작전을 치르고 있을 때 옆에 함께 있어줄 사람인가 아닌가, 그것이 가장 중요합니다. 일이 잘 나갈 때는 옆에 착 달라붙어 있다가도 내리막길에 접어들었다 싶으면 떨어져 나가는 사람이 정말 많으니까요. 내가 체크하는 것은 이 점뿐입니다. 내가 내리막길에 들어섰을 때 또는 일본 사회 전체가 손쓸 수 없을 정도로 망가진 상황에서, 싸움에 지고 도망치는 무사 꼴로 부러진 창을 어깨에 얹고 함께 터덜터덜 걸으면서 "담배 한 대만 줘"라고 말할 수 있는 상대인지 아닌지를 보는 것이지요. 그런 사람은 한눈에 금방 알아볼 수 있습니다. 평소 술을 마시다가 이쪽이 고주망태가 되었을 때, 그대로 두고 가버리는 놈이 있는가 하면 자기의 막차가 끊겼는데도 떠메고 집까지 날라다주는 사람도 있으니까요.(웃음)

시라이 저는 "이 사람이 대장으로, 내가 부관으로 싸움에 나섰을 때 상황이 격렬해지면 어떻게 될까" 생각합니다. "이 사람과 함께 있으면 살아남을 수 있을 것인지" 생각해보는 것입니다. "이 사람과 함께 있으면 죽고 말 것"이라고 생각하면 "함께하지 않는 게 낫다"고 판단하기도 하고, "이 사람과 함께라면 죽어도 좋다"고 생각하면 반대로 판단하기도 하지요.

우치다 그런 게 바로 인간을 보는 기준입니다. 강령에 따라 옳으니 그르니 해봤자 아무짝에도 쓸모없습니다.

시라이 사람은 본래 앉음새나 행동거지, 말 한마디 한마디에서 스며 나오는 분위기 등 일상적이고도 사소한 것을 보고 상대를 판단합니다.

네트워크가 있으면 생활은 가능하다

시라이 앞에서 구리하라 야스시 얘기를 했습니다만 그 사람만 그렇게 사는 게 아닌 것 같습니다. 니트족^{NEET●}이라고 불리듯이 일정한 직업이 없어도 당장은 부모와 함께 살면서, 얹혀살 정도의 경제 환경은 갖춘 사람이 요즘 세상에는 많다고 생각합니다. 그런 사람도 부모로부터 물려받을 유산이 많다면 모를까, 그렇지 않다면 "부모가 돌아가신 후에는 어떻게 살아갈까"라는 현실적인 물음에 직면할 수밖에 없을 것입니다. 그때 그들은 어떻게 할까요? 아마도 구리하라 같은 사람은 "그때 일은 그때 가서 생각하지 뭐. 그런 걸 미리 걱정할 필요는 없어"라고 말하겠지만…….

우치다 나도 그런 사고방식에 공감하는 편입니다.

시라이 그렇게 되는 대로 살아가는 것처럼 보이는 사람을 사회에서 허용해야 한다는 말씀인가요?

우치다 앞에서도 말했지만, 나는 대학을 졸업하자마자 무직자가 되었습니다. 그런데도 어찌어찌해서 그 나름대로 다달이 수입은 있었지요. 가정교사 노릇을 하기도 하고, 번역 아르바이트를 하기도 하고, 이런저런 일회성 아르바이트를 해서 어렵사리 먹고살았습니다. 역시 친구들의 네트

● 일하지 않고 일할 의지도 없는 청년 무직자를 뜻하는 신조어. Not in Education, Employment or Training의 줄임말이다.

워크 속에서 살았기 때문에 도움을 받을 수 있었지요. 아르바이트는 대부분 친구들이 가져다주었습니다. 시라이 씨가 말했듯이 일정한 직업이 없어도 그럭저럭 먹고살 수 있으려면 몇몇 조건이 갖추어져야 합니다. 일정한 직업이 없어도, 모아둔 것이 없어도, 구성원이 서로 돕는 공동체에 속해 있다면 정말 즐겁게 살아갈 수 있지요.

시라이 "일자리를 소개해주겠다"는 이야기가 나오기도 합니까?

우치다 그런 이야기는 늘 있었죠. "너 한가하니?"라고 물을 때 "응, 한가해"라고 대답하면, "그럼 이거 해볼래?"라든가 "저기 이런 일이 있다는데 소개해줄까?"라고 말합니다. 이런 식으로 일회성 아르바이트는 얼마든지 구할 수 있었습니다. 대개 전화기 같은 건 갖고 있지 않으니까 집까지 찾아옵니다. 문을 똑똑 두드리며 "우치다 안에 있나?"라며 찾습니다. "왜?"라고 물으면 "마침 이런 일거리가 있는데 네가 해볼래?"라고 합니다. 그러면 나는 "그래, 하지 뭐"라고 말합니다. 그렇게 몇 마디 주고받고 나면 일자리가 생기지요. 지금까지 내가 한 일이라는 게 전부 이런 식으로 얻은 것이었습니다. 모든 일이 "우치다, 이거 해볼래?", "그래, 하지 뭐"라는 말로 시작되었으니까요.

나는 당시 지유가오카 역에서 비교적 가까운 곳에 작은 방을 하나 얻어 살고 있었는데, 그곳은 원칙적으로 출입이 자유로웠습니다. 자물쇠는 있었지만 열쇠를 문틀 위에 놓아둔다는 것을 친구들이 모두 알고 있었기 때문에 내가 없을 때도 맘대로 들어가 잠을 자기도 하고 막차가 끊기면 하룻밤 묵기도 했습니다.

잊을 수 없는 일도 있었습니다. 한번은 친구가 지금 있는 아파트에서 이사하는데 새로 빌린 아파트가 아직 비지 않아서 그곳이 빌 때까지 내 방에다 짐을 두어도 괜찮겠냐고 묻더군요. 그러라고 했지요. 그런데 내가 없는 사이에 이사했고, 집에 돌아와 문을 열어보니 현관 바닥까지 골판지 상자가 쌓여 있어서 안으로 들어갈 수가 없었습니다. 어쩔 수 없이 밖으로 돌아나가 유리창 문을 열고 책상 아래로 기어들어간 다음, 골판지 상자를 밀쳐내고 몸이 비집고 들어갈 만한 틈을 만들었습니다. 투덜대는 소리 같습니다만, 그 비좁은 공간에서 3주 정도 살았습니다.(웃음) 그래도 내가 갖고 있는 얼마 안 되는 자원을 여러 사람에게 개방함으로써 많은 것을 답례로 받을 수 있었지요.

시라이 수입이 없으면 현실적으로 고통스럽다는 것은 숨길 수 없는 사실이지만, "지금은 돈이 없어도 나는 훌륭하다. 세상이 틀려먹었다"라고 생각하지 않으면 더욱 힘들 겁니다.

우치다 맞습니다. "세상이 틀려먹었다"라고 뻗대지 않으면…….

시라이 물론 그렇게 몇 년씩 버틴다는 것은 결코 쉬운 일이 아닌데다 그러다가 이상하게 뒤틀려버릴 위험성도 있지요. 다만 근거 없는 자기 긍정이라는 것이 없으면 고통스러움을 견딜 수 없을 것이라고 생각합니다.

우치다 근거 없는 자신감은 정말 소중합니다.

사회에는 통제되지 않는 부분이 필요하다

시라이 저보다 나이가 조금 많은 친구들 중에 창업해서 사장 노릇을 하고 있는 사람이 있습니다. 이 사람은 도후쿠의 센다이 출신으로 도쿄대에 들어갔습니다. 여기까지는 순풍에 돛 단 듯했는데, 고마바료駒場寮●에 들어갔을 무렵부터 일이 꼬이기 시작했습니다. 이리저리해서 중퇴를 했는지 제적을 당했는지 도쿄대를 그만두었고, 어찌해볼 도리가 없어서 한때는 노숙자 생활을 하기도 했답니다. 그러다가 집으로 돌아왔지만 집에 있어도 이래저래 불편하기만 했습니다. 과거 센다이에 있는 명문 고등학교의 응원부에서 활동했던 그는 응원부 동아리방을 찾아가보았습니다. 후배들이 깜짝 놀라 "전설적인 선배님"이라며 환영해주는 바람에 한동안 고등학교 동아리방에서 지냈습니다.

그 후 다시 도쿄로 돌아와 고마바료 시절 동창생으로 수학과 대학원생이 되어 지금 막 박사논문 집필 중이라는 사람의 방으로 굴러들어갔습니다. 그런 중요한 시기에 굴러들어가 엄청난 폐를 끼쳤을 것이라고 생각하겠지만, 이 사람도 대단한 인물이어서 "우선 매일 천 엔을 줄 테니까 밥이라도 사 먹어"라고 말하더니 매일 천 엔씩 용돈까지 주었습니다. 그 친

● 도쿄대 고마바 캠퍼스 동쪽에 있었던 학생 자치 기숙사. 도쿄대 분쟁 때 급진파 학생들의 거점 중 하나였다.

구는 박사논문을 쓰면서 조교 일을 하고 있었다고 합니다.

그런데 이 사장이라는 사람, 친구가 준 천 엔을 가지고 신사에 가서 "나는 도대체 어떻게 될까요? 신이시여, 도와주십시오"라고 말하고는 새전賽錢으로 바쳤답니다. 게다가 빌붙어 살게 해주는 친구에게 고마워하는 마음도 없이 "이 몸이 네 방에 있어주는 거야. 고마운 줄 알아"라고 말할 듯한 기세였다나 뭐라나, 아무튼 그런 분위기였답니다.

에피소드 하나하나가 상상을 초월하는 사람입니다. 그 후 우여곡절 끝에 지금은 직접 창업하여 실적도 상당한 모양입니다. 그야말로 파란만장합니다. 일반적인 기준을 따르자면 거의 미친 것처럼 보일 수도 있지만, 이런 우여곡절이 있었기 때문에 지금 경영자로서 성공한 게 아닐까 생각합니다.

우치다 옛날 대학의 기숙사나 동아리방에는 영문을 알 수 없는 사람들이 살다시피 했지요. 내가 고마바료에 있을 때는 여성이 살았습니다. 가끔 화장실에서 부딪히기도 했어요. "왜 기숙사에 여자가 있을까" 궁금했습니다.

시라이 여자는 들어올 수 없었습니까?

우치다 당연히 그랬지요! 무엇보다 그 사람은 학생이 아니었으니까요. 나이가 지긋한 아주머니였습니다. "웬 아주머니가 여기에 있는 걸까", 참 이상했습니다. 빨래를 하고 있는 것 같았습니다. 어둠의 세계였지요. 그런데 어둠의 세계는 필요합니다. 사회에는 그런 '놀이' 부분, 그러니까 잘 알지 못하는, 통제에 길들여지지 않는 부분이 절대적으로 필요합니다. 그

쪽이 효율이 좋습니다. 그것을 없애버리면 정말로 살기가 어려워질 테니까요.

　시라이　대학이 그런 뭐가 뭔지 알 수 없는 어둠의 부분을 일소해버린 건 2000년을 전후한 시점이지요? 그 무렵 와세다 대학교에서 지하 동아리방 철거에 반대하는 투쟁이 있었습니다. 과거 와세다에서는 동아리가 각 캠퍼스 지하와 라운지 테이블을 실질적으로 점거하는 상태가 오랫동안 이어졌지요. '교과분리敎課分離', 즉 교학과 과외활동을 분리한다는 방침과 교실 부족 해소를 명분으로 대학 당국은 최종적으로 지하 동아리방을 철거해 배제했고, "특정 동아리의 독점 사용 상태를 해소한다"면서 동아리가 라운지를 사용하는 것도 금지했습니다. 동아리는 모두 보안이 제멋대로 강화된 새로운 학생회관에 가둬버렸습니다. 반대투쟁은 이러한 움직임 전부에 반대하는 운동이었는데 결국은 패하고 말았습니다.

　이 운동에는 저도 조금 관여했습니다만, 개혁이랍시고 왜 이렇게 말도 안 되는 짓을 하는지 정말 이상하게 생각했었지요. 우치다 선생이 말씀하신 대로 깊은 어둠의 세계야말로 와세다 최대의 장점이었는데, 그것을 고의로 없애버린 셈입니다. 그야말로 자살행위나 다름없습니다.

회사가 갖고 있던 공동체 기능의 소실

우치다 일찍이 일본에서는 회사가 시민사회나 지연공동체 또는 혈연공동체의 역할을 대신하는 측면이 있었다고 생각합니다. 내가 어렸을 때만 해도 회사원들은 가족적인 분위기에서 일했습니다. 종신고용, 연공서열형 고용 형태였기 때문에 가족적일 수가 있었지요. 직장 사람들과 가족이 함께 해수욕을 하러 가기도 하고, 하이킹을 떠나기도 하고, 떡메치기 대회를 하기도 하고, 마작을 하기도 하고……. 어떻게든 늘 집을 오갔습니다.

그런데 종신고용제도가 끝나면서 가족적인 공동체도 무너졌습니다. 오늘날 회사원은 노동자로서만 회사와 관계를 맺을 수 있을 따름이고, 하나의 부품처럼 노동하고 있습니다. 익명의 개인이 그 사람이 아니면 안 되는 필연성도 없고, 우연히 일시적으로 그 자리에 있을 뿐입니다.

시라이 이 문제와 관련해서는 헤겔의 『법철학』 이론도식을 활용하면 산뜻하게 정리할 수 있을 것 같습니다. 헤겔에 따르면 인간에게는 기본적으로 세 가지 역할이 있습니다. 첫째는 가족의 일원으로서의 역할. 둘째는 시민사회에서의 역할인데, 시민사회란 기본적으로 자본주의 경제에 의거해 움직이기 때문에 노동자로서 또는 경영자로서 경제활동을 하는 각각의 위치가 시민사회에서의 '나'가 됩니다. 셋째가 국가 차원에서의 역할인데, 여기에서 사람은 공민citoyen(경제적 측면을 배제한 추상적인 시민 개념)으로서, 생각을 하거나 때로는 요구를 하기도 합니다. 한 사람의 인간은 가족, 시민사회, 국가라는 삼층구조 안에서 살아가고 있는 것이지요.

그렇다면 일본에서 회사란 무엇일까요. 그곳에서 일하고 먹을거리를 얻으니까 기본적으로는 시민사회의 차원에 존재합니다. 다른 한편, 다른 사원의 가족과 나의 가족이 함께 어울리기 때문에 가족의 영역으로 들어오기도 합니다. 게다가 노동조합 등을 통해 선거 때 표를 모으는 일 따위도 하기 때문에 국가의 영역, 공민으로서의 활동도 회사를 기반으로 삼아 하게 됩니다.

이렇게 생각하면 회사가 수행하는 사회적 기능이 대단히 많다는 점이 문제로 떠오릅니다. 이것이 제대로 작동할 때는 그 나름대로 안정된 시스템을 유지할 수 있겠지만, 회사는 본래 이익을 많이 남기는 것이 첫 번째 존재이유입니다. 가족적인 친목 도모 따위는 자본주의적으로 운영되는 회사의 본래 목적이 아닙니다. 그렇기 때문에 '이익을 남기는' 것이 목적인 본업 부분에 이상이 생기면 모든 것이 무너지기 시작합니다. "결국 이익을 남기는 것이 진짜 목적"이라는 것을 알아차리고 그 목적에 회사 조직이 순화됩니다.

그런데 회사라는 게 원래 그런 것이기 때문에 그런 대응은 어떤 의미에서 옳다고 해야겠지요. 다만 여기에서 발생하는 문제는 회사가 그때까지 담당하고 있던, 본래적이지 않은 사회적 기능, 국가와 관련된 또는 가족과 관련된 부분의 사회적 기능이 사라져버린다는 것입니다. 지금까지 줄곧 회사가 그 기능을 담당해왔기 때문에 그것이 사라졌을 때 일본 사회 안에 회사를 대신할 받침접시가 없었던 것이지요.

우치다 정말 그렇다고 생각합니다. 20세기 끝 무렵부터 그 받침접시를 찾아볼 수 없는 상태가 계속 이어지고 있습니다. 내가 가이후칸凱風館을 만들면서 처음 머릿속에 그린 것은 어렸을 때 아버지가 일했던 곳과 같은 가족적인 회사의 모습이었습니다. 하이킹을 가기도 하고, 사원여행을 떠나기도 하고, 스키를 타러 가기도 하고, 해수욕을 하러 가기도 하고, 마작을 하기도 하는 회사 말이지요. 그래서 "어떻게든 행사를 많이 하겠다"고 마음먹었습니다. 어제도 떡메치기 대회를 했는데, 절구와 절굿공이를 들여놓고, 찹쌀로 밥을 짓고, 절구 세 개 분량의 떡을 쳤습니다. 아동부 아이들이 스무 명쯤 와서 먹었습니다. 요즘 아이들은 이렇게 만든 떡을 먹어본 적이 없지요. 가이후칸에서는 스키 합숙을 하기도 하고, 바닷가에 가기도 하고, 하이킹을 떠나기도 하고, 낚시를 가기도 합니다. 합기도 합숙 때는 대형버스 두 대를 마련하여 약 백 명이 함께 가기도 합니다. 도장은 노 무대처럼 만들었기 때문에 당연히 노가쿠 모임도 갖습니다. 그뿐만 아니라 라쿠고落語●, 연극, 콘서트, 기다유義太夫◆, 료고쿠浪曲▲ 등도 이곳에서 함께 즐길 수 있습니다. 대학원 세미나의 연장으로 데라코야寺子屋■ 세미나라는 것도 매주 한 번씩 엽니다.

● 에도 시대에 성립해 지금까지 전승되고 있는 전통적인 만담.
◆ 에도 시대 전기 오사카의 다케모토 기다유竹本義太夫가 시작한 조루리의 일종.
▲ 사미센 반주에 맞춰 주로 의리나 인정을 노래하는 대중적인 창.

기본적으로는 무도를 닦는 도장입니다만, 그것만으로는 충분하지 않아 보였습니다. 이곳에서 동문수학하는 사람들은 일종의 확대가족이니까 가족처럼 서로 돕는 상호부조공동체를 만들고 싶었지요. 이전이라면 이런 터무니없는 짓을 생각하지도 못했을 겁니다. 그런데 언젠가부터 이런 일은 내가 내 돈을 들여 시작하지 않으면 안 되겠다고 마음먹었습니다. 요즘 사회에는 그런 가족적인 공동체가 너무 부족하다고 생각했던 것이지요.

■ 절에서 아이들을 가르친 데서 유래한 말로, 서당과 흡사한 교육기관.

도시와 지방의 문화자본 격차

시라이 공동체의 유지와 관련해 주목해야 할 것은 지방의 경제 사정이 도시 이상으로 좋지 않다는 점입니다. 점점 사람이 줄어들고 있는 실정이지요. 지방 사람들의 얘기를 들어보면, 공부를 뛰어나게 잘하는 사람은 역시 도쿄로 가고, 홋카이도의 경우는 삿포로로, 도호쿠의 경우는 센다이로 갑니다. 이처럼 대학을 선택하는 시점에서 도회지로 나가는 사람이 많습니다. 그리고 대부분은 그대로 빠져나가버립니다.

우치다 숫자만 놓고 보면 지방에서 도시로 이동하는 사람이 압도적으로 많지만, 적으나마 도시에서 지방으로 돌아가는 사람도 늘어나고 있습니다. 그 경우 문화자본의 이동을 동반한다는 점이 흥미롭습니다.

얼마 전에도 잘 아는 어떤 젊은이가 "나라奈良의 시골로 이사합니다"라고 하더군요. 대학을 나와 지금은 비상근 강사를 하고 있는 사람인데, 연구는 계속하겠지만 시골로 들어가겠다는 것이었습니다. "거기에서 뭘 할 것이냐?"라고 물었더니, 우선 장애인 취로 지원 일을 한 다음 연구소를 세우겠다고 했습니다. 아내가 도서관 사서 일을 했으니까 사설 도서관을 세우고 그곳을 거점으로 연구와 교육 활동을 하고 싶다는 얘기였지요. 이 경우는 문화자본이 도시에서 지방으로 역류하는 것이라 할 수 있습니다.

확실히 그런 결단을 할 수도 있겠구나 생각했습니다. 대학의 고용조건이 점점 나빠지고 있으니까요. 전임이라 해도 임기제이고, 비상근 강사 자격으로 여기저기서 강의하는 것으로는 살아갈 수 없습니다. 이미 대학 자체가 아카데미로서의 지적 생산력을 잃어버렸고, 만남의 장으로서의 매력도 갖고 있지 못합니다. 그렇다면 자신의 전문 지식을 활용할 수 있는 장소를 직접 만드는 것도 재밌을 것이라고 생각했지요.

시라이 저 역시 그런 움직임에 기대를 걸고 싶습니다. 결정적으로 중요한 것은, 우치다 선생이 말씀하셨듯이, 문화자본의 이동을 동반한다는 점이겠지요. 도시와 지방의 격차가 화제가 될 때 흔히 소득 격차 등 경제적인 측면이 부각되곤 합니다만, 가장 극복하기 어려운 격차는 문화자본의 격차가 아닌가 생각합니다. 적당한 일이 없다거나 소득이 낮은 것도 과소화의 원인이겠지만, 아마도 그 이상으로 쓸모 있는 젊은이가 도회지로 나갔다가 돌아오지 않는 이유는 압도적인 문화적 격차 때문일 겁니다. 예를 들면 책을 읽고 나서 함께 얘기할 사람도 없고 영화에 관해 대화를 나눌 상대도 없습니다. 지적으로 진보하는 즐거움을 누군가와 공유할 수가 없지요. 그래서 지적으로 진보하는 데 즐거움을 느끼는 사람, 그러니까 지방 발전의 중핵이 될 수 있는 인재들이 떠나버리는 것입니다. 그 결과 지방에서 생활하는 게 점점 시시해지고, 이런 경향은 더욱 강해집니다. 물론 경제적으로도 쇠퇴합니다. 모든 면에서 악성 디플레이션을 겪고 있는 셈이지요.

이렇게 말하면 시골을 얕잡아 보는 것이냐는 비판이 쏟아질지도 모르겠습니다만, 이제는 현실을 직시하지 않으면 안 된다고 생각합니다. 땅값이 싼데다 여유롭게 지낼 수 있는 시골은 그 나름대로 매력적인 부분이 많은데도 왜 멈출 줄 모르고 쇠퇴하는 것일까요? 단순히 산업정책만이 아니라 문화자본의 격차를 시정하려는 정책을 펼치지 않는 한 시골의 모습을 되찾을 수 없을 것입니다.

우치다 지금 지방은 급속하게 한계집락화^{限界集落化}●하고 있기 때문에 필사적으로 젊은이들을 끌어들이고 있습니다. 많은 자치단체에서는 빈집을 제공하기도 하고 일자리를 만들기도 하는 등 정주^{定住} 지원을 위한 조건을 연구하고 있지요. 오카야마, 나가노, 고치 같은 곳은 정주자가 늘어나고 있으며, 이에 따라 자치단체도 대단히 적극적입니다. 효고현에서는, 농촌에 정주할 예정인 경우 삼 년 동안 급여를 줄 테니까 그사이에 생활기반을 만들라는, 아낌없는 정주 지원책도 내놓았다고 합니다.

도시 지역의 고용 환경이 이렇게 나빠지면서 정말로 살아갈 수 없는 지경까지 내몰린 젊은이들이 난파선에서 쥐가 도망치듯이 잇달아 지방으로 도망칠 것이라는 미래 예측은 상당히 개연성이 높습니다.

시라이 그 경우 큰 문제는 지역 사람들과 도시에서 새로 온 사람들 사이의 알력입니다. 제 친구는 산인^{山陰}● 지방의 관공서에 근무하면서 신규 주민을 위한 코디네이터 비슷한 일을 했습니다. 새로운 사람이 오면 반드시 알력이 생긴다고 하더군요. 그는 쌍방의 말을 듣고 사이가 좋아지도록 주

● 과소화 등으로 인구의 50퍼센트 이상이 65세 이상의 고령자여서 관혼상제 등 사회적 공동생활을 유지하기 어려운 마을을 '한계집락'이라 한다.

◆ 일본 주고쿠 지방에서 동해에 접한 지역. 일반적으로는 돗토리현과 시마네현을 가리킨다.

선하는 역할을 합니다. "마음속에 쌓아두지 말고 하고 싶은 말이 있으면 차근차근 얘기하세요"라고 충고한다는 겁니다. 모르긴 해도 어떤 지방에서든 새로 온 사람이 지역사회에 쉽게 받아들여질 수 없는 현실이 있는 게 아닐까요?

우치다 알력이 있다는 것은 아직 여유가 있다는 것을 의미한다고 생각합니다. 본래 농촌은 새로 들어온 사람의 입장에서 볼 때 장애물이 높습니다. 그런데 최근에는 꼭 그렇지도 않습니다. 고령화가 진행되면서 더 이상 기다릴 수 없게 되었지요. 경작을 포기한 땅도 늘어나고 있습니다. 한계집락이나 한계집락에 버금가는 지역에서는 앞으로 십 년만 손을 놓는다면 정말로 농업 후계자를 찾아볼 수 없게 될 것입니다. 그렇게 되면 지역은 해체되고 농업문화의 계승도 불가능해집니다. 물론 제례나 전통 예능 담당자도 사라질 것이고, 묘를 지키는 사람도 없어질 것입니다. 마을에 사람이 살지 않으면 조상 대대로 농사를 지어온 땅도 가치가 없어지고 말겠지요. 이미 한계까지 내몰린 상태입니다. "고양이 손이라도 빌리고 싶은" 상황에 처해 있는 것이지요. 도시에서 이주해 온 사람들을 차갑게 대했던 농촌의 장벽이 이제는 급격하게 무너지고 있습니다.

시라이 그렇군요. 도회지 문화에 익숙한 사람이 들어오면 지방의 문화도 자극을 받아 활성화할 것이라는 기대는 있습니다. 문화자본의 격차를 시정해야 한다고 할 때 그것은 당연히 도시 문화를 시골에 이식한다는 식의 쓸데없는 식민지주의적인 이야기는 아닐 것입니다. 미야자와 겐지宮澤賢治가 고안한 '농민예술'의 이념이 생각나는군요.

우치다 시골 사람이 도시로 향하고 있듯이, 도시에서 태어난 사람이 그 곳을 떠나 아무런 인연도 없는 시골로 갑니다. 상황의 변화에 따라 그렇게 사람이 교체되고 있습니다. 이는 도쿄 한 곳에 집중된 상태를 보정하는 것으로서 자연스러운 흐름이라고 생각합니다.

일본의 농업은 자급자족으로 향한다

우치다   지금의 지방 창생 플랜의 핵심은 '콤팩트 시티' 구상입니다만, 이것은 말하자면 인구가 줄어드는 한계집락을 버리고 고령자를 역전驛前에 모으겠다는 방침입니다. 집락의 인구가 줄었는데도 도로 정비, 버스 운행, 전기 및 전화 설치와 같은 행정 서비스를 유지하는 것은 비용이 들어도 어쩔 수가 없다, 그래서 인구가 준 곳은 폐촌廢村해버린다, 고령자는 의료기관이 필요하고 아이들은 교육시설이 필요하기 때문에 시골에 살고 있던 사람들을 역전에 모아 행정 서비스 비용을 줄이고 나아가 거주자의 편리성을 배려한다……. 이것이 이 구상의 핵심인 듯합니다.

그런데 지방도시의 역전에 사람들을 모은다 해도 고령자에게는 할 일이 없습니다. 생활 기반이 없는 곳으로 옮겨져 그저 소비만 하면서 죽을 날을 기다릴 수밖에 없지요. 그렇게 살기보다는 어떻게든 지금 살고 있는 집락의 인구를 유지하고, 그곳에서 농업이든 임업이든 계속해나가는 게 낫다고 생각하는 사람이 생기는 것은 당연합니다.

일본의 예외적인 점은, 도회지 사람이 문득 "시골에 가서 농사나 짓겠다"고 생각하는 것을 보면 알 수 있듯이, 대안이 남아 있다는 것입니다. 미국은 기계화한 대규모 농업뿐이어서 경험도 자본도 없는 도회지 사람이 느닷없이 귀농하는 사례는 있을 수 없지요.

시라이 미국에서 자작농 행세를 하려면 우선 세스나를 한 대 구입한 다음 비행기 면허를 따야만 합니다.

우치다 그에 비해 일본의 경우는 경험이 없는 사람이라도 조금만 연수를 받으면 자작농으로서 이력저럭 먹고살 수 있습니다. 농업을 둘러싼 환경이 다르지요. 농지가 작고 온대 몬순 기후인데다 토양도 비옥하고 강우량도 많습니다. 자급자족으로 먹고살기만 한다면 경험이 없는 사람도 농업에 종사할 수 있고, 그들의 귀농을 환대하는 자치단체도 있습니다. 이런 것은 일본만의 특징이라고 생각합니다. 미국에서는 있을 수 없는 일이고, 프랑스에서도 있을 수 없는 일이지요. 이것은 격차가 커져가는 시대에 일본만이 누릴 수 있는 이점인지도 모릅니다.

시라이 국토상의 제약 때문에 대규모화가 불가능하니까요. 그런 측면에서 생각해봐도 "TPP가 웬 말이냐"는 소리가 나올 법합니다.

우치다 TPP는 일본 농업의 구조 변화를 가속화할 것이기 때문이지요. 자영농이 몰락하면 그것을 대체해 비즈니스로서 '강한 농업'을 목표로 내세우고 이 분야에 뛰어드는 기업이 있을지도 모릅니다. 하지만 대부분 국제 경쟁에서 패해 물러나고 말 것입니다. 아무리 '강한 농업'을 외쳐봤자 현실적으로는 정부로부터 아낌없는 지원을 받는 미국이나 유럽의 농업이 일본의 농업을 궁지로 몰아세울 겁니다. 자신과 가족이 먹고사는 데 필요한 만큼만 수확하면 된다는 마음으로 시골에서 살아가는 사람들만이 버틸 수 있지 않을까요?

시라이 확실히 농지의 집약 등 생산 효율을 높이는 노력은 하는 게 좋겠다고 생각합니다만, 그런다고 미국의 거대자본에 대항할 수 있을까요? 그럴 수 없을 겁니다. 전혀 차원이 다른 이야기지요.

우치다 농업은 수출 산업이 될 수 없습니다. 기술이 있다 해도 기업은 농경이 가능한 환경 정비 비용을 부담하지 않으려고 할 겁니다. 실제로 농업이 가능하기 위해서는 산을 지키고, 하천을 지키고, 삼림을 지키는 생태계 전체의 안정적인 관리가 필요합니다. 지금까지는 농민들이 품을 들여 생태계를 지켜왔습니다. '부불노동'을 감수해온 셈이지요. 그런데 기업은 환경 정비 비용 따위는 절대로 부담하지 않습니다. 농경이 가능하도록 환경을 정비하는 것은 행정의 책임이다, 세금을 써서 산이나 삼림이나 하천을 관리하라고 말하겠지요. 하지만 기업을 끌어들이기 위해 이런저런 편의를 봐줄 수는 있다 해도, 지금까지 농민이 부불노동으로 떠맡아온 환경 관리 비용을 "공금에서 지출하라"는 말에 "그렇게 하겠습니다"라며 순순하게 나오는 자치단체는 없을 겁니다. 따라서 기업은 환경을 더럽힐 만큼 더럽히고, 환경이 나빠져 더 이상 농업이 불가능해진 시점에 농업에서 손을 뗍니다. 반드시 그렇게 될 것이라고 생각합니다.

시라이 이제부터 일본의 경제는 성장하지 않을 것이고, 아마 세계적으로도 그럴 것입니다. 결국 자본주의 경제가 끝난다는 얘기입니다. 미즈노 가즈오水野和夫는 자본주의 원리를 "보다 많이, 보다 빨리, 보다 멀리"를 추구하는 것이라고 말하는데, 자본주의가 끝난다는 것은 이들 원리의 반전을 의미할 터입니다. 그것은 어떤 의미에서 자급자족적인 세계로 그러나 폐쇄계閉鎖系는 아닌 형태로 되돌아가는 것일 텐데, 그것을 어떻게 실현할 것인지 구체적으로 생각해야만 합니다.

우치다 총무성이나 경제산업성의 경우, 시골로 이주해 자급자족적인 농업에 종사하는 젊은이들이 아직은 눈에 들어오지 않는 모양입니다. 통계에도 잡히지 않지요. GDP에서 그들의 경제활동이 차지하는 몫은 거의 제로에 가까울 겁니다.

시라이 그럴 겁니다. 생태학을 공부하는 사람들이 오래전부터 얘기해온 것도 "GDP 따위는 의미가 없다"는 것이었습니다. 예를 들면 생수를 사서 마시면 GDP에 공헌하겠지만, 뒤뜰에 있는 오래된 우물에서 물을 길어 마시면 그 물이 아무리 좋아도 GDP에는 전혀 공헌하지 못합니다. 결국 생활의 풍요로움과 GDP는 별다른 관계가 없다는 말이지요.

정부나 기업이나 '지속가능한'이라는 말을 하곤 합니다만, 그렇다면 오만방자하기 짝이 없는 글로벌화 따위를 추진해서는 안 됩니다. 예컨대 쌀 하나만 해도 캘리포니아 쌀을 일본에서 먹게 하려면 태평양을 건너 가져와야만 합니다.

우치다 막대한 양의 석유를 써가면서…….

시라이 맞습니다. 푸드 마일리지라는 말이 있습니다만, 거리에 따라 물건에 '이동세'를 매기면 된다고 생각합니다. 물건을 옮기는 데는 그만큼의 환경 부하가 따르므로 그 부하에 대해 세금을 매기는 겁니다. 예를 들어 "지구 반대편에서 수만 킬로미터를 이동해 온" 상품이 있다고 합시다. 그런데 그 지방에서도 같은 물건을 생산하는 것이 가능할 경우, 이동세를 부과하면 수만 킬로미터를 운반하는 쓸데없는 짓을 멈추게 할 수 있겠지요. 저는 그것이 앞으로 문명이 나아가야 할 방향이라고 생각합니다.

우치다 이탈리아의 슬로푸드 운동도 어떤 면에서는 그런 발상에서 시작되었다고 할 수 있겠죠.

시라이 저도 그렇게 생각합니다.

우치다 그런데 조금 위험한 것은 생태학적 활동도 왠지 파시즘과 친화성이 높다는 점입니다. "정제하지 않은 보리로 만든 빵을 먹도록 하라"라든가 "유기농 채소를 먹도록 하라"라는 말의 원조가 히틀러 유겐트이니까요.(웃음) "들판으로 가서 그 지역에서 생산되는 것을 그곳에서 먹자"라는 사상은 자신의 몸을 길러준 땅은 어디인가, 먹을거리는 무엇인가, 그것에 의해 자신의 어떠한 민족적 본질이 꽃을 피우는가 등등의 물음으로 나아가고 맙니다.

시라이 지금 교토 대학교에 있는 후지하라 다쓰시藤原辰史 씨가 그것과 관련된 연구를 하고 있는데, 나치스와 유기농법의 관계에 관한 책을 쓰기도 했습니다. 대단히 흥미롭게도 근대 유기농법을 창안한 중심인물이 열렬한 나치 당원이었다는, 썩 달갑지 않은 이야기가 있지요.

우치다 거기에는 내적인 필연성이 있다고 생각합니다. "자신이 살고 있는 이 대지를 힘껏 디디고서 자신이 태어난 곳과 같은 장소에서 자란 농산물을 먹는 것이 최고다"라는 발상은 그것만 보면 훌륭한 일이지만, 이방인이나 외래문화에 대한 배제와 쉽게 이어지고 맙니다. 즉 우리 사회가 지금 이렇게 상태가 좋지 못한 것은 외국의 식문화에 오염되었기 때문이다, 따라서 외래의 식품·식문화를 배척하고 전통적인 식재료를 전통적인 방법으로 조리해 먹도록 하자는 이야기로 이어지는 것이지요. 그것은 그대로 제노포비아로 연결됩니다.

이탈리아의 슬로푸드 운동이 그런 주장을 합니다만, 이 '외래의 식재료'라는 말의 정의가 애매모호합니다. 감자도 양파도 토마토도 원산지는 이탈리아가 아닙니다. 원래는 외래종이지요. 이탈리아에서 토마토가 식재료로 사용되기 시작한 것은 18세기부터입니다. "외래의 식재료에 의해 전통적인 식문화가 오염되었다"고 말하면 "그럼 토마토도 쓰지 말아야 하지 않겠는가"라고 얘기하고 싶어집니다.

나 자신도 스스로에게서 파시즘에 대한 친화성을 느끼고 이래선 위험하다고 생각하곤 합니다. 나는 무도를 하고, 노가쿠를 하고, 전통적인 제사나 의례를 아주 좋아해서 평상시 "농업 재생"이니 "시골로 돌아가라"느니 이런저런 말을 하기 때문에 한 발짝만 잘못 디디면 쉽게 파시즘으로 나아가고 말 것입니다.

시라이 확실히 "외래의 것을 배제하고 순화하자"라고 말하는 순간 자기모순에 빠져버립니다. 일본에서도 전전戰前에 다치바나 고자부로橘孝三郎 등이 농본주의를 주장했었습니다. 다치바나는 5·15사건에 관여하기도 했지요.

우치다 곤도 세이쿄權藤成卿도 그랬지요. 그들이 쓴 것을 읽으면 곧바로 "구구절절 좋은 얘기구나"라며 공감하지 않을 수가 없습니다.(웃음)

악덕 자본가에 대한 천벌

시라이 얼마 전 쓰쓰미 미카 씨를 만난 자리에서 "월스트리트의 다음 목표는 일본의 국민개보험제도가 될 것"이라는 말이 화제에 올랐습니다. 그녀는 미국에서 취재를 해왔는데, 월스트리트 증권맨들의 이야기를 들어보니 "일본에는 정부에 의한 보험이나 연금 등 수십조 엔에 달하는 시장이 있다. 이곳은 반드시 진출해야 할 영역이다"라며 눈을 반짝이더랍니다.

어떻게 하면 일본의 국민개보험 시스템을 무너뜨리고 그 파이를 빼앗을 수 있을지 궁리하고 있다는 것이지요. 그들은 자신의 행동 때문에 일본에서 질병이나 부상으로 어려움을 겪고 있는 사람들이 어떻게 될 것인지에 관해서는 아무런 흥미도 갖고 있지 않습니다. 쓰쓰미 씨도 "그렇게 함으로써 사람들의 생활이 파괴되고 생명을 잃을 가능성이 있는데도 자신은 아무런 아픔도 느끼지 못하기 때문에 그런 얘기를 아무렇지도 않게 하겠지요"라고 말하더군요.

"자본의 운동은 자본의 내적 필연성을 따를 뿐이므로 그것을 인격적인 문제로 논해서는 안 된다"라는 논의도 있습니다. 그러나 누군가 구체적인 인격이 그 운동을 담당하지 않는다면 운동 그 자체가 있을 수 없습니다. 그런 악을 억제하기 위해서는 정기적으로 처벌할 필요가 있다고 생각합니다. 역사적으로 보면 러시아혁명이 그러했습니다. 혁명의 경우 필연적으로 지나친 행위가 따르곤 합니다만, "그런 지나친 행위는 당치 않다"라고 격렬하게 말함으로써 이번에는 악을 처벌하지 않는 세계가 되고 말았습니다. 소련의 붕괴 이후 줄곧 "처벌해서는 안 된다"라는 선전에 모두가 흠뻑 빠져 있었지요. 하지만 이대로는 안 됩니다.

우치다 금융 주도의 경제 형태가 이렇게까지 뒤틀리면 어떻게든 그것을 보정하려는 움직임이 있을 것입니다. 그것을 "천벌이 내린다"고 말할 수 있을지도 모르겠군요.

경제든 정치든 최종적으로 움직이는 것은 살아 있는 인간입니다. 경제활동 역시 살아 있는 인간의 의식주에 대한 생리적인 욕구에서 출발합니다. 아무리 인간이 기계문명을 구축해 쾌적함과 편리성을 추구해왔다 해도 "쾌적하다"라고 느끼는 것은 인간의 신체이기 때문이지요.

그런데 지금의 금융경제는 이미 인간의 스케일을 넘었습니다. 의식주와 같은 생리적 욕구를 채우는 것을 목적으로 한다면 경제 성장 따위는 있을 수 없을 테니까요. 그래서 자꾸만 필요하지 않은 것을 만들고, 자꾸만 폐기하고, 자꾸만 파괴하면서 경제를 간신히 돌리고 있습니다. 그런데 그 때문에 의식주와 같은 인간의 생리적 욕구를 충족시키는 것이 위태로워졌습니다. 이 시스템은 이미 한계에 이르렀다고 생각합니다.

지금 시라이 씨가 말씀하신 것과 같은 '천벌'은 인간의 살아 있는 신체가 가상의 경제활동이나 가상의 정치적 환상에 질린 나머지 더 이상 참을 수 없게 되어 "이제 제발 그만해!"라고 비명을 지르는 형태로 드러나고 있는 것 같습니다. 세계 안에서 정치적 환상·경제적 환상과 살아 있는 신체가 공생 불능 상태에 빠져 삐걱거리고 있는 것이지요. 신체가 "이제 전쟁을 멈춰라! 경제를 위해 인간의 환경을 파괴하는 것을 멈춰라!"라고 말합니다. 이 '멈춰라'라는 비명이 어딘가에서 '천벌'과 같이 기능하고 있는 게 아닐까요?

시라이 실제로 지금 세계 경제는 무시무시한 상황으로 내닫고 있지요.

우치다 어딘가에서 무슨 일이 시작되겠지요. 중국 경제가 추락할까요?

시라이 중국 경제에 관해서는 이미 추락하고 있는데도 대충 눈속임으로 넘어가고 있는 게 아니냐는 의혹이 무성합니다만 실상은 분명치 않습니다. 한때는 그 때문에 주가가 단숨에 떨어졌고 그것에 연동해 엔화가 올랐습니다. 그 후에는 또 엔화가 떨어지고 주가가 원상태로 돌아가는 상황이 반복되고 있습니다. 하지만 이것도 실체가 있는 움직임이 아니라 군중심리의 반영일 따름이지요. 시장에 관련되어 있는 사람들의 머릿속에 "엔화가 떨어지면 주가가 오른다"는 생각이 박혀 있기 때문에 실제로 그렇게 될 것이라는 이야기이지, 펀더멘털스fundamentals•가 어떻게 될 것인지 따위에는 별다른 관심이 없습니다. 혼란이 일어나면 경제평론가가 나와 "펀더멘털스를 경시한 거품이었다"느니 뭐니 하면서 사후적으로 해설을 늘어놓습니다. 지긋지긋하도록 봐온 광경이지요.

우치다 흔히 악덕 자본가라고들 하지만 지금 그것은 더 이상 인격을 갖

• 경제성장률, 국제수지, 물가상승률 등 국가의 경제 상태를 나타내는 기초적 지표로 사용되는 조건들.

고 있다고도 할 수 없지요. 주식 거래도 기계가 합니다. 주식이나 환율이 이렇게 급락하거나 급등하는 것도 기계가 하고 있기 때문입니다. 그 어떤 펀드도 이와 유사한 알고리즘을 사용하고 있을 것이기 때문에 사고팔 때 일제히 같은 행동을 취합니다. 투자자가 인간이라면 투자 행동에 얼마간 불균형이 있을 수밖에 없습니다. 예상이 딱 들어맞을 때도 있고, 기대가 어긋날 때도 있을 것이며, 시세 변동이 극심할 때 깜빡 낮잠을 잘 수도 있을 겁니다. 인간은 이런저런 이유로 타임래그timelag가 생기거나 투자 행동에 보조를 맞추지 못할 수도 있겠지만, 기계에게 맡기면 그런 버그가 사라집니다. 투자 행동이 똑같으면 무슨 일이 생겨서 같은 방향으로 움직이기 시작했을 때 제동을 걸 수가 없습니다. "도대체 무슨 생각으로 시장을 파괴하는 짓을 했느냐"라고 기계를 질책해봤자 기계에게는 죄가 없습니다.

시라이 근대의 인류는 편리성을 추구해 다양한 사회적 제도를 진화시켜왔습니다만, 실은 그로 인한 위험을 회피할 수 없게 되었습니다. 주식 시장과 동일한 문제가 온갖 영역에서 발생하고 있습니다. 예컨대 화폐 시스템만 해도 편리성을 추구해온 결과 아차 하는 순간 위험에 노출됩니다.

지금 유럽에서는 많은 나라가 유로를 통화로 채택하고 있지만, 과거에는 독일에서는 마르크로, 프랑스에서는 프랑으로, 이탈리아에서는 리라로 일일이 환전해야 했습니다. 15년 정도밖에 되지 않은 일인데도 돌이켜보면 "참 성가시게 살았구나"라는 생각을 떨치기 어렵습니다. 하지만 불편하긴 해도 위험은 분산되어 있었지요.

이전에 중국 청나라 시대의 화폐제도에 관한 논문을 읽은 적이 있습니다. 흥미로운 것은 화폐로 살 수 있는 상품이 정해져 있었다는 것입니다. 그릇을 예로 들면 그릇만 살 수 있는 통화, 식료품이나 물을 예로 들면 식료품이나 물만 살 수 있는 통화가 있었다는 얘깁니다.

따라서 물건을 사러 가면 적잖이 어려움을 겪을 수밖에 없었겠지요. 이런저런 것을 사야지 마음먹었다면 이런저런 종류의 통화를 갖고 가거나 환전상에서 돈을 바꿔야만 합니다. 시장 안에는 환전상이 있어서 그곳에서 갖고 있던 통화를 사고 싶은 상품용 통화로 바꾼 다음 물건을 삽니다. 현대인의 눈으로 보면 놀라 자빠질 정도로 번잡하기 짝이 없는 시스템이지만 그런 만큼 리스크는 분산되어서 어떤 하나의 통화가 폭락해도 그렇게 큰 문제가 되지 않습니다. 그 통화만을 쌓아둔 사람은 손해를 보겠지만, 그것은 사회 전체를 고려하면 극히 일부이고 전체로서는 건전성을 지킬 수 있는 제도였다는 것이 그 논문의 골자였습니다.

우치다 차*만 살 수 있는 통화를 갖고 있는데 차 가격이 급등한다면 "차를 사기는 어렵고 그럼 물을 살까"라고 생각을 바꿀 수도 있겠군요. 그럴 수도 있겠어요…….

시라이 그리스 위기 등을 통해 유럽 통화 통합의 모순이 표면화한 것에서 볼 수 있듯이, 높은 편리성에는 반드시라고 말해도 좋을 정도로 위험이 포함되어 있기 마련이라는 점을 생각해야 할 것입니다.

화폐와 신체성

우치다 어떻게든 '편리성'을 추구하는 움직임에 대해 '신체성'이라는 제한을 가하는 것이 중요하다고 생각합니다. 돈에 관해서는 신체성이라는 것이 중요한 요소입니다. 이슬람 법학자 나카타 고 선생이 "재산은 금화나 금괴로 갖고 있는 게 좋습니다"라고 말하기에 "왜 금화로 갖고 있어야 합니까"라고 물었더니 "가질 수 있는 양에 한계가 있기 때문"이라고 하더군요. 무슨 일이 있어서 가산家産을 안고 도망가고자 할 때 가방에 담아 지고 갈 수 있는 것은 금이라면 기껏해야 지금괴(잉곳) 하나 정도입니다. 그것도 10킬로그램 이상이니까 돈으로 따지면 대략 4천만 엔. 욕심을 내서 그 이상 지고 가려 해도 사막을 가로질러 도망가다보면 점점 허리가 아파 걸을 수 없게 되겠지요.

시라이 나카타 선생은 금화 전도사군요. 4천만 엔이면 금 막대기 열 개쯤이라는 말씀인가요?

우치다 1킬로그램짜리 금괴가 열 개, 지금괴는 하나. 그 정도가 상한선일 겁니다. 그런데 인간의 신체가 운반할 수 있는 무게의 상한선이 인간이 소유할 수 있는 재산의 상한선이라는 것은 생각할수록 뜻깊은 견식이지요. 그 이상 갖고 있어봐야 운반할 수 없으니까 갖고 있는 의미가 없습니다. 따라서 그 이상의 재산은 기꺼이 내놓을 수밖에 없지요. 이것이 바로 유목민의 지혜라고 생각합니다.

지금의 화폐는 전자 펄스^{pulse}이기 때문에 천문학적인 금액을 계좌에 쌓아두어도 무겁지 않습니다. 그것을 또 케이맨 제도의 조세피난처^{tax} ^{haven}로 옮기기도 합니다. 그런데 모든 재산을 "자신이 들고 운반할 수 있는 양"으로 한정하면 신체성 때문에 제한이 따릅니다. 신체성이라는 제한을 가함으로써 방탕한 인간 행동을 제어한다는 사고방식은 정말로 옳습니다.

시라이 자신의 몸에 늘 지니고 있으면 습격당할 위험성이 있을 테고, 그런 꼴을 당하지 않으려면 역시 사람들이 자신을 좋아할 수 있도록 행동해야겠군요.(웃음)

우치다 그렇습니다. 평소에 여분의 돈을 아낌없이 내놓고 주위에서 "저 사람은 좋은 사람이야"라는 말을 들으면 안심할 수 있겠지요. 그런데 "몸으로 운반할 수 있는 상한선을 개인 재산의 상한선으로 한다"는 생각은 유목민에게는 상식에 속하는 일입니다. 원래 유목민의 경우 핵심적인 재산은 낙타나 양처럼 "스스로 움직일 수 있는 짐승"이기 때문입니다. 이런 짐승을 몇만 마리씩 소유할 수는 없는 노릇이지요. 어디든 제 발로 가버릴 테니까요.

시라이 저도 금 막대 하나를 산 적이 있습니다. 그러고는 "이걸 어떻게 보관하는 게 좋을까" 생각했지요. 먼저 금을 취급하는 업자가 갖고 있는 대금고^{貸金庫} 같은 보관함이 있어서 그곳에 맡길 수 있지만, 그러기 위해서는 보관료를 지불해야만 합니다.

다음으로 가상적인 형태로 소유할 수도 있습니다. 상업용 대출이라는 제도가 있어서 갖고 있는 금괴를 돈을 쓰는 기업에 빌려줄 수 있습니다. "그렇게 하면 보관료가 들지 않는다"는 얘기인데, 잘 생각해보면 그것도 두려운 일입니다. 예금 인출 소동 같은 위기 상황이 발생할 경우 "내 금괴를 돌려달라"고 말해봐야 상대방은 현물을 갖고 있지 않으므로 어찌할 방법이 없습니다. 한 걸음 더 나아가 말하자면, 대금고에 맡긴다 해도 업자가 정말로 자신의 금고에 넣어두었는지 이쪽에서는 확인할 길이 없습니다. 의심하기 시작하면 끝이 없어서 "역시 내가 직접 보관하는 게 낫겠지"라고 생각하게 됩니다.

우치다　자기 집 서랍에 넣어두고 두근거리는 가슴을 쓸어내린다는 『물장수의 부水屋の富』*와 같은 이야기군요.

시라이　그렇습니다. 금고라도 사다가 넣어둘까 하는 생각도 해봤지만 이번에는 "강도가 들지나 않을까" 불안해지더군요. 대량의 현금을 자택에 두는 것과 같으니까요.

그래서 이리저리 생각해보니 금화나 금괴라는 것이 이만저만 성가신 게 아니었습니다. 이에 비해 통화는 간단하게 얼마든지 소유할 수 있습니다. 통화에는 신체성, 실체라는 것이 없습니다. "은행 예금계좌에 넣어두었습니다"라고 말하는 것만으로 갖고 있는 셈이 되지만, 궁극적으로 말하면 이것도 환상입니다.

● 고전 라쿠고의 하나. 물장수가 부자가 되는 것을 상상하며 즐거워한다는 우스꽝스러운 이야기이다.

갑자기 생각이 났습니다만, 한신 아와지 대지진 때 대화재 후의 광경이 인상적이었습니다. 집이 불타 갱지처럼 바뀐 장소에서 아버지들이 지면에 노끈을 둘러치고 있었습니다. 뭘 하고 있나 봤더니, 주택가가 불타는 바람에 토지의 경계선을 잘 알 수 없어서 "여기가 내 땅이다"라고 노끈으로 표시한 다음 그것이 겹치지 않도록 지켜보고 있는 것이었습니다. 이처럼 재산을 토지로 바꾸어도 비상사태가 발생하면 소유는 결코 안정적이지 않습니다. 그 광경은 소유에 있어서 본래의 신체성이 드러난 장면이라 할 수 있습니다.

얼마 전 아소 다로麻生太郎 재무대신이 "이제부터 마이너스 금리가 될 것이기 때문에 예금계좌에도 마이너스 금리가 매겨질지 모른다"라는 내용의 발언을 했습니다. 금과 마찬가지로 예금에도 보관료를 물어야 할지 모릅니다. 그렇게 되면 모두 예금을 인출해 '장롱예금'을 할지도 모르지요.

우치다 마이너스 금리가 되면 저금을 해봐야 손해니까 돈을 펑펑 쓰게 될 것이라는 노림수에서 나온 말이겠습니다만, 그런 잔재주를 부린다 해도 돈을 쓰지는 않을 겁니다. 장롱예금을 할까요, 아니면 시라이 씨처럼 금으로 바꿀까요? 그렇게 되면…….

시라이 금융기관이 붕괴하고 말겠지요.

우치다 내가 지금 은행에 돈을 맡기는 것은 결제 때문입니다. 다른 이유가 없어요.

시라이 마이너스 금리라는 것도 근대 자본주의가 이미 한계에 이르렀다는 것을 상징적으로 보여주는 예라고 할 수 있을 겁니다.

성장 전략론의 오류

우치다 글로벌 자본주의는 이미 한계에 이르렀다고 생각합니다. 자본가가 회사를 만들어 투자하고, 그것이 새로운 산업을 낳아 소비를 자극함으로써 경제 규모가 점점 커진다는 것이 산업혁명 이후 자본주의 발전의 구도였습니다. 하지만 이제는 더 이상 그런 사이클이 성립되지 않습니다. 지금 정권에서 가장 크게 잘못 생각하고 있는 것은 "더 이상 성장하지 않는다"라는 사실을 결코 인정하려 하지 않는다는 것입니다.

그런데 아직 남아 있는 혁신 산업 가운데 투자할 만한 영역은 IT와 바이오 정도밖에 없습니다. "1을 투자하면 1.1이 돌아온다"는 수준의 저위험 저수익low risk low return 투자로는 자본가의 마음을 움직일 수 없습니다. 역시 "1을 투자하면 100이나 200이 돌아오는" '대박'의 가능성이 없으면 투자 의욕이 솟지 않지요. 그중에서 IT와 바이오만은 투자한 돈이 몇백 배, 몇천 배로 돌아올 가능성이 있는 것으로 보입니다. 따라서 투자가는 여기에 주목합니다. 그런데 "1을 투자하면 1,000이 돌아온다"는 것은 천에 하나만 맞는다는 얘기이기도 합니다. 속설에 천 마디 중에 믿을 것은 세 마디뿐이라는 뜻의 '센미쓰千三つ'●라는 말이 있습니다만, IT와 바이오

● 허풍쟁이 또는 거간꾼을 뜻하기도 한다.

의 경우에는 더욱 가혹해서 천 마디 중에 믿을 것은 한 마디뿐입니다. 전문가에게 물어보면 "일본의 대학발 바이오벤처 중에서 사업상 성공한 케이스는 지금까지 둘밖에 없다"고 말합니다.

시라이 딱 둘밖에 없습니까?

우치다 예. 미도리무시ミドリムシ◆와 또 다른 하나뿐이라고 들었습니다. 교토 대학교의 야마나카 신야山中伸彌 선생이 노벨상을 수상한 iPS세포▲만 해도, 말할 것도 없이 획기적인 발견이긴 하지만 상업성이 있는지 여부는 분명치 않습니다. 미국의 특허 규정이 엄격해서 상업화하기까지는 상당히 많은 어려움이 따를 것이라고 합니다. 미국의 어떤 의사가 나에게 그렇게 말하더군요. 일본에는 IT나 바이오가 경제 성장을 이끌 수 있는 산업으로 자랄 가능성이 거의 없습니다. 그렇다면 아베 정권은 도대체 어떻게 경제 성장을 실현하겠다는 것일까요.

시라이 아베노믹스의 이른바 '세 개의 화살' 정책은 "경제 성장에 효과가 있다"고 일컬어지는 정책을 전부 펼쳐보겠다는 것이었습니다. 그러나 생각한 대로 될 리가 없지요. 그렇다면 남아 있는 것이라곤 올림픽밖에 없습니다. 올림픽으로 토지 거품, 건설 거품을 노리는 것이지요.

우치다 잘 될까요?

◆ 연두벌레라고도 한다. 체내에 엽록체를 가지고 있어 광합성을 하므로 식물에 속한다고 하지만, 세포벽이 없고 편모로 유영생활을 하므로 편모충류로 취급하기도 한다.

▲ induced Pluripotent Stem의 약자이다. iPS세포는 유도 다능성 줄기세포, 인공 다능성 줄기세포, 인공 만능 세포라고도 한다.

시라이 기껏해야 도쿄 일부에서 부분적으로 땅값이 오르는 정도일 것이라고 생각합니다. 그 외에는 건축 자재 가격과 건설노동자 인건비가 올라 동일본 대지진 부흥을 저해하는 부작용을 낳고 있다고들 하더군요. 그리고 도쿄올림픽은 뒷돈 문제가 점점 심각해지고 있습니다. 하루라도 빨리 올림픽 개최를 반납해야 합니다. 신국립경기장을 둘러싼 일이든 엠블럼과 관련된 일이든 이런저런 문제가 적잖이 발생하는 것은 동기가 불순하기 때문일 겁니다. 후쿠시마 원자력발전소 사고 따위는 대충 얼버무리고 싶으니까 경제 성장의 꿈에 취해 있으라는 얘기인 셈이지요. 그야말로 '부인否認'의 상징입니다.

우치다 건설업 쪽에서도 기술자의 고령화가 급격하게 진행되고 있습니다. 기술을 가진 사람들이 고령화해 줄어들면 기술의 계승도 제대로 이루어질 수 없지요. 일본 건설 기술의 질이 떨어지고 있다는 소리가 여기저기서 들립니다.

시라이 미야자키 마나부宮崎學 등이 이전부터 비판적으로 지적했지요. 자민당 정부는 고이즈미 개혁 무렵부터 특히 지방의 공공사업을 쥐어짤 대로 쥐어짜 각기의 건설업자를 짓밟아왔다는 것입니다. 그리하여 토목건설업의 구조가 대단히 취약해져서 자기재생산이 불가능해졌다고 합니다. 기술을 계승할 수가 없으니 이전의 수준을 유지하기 어려울뿐더러 이윤율이 극단적으로 떨어지는 바람에 어디선가는 공사를 대충대충 할 수밖에 없다는 겁니다. 어디에서 날림으로 하는가 봤더니 역시 보통 사람의 눈에 잘 띄지 않는 부분이랍니다. 예를 들면 콘크리트의 강도를 떨어뜨린다거나…….

우치다　터파기를 제대로 하지 않는다거나.(웃음)

시라이　예. 요코하마의 아파트 부실 건축 사건을 보면 참혹하지요. 저렇게 거대한 건축물은 산 사람도 자신의 눈으로는 확인할 수 없습니다. 게다가 저것은 빙산의 일각이 아니냐는 의혹을 떨치지 못하고 있습니다. 미야자키 씨는 원래 건설회사를 경영한 사람이어서 "이건 정말 큰일이다. 계산서가 돌아오고 있는 게 틀림없다"라고 경고했던 것이지요. 그러한 사태가 실제로 발생하고 있다는 것을 의심할 수밖에 없습니다.

우치다　올림픽이든 리니어 신칸센リニア新幹線●이든 도대체 왜 이런 일을 벌이는지 이해할 수가 없습니다. 이렇게 무리를 해가면서까지 경제를 성장시켜서 어쩌겠다는 것인지…….

시라이　아베노믹스파의 구실은 "성장으로 벌어들인 돈을 빈곤층에 대한 분배의 기본 자금으로 한다"는 것이겠지요.

우치다　거짓말입니다. "경제 성장은 이미 불가능하다. 따라서 성장 전략도 없다"라고 깨끗하게 인정하고, "성장하지 않는 나라를 어떻게 운영할 것인가. 어떻게 1억 2천만 명의 국민을 먹여 살릴 것인가"에 관한 대안적 플랜을 짜는 데 지혜를 모으지 않으면 안 될 것입니다. 지적인 자원은 "성장하지 않고도 살아남을 수 있는 전략"을 입안하는 데 집중해야 합니다. 성장 전략이라고 해봐야 올림픽이니, 카지노니, 무기 수출이니, 원자력발

●　일본이 개발한 초전도 리니어 기술을 도입한 고속철도 사업. 2027년까지 도쿄와 나고야 구간을 먼저 개통할 계획이다.

전소 재가동이니, 그런 손때 묻은 아이디어밖에 나오지 않습니다. 그다음은 관이 개입해 주가를 조작하는 정도밖에 생각할 수 없습니다. 지금 일본의 지도자가 말해야만 하는 것은 바로 그것이라고 생각합니다. "일본은 더 이상 경제 성장이 어렵습니다. 성장 없이도 살아남기 위해 뭐든 다른 방법을 생각해봅시다." 이렇게 말할 수 있는 사람이 진짜 지도자가 될 수 있을 것입니다.

시라이 정말 그렇습니다. 대략 2퍼센트 안팎의 경제 성장으로는 오히려 부의 집중밖에 일어나지 않는다는 것은 고이즈미 정권에서 명확하게 실증된 이야기입니다. 일상을 살아가는 많은 사람들이 실제로 느끼는 것은 격차가 커져서 도리어 가난해졌을 뿐이라는 것입니다. 그럼에도 왜 이렇게까지 성장 전략으로만 기우는 것일까요? 생각할수록 정말로 불가사의한 일입니다.

우치다 일본에는 아직까지도 버블 시기에 탕진하던 경험을 아쉬워하는 아버지들이 많다는 점이 하나의 이유일 수 있겠지요. 그들은 지금도 "버블 시기의 일본과 일본인이 가장 행복했으며, 일본은 그 시대의 모습을 되찾아야 한다"라고 진심으로 생각하고 있습니다.

시라이 미즈노 가즈오의 저서를 읽어보면 알 수 있듯이, 전후의 일본 경제는 오일쇼크까지가 고도성장 시대였고, 오일쇼크 이후에도 그전에 비하면 떨어졌다 해도 1970년대 말까지는 아직 상당한 성장률을 유지했습니다. 그런데 1980년대에는 버블 경기로 경제 사정이 좋았다고들 하지만 평균성장률을 보면 1970년대보다 낮았습니다.

버블 시기를 되돌아보면서 "그때는 경기가 좋았다"라고 말하는 사람이 많지만, 이미지만 그럴 뿐이고 실제 경제 발전이라는 측면에서 보면 특별한 것이 없었습니다.

우치다   시대의 분위기가 그랬을 뿐이지요. 모두가 흥청망청 소비했는데, 그런 과잉 소비행동을 선동한 것은 "내일은 더 많은 돈이 들어온다"는 환상뿐이었습니다. 젊은이들이 미래를 담보로 맡기고 아무렇지도 않게 비싼 물건을 사들였습니다. 보통의 대학생이 벤츠나 BMW를 타고 다니고, 여자 대학생이 밍크코트 차림으로 학교를 다니던 시대였으니까요. 지금은 상상도 할 수 없는 일이지만, 아무런 생각도 없는 아저씨들이 땅값이나 주가가 하늘 모르고 뛰는 바람에 갑자기 기타신치北新地●에서 돔 페리뇽◆을 퍼마시면서 여자들에게 돈을 뿌려대는 소비행동이 허용되었습니다.

시라이   어느 날 갑자기 왕이라도 된 기분이었을 겁니다.

우치다   그렇죠. 그때가 내 인생 최고의 나날이었다고 회상하는 사람이야 지금도 있지 않겠습니까. 하루하루가 왕후 귀족의 기분이었노라고 말이지요. 그 몇 년 동안에 자신의 청춘이 망가진 세대는 뇌 안에서 마약 물질이 분비되던 그때의 쾌감을 잊지 못할 것입니다. 그들보다 위든 아래든 "버블 시대가 가장 좋은 시대였다"라고 생각하는 사람은 나이가 몇이든

● 오사카의 대표적인 환락가.

◆ 프랑스의 최고급 샴페인.

'버블 세대'라고 불러야 하지 않을까요? '소비하는 것'에서 격렬한 쾌락을 느낀다면 말입니다. '로스트 제너레이션'● 세대도 "그 시대에 속한 사람들은 버블 시대를 아주 좋게 생각했다"라는 식으로 쓰곤 하지요. 그것이 "나도 그런 경험을 해보고 싶다"고 말하는 것이라면 그들 역시 버블 세대와 같은 종류의 인간입니다. 연령은 상관없습니다. 저렇듯 어리석게 무의미한 소비행동에서 쾌락을 맛본 자들과 그것을 선망하는 자들은 다를게 없습니다. 그런 아저씨들이 꿈속인 듯 이렇게 외칩니다. "원전을 가동해서라도, 카지노를 해금해서라도, 격차를 확대해서라도, 복지를 내팽개치고서라도 경제 성장을!"

시라이 아베 정권에 이르러 아베노믹스라는 정책이 시작되기 무섭게 나타난 현상이 있습니다. 서점의 경제시사서 서가가 자기계발서 서가와 분간할 수 없게 된 것이지요. "아베노믹스로 일본 경제 대부활!", "일본 경제 정말 대단하다!"와 같은, 얼핏 봐서는 무슨 말인지 알 수 없는 책들이 넘쳐나고 있습니다. 그런데 이런 책들은 혐한嫌韓·혐중嫌中 책들과 친화성이 높습니다. 왜냐하면 이런 책들은 일본 경제가 대대적으로 부활하는 한편 한국과 중국은 경제적으로 파탄에 이를 것처럼 얘기하고 있기 때문입니다. 따라서 이런 자기계발서와 분간하기 어려운 경제시사서를 사는 층과 극우 세력의 혐오 관련 서적을 사는 층은 겹칠 가능성이 상당히 높

● 원래는 제1차 세계대전 후 기존의 가치체계가 붕괴된 시대에 활동을 시작한 헤밍웨이 등 일군의 미국 작가들을 가리키지만, 여기에서는 버블 붕괴 후 '잃어버린 십 년'에 사회에 나온 일본의 젊은 이들을 말한다.

습니다. 결국 이것은 앞에서 얘기한 '일본 아저씨'의 에토스와 아베 정권을 관통하는 문제입니다. "누가 뭐래든 경제 성장을!"이라고 외치는 심리는 스스로의 불능성을 부인하고자 하는 비참한 욕망에 의해 지탱되며, 나아가 그것은 배외주의로 연결될지도 모르는 것입니다.

그런데 우치다 선생께서는 1980년대에 줄곧 임대 생활을 하셨습니까?

우치다 그랬습니다. 부동산 소유에 전혀 흥미가 없었고, 돈도 없었어요. 버블 무렵, 주위 사람들은 부동산을 하기도 하고 주식을 하기도 했지요. "왜 우치다는 주식을 하지 않느냐"는 말을 자주 들었습니다. "이봐 우치다, 땅에 돈이 떨어지고 있다니까. 앉아서 줍기만 하면 돼. 왜 넌 이렇게 쉬운 일을 하지 않는 거야. 바보 아니야?"라는 비웃음을 사기도 했지요. 그런데 나는 그런 얘기를 믿지 않았습니다. "돈은 땀을 흘리고 벌어야 한다"고 생각했기 때문이지요.

시라이 노동가치설을 충실하게 따랐기 때문에 버블에 걸려들지 않았던 거군요.(웃음)

우치다 버블 따위에 걸려들지 않았죠. 주식도 사지 않았고 부동산도 사지 않았습니다. 원래 도박에 흥미가 없었으니까요. 그런데 내가 1990년대 고베 여학원대학교에 부임했을 때만 해도 아직 버블 붕괴 전이었기 때문에 정말 대단했지요. 직원 중에 샤넬 정장을 입고 출근하는 사람이 있는가 하면, 여름휴가 때는 장기간 유럽 여행을 떠나는 사람도 있었습니다. "전화 한 통으로 한 달 월급을 벌었다니까. 여기에서 멈출 순 없지"라고들 했습니다. 다행히 거품이 꺼지고서는 모두가 다시 수수한 복장으로 돌아왔습니다만. 그런데 버블 시기가 즐거운 경험이었다는 기억만 남기고 마지막에 전부 말아먹은 것은 깨끗하게 잊어버릴 수 있을까요.

시라이 당시 저는 아직 초등학생이었기 때문에 동경하고 자시고 할 것도 없었습니다.

우치다 이상한 시대였지요. 그런 것을 '다시 한 번'이라고들 하니 머리가 돈 거지요.

성장하지 않는 정상定常 경제, 인구 감소를 전제로 한 축소 균형. 일본의 장래를 생각하면 그런 방향밖에 없습니다. "성장하지 않아도 괜찮다"라는, 납득할 수 있는 국가 전략을 세우고 그것을 위한 구체적인 정책을 깊이 생각하는 것이 정부의 일일 것입니다. 그러한 방향이 확실하게 정해지면 일본인은 힘을 발휘합니다. 어쨌든 아직 인류 역사상 아무도 경험하지 못한 전대미문의 일을 하게 될 테니까요. 모방할 만한 성공 사례도 없습니다. 따라서 무슨 말을 하더라도 '탁상공론'에 지나지 않게 되지요. 하지만 일본에서도 샌더스 같은 꿈을 가진 사람이 나와 가슴 두근거리는 미래상을 얘기하면서 방향을 제시한다면 일본인은 다 같이 힘을 모아 그 목표를 향해 나아갈 것이라고 말하지 못할 것도 없습니다. 일본이 살아남고자 한다면 그것 말고 다른 길이 없지 않겠습니까.

시라이 동감합니다. "아베노믹스로 일본 경제 대부활!"이니 뭐니 하는데 전혀 감이 오지 않으니까요.

우치다 그런데 자민당뿐만 아니라 야당까지도 아직껏 "성장 전략이 뭐냐"며 꾸물대고 있지요. 최근에 들으니 SEALDs의 젊은이들까지 "지속가능한 경제 성장"을 말하더군요. 자기도 모르게 하늘을 쳐다봤겠지요.(웃음) 아무튼 더 이상 경제는 성장하지 않을 겁니다.

리플레이션 정책의 오류

시라이 신자유주의를 떠받드는 아베 정권에 대한 대항축으로서는 역시 가지지 못한 자에 대한 재분배를 말하지 않으면 안 된다고 생각합니다. 그러면 주류파 쪽에서는 "재분배를 하기 위해서는 기본 자금이 필요하다. 기본 자금을 마련하기 위해서는 경제 성장이 필수적이므로 통화를 늘리는 금융정책에 의해 경제를 활성화해야 한다"라고 반론을 제기할 것입니다. 우선 저는 일본은행의 리플레이션 정책, 그러니까 금융을 완화함으로써 시장을 인플레이션으로 이끄는 물가안정목표제^{inflation targeting} 그 자체가 속임수라고 생각합니다. 인플레이션과 디플레이션은 화폐 현상입니다. 먼저 수요와 공급의 관계에 기초해 호경기와 불경기라는 경기의 실태가 있고 그것에 따라 인플레이션이 되기도 하고 디플레이션이 되기도 하는데, 이 정도는 고등학교 때 다들 배웁니다. 따라서 "디플레이션으로부터 벗어나자"는 슬로건은 아무리 생각해도 이상합니다. 경기를 살리기 위해 무엇보다 먼저 디플레이션을 퇴치하자는 것이 아베노믹스의 주장인데, 그것은 현상과 본질을 잘못 파악한 것입니다. 이는 "현상을 바꾸면 본질도 바뀔 것이다"라고 말하는 것과 마찬가지입니다. 쉽게 말하면 "물가가 오르는 걸 보고 모두가 왠지 경기가 좋아질 것 같다는 기분에 젖어들면 실제로 경기도 좋아질 것이다"라는 논리이지요.

우치다 그런데 "모두의 기분에 따라 경기가 좋아지기도 하고 나빠지기도 한다"는 것은 경제의 본질을 꿰뚫고 있는 말인지도 모릅니다. 경제학자는 이런저런 이론을 들이대곤 합니다만, 경제라는 것은 결코 기계적으로 수학적인 계량 가능한 요소의 조합으로 움직이지 않습니다. 경제활동의 상당 부분은 환상으로 움직입니다.

예를 들면 택시는 경기에 관한 '기분'을 아는 데 대단히 유효합니다. 택시를 타느냐 타지 않느냐를 판단할 수 있는 기준은 없기 때문이지요. 지하철로도 갈 수 있고, 버스로도 갈 수 있고, 걸어서도 갈 수 있습니다. 그런데 "그럼 택시로 갈까"라고 생각하고 택시 타는 것을 자신에게 허락합니다. 이처럼 자신에게 너그러워지는 것은 지갑 사정과는 그다지 관계가 없습니다. "이제부터 왠지 내 인생이 나아질 것 같은 기분이야"라고 생각할 때는 "택시로 가지 뭐"라는 쪽으로 기울고, 지갑에 충분한 돈이 들어있어도 "왠지 앞날이 불안해"라고 생각하면 "오늘은 걸어갈까. 건강에도 좋고"라는 쪽으로 기웁니다.

시라이 저도 택시 기사에게 "경기가 어떻습니까?"라고 묻곤 합니다. 모두가 입을 모아 "리먼 쇼크 이후 엉망입니다"라고 말하더군요.

우치다 나는 2008년 리먼 쇼크로부터 일주일쯤 지났을 때 나카노시마에서 택시를 탄 적이 있습니다. 그때 "경기가 어때요?"라고 물었더니 기사가 "정말 안 좋습니다. 어찌해볼 도리가 없습니다"라며 개탄하더군요. 저녁 7시쯤 나카노시마에서 오사카 역으로 가면서 직장인들이 천천히 걷고 있는 것을 보더니 "이 사람들이 전에는 기타신치에서 마신 다음 택시를 타고 집까지 가곤 했지요"라고 말했습니다. 그런데 생각해보면 이것은 이상한 이야기입니다. 리먼 쇼크는 바로 일주일 전 이야기인데다 그것도 미국에서 일어난 일이어서 특별히 일본 직장인의 월급이 당장 이달부터 내릴 리도 없지요. 하지만 모두가 "왠지 큰일이 날 것 같아"라고 말하니까 지난주까지만 해도 기타신치에서 쓰러질 정도로 마시다가 막차가 끊겼다면서 택시를 타고 집으로 돌아갔던 사람들이 오늘은 곧장 지하철을 타고 집으로 돌아가려고 합니다. 이러한 소비행동의 변화는 지갑 사정과 함수관계가 없습니다. 미래에 대한 불안과 관련이 있지요. 손을 들어서 택시를 세울 것인지, 지하철역까지 걸어갈 것인지를 결단하는 데 실질적인 근거 따위는 없습니다. 소비행동을 결정하는 것은 하나하나 따져보면 환상이라는 것을 알 수 있습니다. 특히 "타도 좋고 걸어도 좋은" 택시나 "가도 좋고 가지 않아도 좋은" 긴자나 신주쿠의 클럽은 경기의 '기분'에 크게 좌우됩니다. 사소한 심리의 변화가 몇 배씩 증폭되어 매상으로 나타나는 것이죠.

시라이 　"택시는 환상에 따라 달린다." 참 획기적인 지적인데요.

우치다 　소비활동이라는 것은 대체로 그렇습니다. 의식주의 기본인 의류만 해도 그저 몸을 따뜻하게 하는 것이 목적이라면 같은 옷을 십 년 내내 입어도 상관없습니다. 그런데 왠지 이제부터 주머니 사정이 좋아질 것 같은 "느낌이 오면" 새 옷을 계속 사들이고, 그다지 좋아질 것 같지 않은 "느낌이 오면" "이제 그만"이라며 멈춥니다. 주가가 바로 그렇지요. 모두가 오를 것이라고 "생각하면" 오르고, 내릴 것이라고 "생각하면" 내립니다. 그 경우 주가는 기업의 사업 내용과 아무런 관련이 없습니다. 경기란 바로 사람들의 기분과 함수관계에 있는 현상이기 때문입니다. 따라서 리플레이션 정책 가운데 "사람들의 기대에 호소한다"라는 목표에 관해서는 그럴 수도 있겠다고 생각합니다. 부분적으로 옳다는 얘기지요. 그러나 사람들의 기분을 낙관적으로 만드는 방법이라면 이것 말고도 유효한 것이 얼마든지 있을 것입니다. 예컨대 의료비나 교육비 부담을 줄여주거나 복지를 충실하게 하여 노후의 불안을 해소하는 대담한 정책을 채택한 덕분에 고령자들이 "애써 저축하지 않아도 노후는 나라에서 보살펴줄 것이다"라고 "생각하면", 저축해놓은 것을 헐어서 활발한 소비행동을 시작할지도 모릅니다. 뭐, 그렇게 할지 어떨지는 잘 모르겠습니다만. 어느 쪽이든 환상이니까요. 하지만 어느 쪽이든 환상이라면 어떤 게 효과적일지 찬찬히 생각해볼 수는 있지 않겠습니까. "이 길밖에 없다"라고 말하는 것은 사고가 정지되어 있다는 것을 뜻할 뿐입니다. 작위적으로 인플레이션을 일으켜 "돈을 갖고 있어봐야 소용없다. 써버려라"라면서 사람들을 소비행동으로 내모는 것은 꼬리를 잡아 개를 흔들어대는 것이나 다름없는 이야기입니다.

시라이 개의 꼬리를 잡고 몸통을 흔들어대다가는 성난 개에게 물릴 위험이 있습니다. 그렇게 되기 전에 우치다 선생이 말씀하신 것처럼 사람들이 안심할 수 있는 방법을 찾아 소비를 촉진하는 방향으로 전환해야 한다는 것은 두말할 필요가 없겠지요.

우치다 실제로 경제지표를 보면 아베노믹스는 이미 실패한 것이 명백합니다. 기업 수익은 늘었지만 실질임금은 내려갔고, 세대별 소비지출도 줄었습니다. 이전보다 가난해져서 회복의 기미가 보이지 않습니다. 이 시기에 돈을 번 것은 대기업과 그 주주들뿐이에요.

시라이 미즈노 가즈오는 "금리는 경제 성장에 연동한다. 장기금리가 마이너스라는 것은 시장이 앞으로 경제가 축소될 것으로 보고 있다는 말이다"라고 지적합니다. 십 년 국채의 금리가 마이너스라는 것은 "일본 경제는 지금부터 십 년 동안 마이너스 성장에 빠진다"는 답을 시장이 내놓고 있다는 얘기입니다. 저도 그렇게 생각합니다. 시장주의자들이 저렇게 "시장을 따르라"라고 말하는데도 "리플레이션으로 경제 성장을 실현한다"고 강변한다면 그것은 시장이 내놓은 답을 외면하는 것이나 다름없습니다. "주의 주장대로 시장의 목소리를 따르는 게 어떻겠느냐"라고 말하고 싶습니다.

전쟁밖에 수요를 창출할 수 없다

시라이 어떻게든 경제를 성장시켜야겠다는 아베노믹스에 만약 성공의 길이 있다면 그것은 군사적 케인스주의일 것이라고 생각합니다. 결국 전쟁을 일으킨다는 것이지요.

얼마 전 경제학자 하마 노리코濱矩子 씨의 이야기를 들을 기회가 있었습니다. 하마 씨가 말한 것도 "자본주의는 한계에 이르렀다. 경제 성장도 한계에 이르렀다"는 것이었습니다. 하마 씨에 따르면 경제 성장을 필요로 하는 케이스는 둘밖에 없습니다. 모든 것을 잃었을 때와 이제부터 모든 것을 시작해야 할 때. 어느 쪽이든 아무것도 없는 상태이지요.

따라서 끝까지 경제 성장을 추구하려면 모든 것을 잃은 상태를 창출할 수 있어야 합니다. 결국 전쟁이지요. 지진처럼 천재天災로 모든 것을 잃을 수도 있겠지만 그러려면 자연에 맡겨야 합니다. 그럴 수는 없을 테니까 결국은 전쟁밖에 없습니다.

지금 일본의 경기가 이렇게 좋지 않은 것은 특별히 아베 수상 한 사람의 잘못이 아닙니다. 세계 자본주의 전체가 쪼그라들었다는 것이 대전제로 놓여 있지요. 유럽은 많은 나라가 일본 이상으로 혹독한 상황을 겪고 있고, 중국이나 동남아시아도 위험을 안고 있습니다. 이 국면에서 탈출하기 위해서는 대량 파괴를 통해 인위적으로 수요를 창출할 수밖에 없을 것입니다.

우치다　그렇습니다. "앞으로 남은 방법은 전쟁밖에 없다"고 생각하는 비즈니스맨은 얼마든지 있다고 생각합니다.

시라이　그런 전제를 놓고 보면, 아베 정권이 지금까지 추진해온 정책은 모두 앞뒤가 딱 맞아떨어집니다. 무기 수출을 해금하고 방위장비청을 신설해 무기 생산을 돈벌이가 되는 산업으로 키우고 싶다는 정책의 노림수는 "전쟁으로 생길 장사 기회를 놓쳐서는 안 된다"는 것이겠지요.

우치다　인간이 살아가는 데 절대적으로 필요한 사회적 인프라가 있고, 그것이 파괴되면 다시 처음부터 만들지 않으면 안 됩니다. 그것이 없으면 살아갈 수 없으니까 달리 방법이 없지요. 따라서 미래를 담보로 삼고서라도, 죽을 만큼 고생을 해서라도 국민 자원을 모조리 쏟아 건물을 짓고, 도로를 건설하고, 수도를 만들고, 교통시설을 갖추는 등 파괴된 것을 전부 처음부터 다시 세워야 합니다. 확실히 그렇게 하면 방대한 수요가 발생합니다. 그런데 이것은 국민적인 '스톡stock'(재고수량)을 먹어 치운 다음 그것을 '플로flow'(변동수량)로 유입하는 것일 뿐인 '껍데기 번영'에 지나지 않습니다. 나라 자체는 야위어갈 뿐이지요.

시라이　리버럴한 논객 중에도 "탈성장이라는 생각을 해서는 안 될 것"이라고 말하는 사람이 많습니다만, 지금부터 일본에서 경제가 성장하는 것은 간단한 일이 아닐 테고, 끝까지 성장이 필요하다고 말하려면 전쟁을 각오하지 않으면 안 됩니다.

우치다　정말 맞는 말입니다. 세계에서 성장률이 톱클래스인 나라는 어디나 정치적 상황이 불안정한 나라입니다. 성장률 제1위인 국가를 보면 2012년 리비아, 2013년 남수단, 2014년 에티오피아입니다. 그 외에 10위 안에 드는 것은 대체로 내전을 겪고 있거나 쿠데타가 일어났거나 군사 독재를 펼치고 있는 나라들입니다. 정치적 상황이 불안정한 나라에서 경제 성장률이 높다는 것은 살아 있는 인간으로부터 착취한 것이 경제 성장을 이끈다는 것을 의미한다고 생각합니다. 전쟁이라는 것은 국민의 생명을 정부가 조작할 수 있는 상태를 뜻하기 때문이지요. 목숨과 바꿀 수 있다면 인간은 어떤 자원이라도 내놓을 테니까요. 그렇게 해서 경제적인 부양력을 얻는 것입니다. 그런데 그 원천은 인간의 고통입니다.

시라이   『전쟁과 자본주의*Krieg und Kapitalismus*』(1913년)에서 "전쟁 없이 자본주의는 없었다"라고 설파한 베르너 좀바르트*Werner Sombart*가 옳았군요.

우치다   자본주의적 관점에서 말하자면 무기 산업이야말로 이상적인 산업입니다. 흔히 "자동차 산업은 저변이 넓다"고들 합니다만, 무기 산업도 이와 마찬가지로 그 아래 철강, 플라스틱, 유리, 고무, 컴퓨터, 석유, 종합건설 등 거의 모든 산업이 매달려 있지요.

게다가 보통의 상품은 시장에 투입되면 어느 시점에서 포화 상태에 이르기 때문에 수요가 둔화되지만, 무기는 시장에 투입되면 될수록 시장이 커집니다. 그도 그럴 것이 무기의 주요 임무는 다른 무기를 파괴하는 것이니까요. 동종업계 타사 제품은 말할 것도 없고 자사 제품까지 남김없이 파괴해 수요를 만들어냅니다. 과잉 생산으로 시장이 포화 상태에 이를 가능성이 전혀 없는 '꿈의 상품'인 셈이지요. 따라서 있을 수 없는 경제 성장에 대해 마지막 해답을 찾는 사람들이 "전쟁을 하자"거나 "무기를 만들자"라고 주장하는 것은 눈앞의 이익을 생각하면 당연한 일입니다. 그들은 이렇게 생각할 겁니다. "전쟁을 하고 싶다. 단, 우리나라 근처는 곤란하다. 우리나라의 뒷마당만 아니라면 얼마든지 전쟁을 해도 상관없다." 일본에서는 아베가 무기 수출을 후원하고 있기 때문에 산업계에서는 지금쯤 "어딘가에서 전쟁이 시작되기를" 기원하고 있지 않을까요?

시라이 예. "어딘가에서 슬슬 전쟁이라도 일어나지 않으면 일본 경제도 제대로 돌아가지 않을 겁니다. 일본의 국토에서 싸움이 벌어지면 안 되니까, 나는 인도 근처에서 전쟁이 일어나면 우리나라로서는 가장 고마운 상황이 전개될 것이라고 생각합니다"라고 거침없이 말하는 대기업의 사장님이 있을 법도 합니다. 생각건대 이 사장님은 다른 사람보다 조금 솔직할 뿐이지요. 아무런 자각 없이 사실상 이런 생각에 찬성하고 가담하는 상황이야말로 최악입니다.

가장 유망한 곳은 중동이 되겠지요. 중동에서 큰 전쟁이 일어나면 대량 파괴로 부흥 특수가 발생해 세계 경제에 성장의 여지가 생길 겁니다. 지금의 중동 정세를 보건대 어쩌면 그런 상황이 아주 가까이 다가와 있는지도 모르겠습니다.

다만 "어딘가 다른 곳에서 전쟁이 터졌으면 좋겠다"고 생각하면서 마음 놓고 있을 수는 없겠지요. 어떤 식으로든 일본에도 불똥이 튈 겁니다. 그야말로 글로벌한 연쇄의 위험성이 높아지고 있으니까요.

우치다 그렇게 되면 진짜 천벌이 내릴지도 모릅니다. 참 암담하군요.

어느 쪽이든 말도 안 되는 소리입니다. "잘 되든 그렇지 않든 성장 정책을 이어간다"는 억지스런 생각 그 자체로부터 벗어나야만 하겠지요.

시라이 예. 그 계기가 도쿄올림픽이 개최 불능으로 내몰리는 정도로 끝난다면 감지덕지겠지요. 우리들로서는 어떻게든 가능한 한 연착륙할 수 있도록 세상에 계속 호소할 수밖에 없습니다.

마치며

여러분 안녕하십니까. 우치다 다쓰루입니다.

이번 책은 시라이 사토시 씨와 함께한 대담입니다. 시라이 씨와는 작년에 『일본전후사론』이라는 대담집을 냈습니다. 그러고 보니 두 권 다 제목이 전부 한자군요. 어라, 이번에 나온 강상중 씨와 나의 대담집 제목도 『세계최종전쟁론』, 전부 한자입니다.

내가 학생이었을 무렵 『세계의 공동주관적 존재구조』와 같은 '제목 중에 한자 비율이 이상하게 높은 책'을 쓰는 히로마쓰 와타루廣松涉라는 철학자가 있었습니다. 나는 그의 문체에 강한 영향을 받은 세대인지라, 이 책의 편집을 맡은 와타나베 씨가 『속국 민주주의론』이라는 한자 백퍼센트 제목을 제안했을 때, 왠지 학생 시절의 분위기를 느끼고는 꽤 감상적인 기분에 젖었습니다.

뜻밖에도 '1960~1970년대적 분위기'라는 것이 이 대담의 본질을 적확하게 표현한 것 같습니다. 1950년생인 나에게 1960~1970년대는 시대의 공기가 얼얼하게 피부에 스미는 시대였습니다. 1977년생인 시라이 씨는 물론 그런 시대에 태어나지 않았습니다. 따라서 그 시대의 분위기를 알 리가 없지요. 그런데 그 시대에 태어나지 않았는데도 마치 '그 시대 사람'처럼 보입니다. 그런 사람이 가끔 있습니다.

시바 료타로가 중국어 음운학자 도도 아키야스^{藤堂明保}에 관해 이런 일화를 쓴 적이 있습니다. 당나라 시대 서역에 '우전^{于闐}(위톈)'이라는 나라가 있었습니다. 현대의 지명은 '화전^{和田}(허톈)'. '闐'과 '田'은 동음이지만, 왜 '于^{yü}'가 '和^{kho}'로 음운 변화한 것일까. 시바 료타로가 이상하게 생각하고 물었더니, 도도 아키야스가 즉각 "진한 시대에 '于'는 위턱을 마찰하는 (가래를 뱉을 때처럼) 'kho'라는 음으로 '和'와 같았습니다"라고 답했답니다. 그 말을 듣고 시바는 "기원전의 음을 도도 씨는 어떻게 알았을까. 마법의 이야기라도 듣고 있는 듯했다"고 합니다. 나도 시라카와 시즈카^{白川靜}의 한자학에 관해 그와 같은 '마법의 이야기'를 들은 것 같다는 생각을 한 적이 있습니다("시라카와 선생님, 혹시 고대 중국에서 사셨습니까?"라고 진지하게 묻고 싶어집니다). 이처럼 "그 시대에 살지 않았으면 알 수 없는 것을 아는 사람"이 가끔 있는 것 같습니다.

시라이 씨와 이야기를 하다보면 "시라이 씨, 1960년대에 살지 않았나요?"라고 묻고 싶어질 때가 있습니다. 그도 그럴 것이 삼십대 사람과 이야기할 때 보통은 분트^{Wilhelm Wundt}, 구로칸[●], 히로마쓰와 같은 고유명사가 화제가 되지는 않으니까요. 잘 아는 바와 같이 시라이 씨는 레닌주의자입니다. 나는 재작년에 시라이 씨를 처음 만났습니다만, 그때 "살아 있는 레닌주의자를 만난 것은 대략 삼십 년 만입니다"라고 인사를 건넸을 정도

● 전국시대 무사인 구로다 간베에(黑田官兵衛, 1546~1604)를 가리키는 듯하다.

입니다.

그런 일도 있고 해서 나는 무심결에 시라이 씨를 "시대를 잘못 알고 태어난 청년(하지만 정신연령은 나와 비슷한 정도)"이라 생각하고 편안한 마음으로 이런저런 얘기를 나누었습니다. 이 대담을 통해 아버지와 아들만큼 나이 차이가 나는 남자 둘이 정치에 관해 이야기하고 있다는 인상을 받는 독자도 적지 않으리라고 생각합니다. 화제에 따라서는 그가 나보다 '그 시대'에 관해 더 잘 알기도 했으니까요.

게다가 그가 만약 1960년대 대학 캠퍼스에서 살았다면 저 불을 뿜는 듯한 선동과 종횡무진하는 활동력 그리고 금세 사람들을 끌어들이는 천재적인 네트워크 형성력으로 전국적인 정치운동 조직을 이끌었을 것이라고 생각합니다. 그것이 그에게 좋았을지 여부는 알 수 없습니다. 그다지 좋지 않았을 것이라는 느낌도 없지 않습니다. 앞장서서 내달리다가 문득 뒤를 돌아다보니, 시라이 씨의 속도를 따라잡지 못해 모두가 탈락해버리고, 홀로 최전선에 서 있는 모습……. 그런 그림을 상상할 수 있기 때문입니다.

나는 시간이 어지간히 흐른 뒤에야 숨을 헐떡이며 간신히 따라잡고서는 "시라이 씨, 너무 빨리 달리는구먼. 그래서는 사람들이 따라갈 수 없잖아"라며 불평을 털어놓습니다. 그대로 앉아 둘이서 기다리고 있어도 아무도 뒤따라오는 사람이 없습니다. 점점 해가 저물고 추워집니다. "아무도 오지 않는데?" "오지 않을 겁니다……." 이렇게 말하며 서로 얼굴을 바라봅니다. 어쩐지 그런 그림이 뚜렷하게 떠오르는 것입니다. 그런데 요즘 '불리한 제비'를 스스로 나서서 뽑아 오는 청년은 찾아보기 어렵습니다. 그런 의미에서 정말로 보기 드문 사람이지요.

독자 여러분, 부디 "싸움에 패하고 석양의 황야를 터벅터벅 걸어가는 청년과 노인 두 무사"의 모습을 상상하면서 이 대담을 읽어주시기 바랍니다.

끝으로 기획편집을 맡아주신 도요게이자이신보사의 와타나베 씨의 수고에 사의를 표합니다. 시라이 씨, 가까운 시일 내에 어디서든 또 만납시다.

2016년 6월

우치다 다쓰루

옮긴이의 말

메이지유신(1868년) 이후 일본은 근대화＝문명화＝서양화를 강력하게 추진하면서 서양 따라잡기에 온힘을 쏟아왔고, 비서구 국가 중에서는 유일하게 서양 열강과 맞먹을 수 있는 힘을 갖춘 것처럼 보였다. 그 힘을 갖추기까지, 다시 말해 일본이 서양과 대등해지기까지 국민국가 일본이 아시아에서 보여준 행태는 '서양의 대리인'의 그것과 크게 다르지 않았다. 미국의 페리 제독이 군함을 몰고 와 불평등조약을 강요했듯이 일본 역시 군함을 몰고 와 조선에 불평등조약을 강요했으며, 서양 열강이 무력을 동원해 전 세계를 식민지화했듯이 일본 역시 홋카이도를 시작으로 오키나와와 타이완과 조선을 식민지화했다. 그리고 '대일본제국'의 주도 아래 아시아를 해방하겠다는 명목으로 아시아 전역을 전쟁의 소용돌이로 몰아넣었고, 결국은 스스로가 모범으로 삼았던 서양에 의해 궤멸적인 타격을 입었다.

그러나 패전 후 일본은 '부활'에 성공했다. 1945년 8월 15일 이후 일본 부활의 이면에 미국이 있었다는 것은 잘 알려진 바와 같다. 미국은 냉전 질서를 구축하는 과정에서 일본을 '속국화'하는 전략을 택했다. 특히 전범의 수괴인 '천황'의 책임을 묻지 않는 대신 이른바 '평화헌법 9조'를 두어 일본을 철저하게 틀어쥐었다. 저간의 은밀하고도 음습한 거래를 일일이 거론할 수는 없지만, 이후 일본은 '종주국' 미국에 복종함으로써만 자신의 존재를 증명할 수 있게 된다. 이러한 상황을 두고 '존미양이^{尊米攘夷}'라 부르는 이도 있거니와, 일본은 미국만을 존숭하고 다른 나라들, 특히 이웃 국가들을 오랑캐 취급해 배척하는 태도를 취해왔다. 이는 제2차 세계대전이 끝난 후에도 미국에 대해서는 패배를 인정하면서도 이웃 나라들에는 결코 패배를 인정하지 않는 저 오만하고 부도덕하기 짝이 없는 태도를 보아도 어렵지 않게 알 수 있다.

미국을 등에 업은 일본의 부활 과정에서 한반도는 분단과 전쟁으로 이어지는 극심한 고통을 겪어야 했으며, 일본 극우 세력의 '북한 때리기'를 통해 분명하게 볼 수 있듯이, 지금도 한반도의 고통은 자민당 정권의 정치적 생명을 유지하는 데 없어서는 안 되는 필수조건 중 하나이다. '재일조선인 문제'와 '성노예 문제'를 비롯해 일본이 식민지 지배와 전쟁 범죄에 기원을 둔 수많은 역사적 죄악에 대해 반성하기는커녕 남북한을 향해 혐오·증오 발언을 일상적으로 내뱉음으로써 자신의 존립 근거를 다지려 하는 극우 세력이 아직까지 맹위를 떨치고 있다는 것은 일본의 불행이자 우리의 불행이 아닐 수 없다. 아베 신조가 A급 전범 혐의로 복역하다가 증거불충분으로 풀려나 수상까지 역임한 기시 노부스케의 외손자라는 사실이 증명하듯이, 일본의 극우 세력은 전쟁 이전의 세계관과 가치관에 바탕을 두고 있다. 이들에게 한반도는 식민지 시대에 그랬던 것처럼 여전히 혐오와 멸시와 지배의 대상이며, 미국은 자국의 이익을 극대화하기 위해

이 세력을 옹호하면서 조종하고 있는 것이다. 그리고 이들의 논리에 동조하면서 자신의 생명을 이어가려는 정치 세력이 우리 사회에도 엄연히 존재한다는 것 또한 숨길 수 없는 사실이다.

일본의 정신분석학자 기시다 슈岸田秀는 「정신분열병으로서의 근대 일본 – 근대 일본을 정신분석한다」(『게으름뱅이 정신분석 1』, 기시다 슈 지음, 우주형 옮김, 깊은샘, 2006년)라는 탁월한 글에서 이렇게 말한다. "유럽과 미국 등 여러 나라에 굴종하는 외적 자기는 그 존재를 부인하지 않으면 안 된다. 그것은 더더욱 순화된 내적 자기의 자존심에 박힌 가시였다. 외적 자기는 비자기화하여 투영된다. 그 투영의 대상으로 선택된 불운한 나라가 조선이었다. 정한론征韓論의 심리적 기반은 여기에 있다." 미국과 서양에 굴종한 결과 일본은 내적 자기의 자존심에 상처를 입었고, 그 상처를 치유하기 위한 방법 중의 하나가 조선 지배였다는 것이다. 이러한 심리적 패턴은 지금도 반복되고 있다. 미국에 대한 끝없는 굴종으로 상처 입은 내적 자기의 자존심을 회복하기 위해 남북한을 갈라치면서 갈등을 획책하는 데 정치적 심리적 자원을 동원하곤 한다. 일본인들이 외국인, 특히 서양인의 평가나 비판에 과도하게 신경을 쓴다는 것은 잘 알려진 바이거니와 이 역시 기시다 슈에 따르면 자기동일성이 불안정한 상태의 증상이다. 그런데 서양인의 평가나 비판에는 굴욕적이다 싶을 정도로 예민하게 반응하면서 이웃 나라들의 평가나 비판에는 오불관언 아니 적반하장의 태도로 일관하는 것을 보면 일본의 분열 증상은 예사롭지가 않다. 분열 증상이 극에 달해 '발광'한 결과가 '태평양전쟁'이었다는 것을 생각하면 '평화헌법' 개정과 재무장을 추진하고 있는 일본의 상황은 남의 나라 일로만 볼 수가 없다.

현재 일본의 지식인 중에서 우경화하는 일본을 가장 래디컬하게 비판하면서 왕성한 활동을 하고 있는 우치다 다쓰루와 시라이 사토시의 대담을 엮은 이 책의 요지는 분명하다. 일본은 미국의 속국이며, 속국화는 더욱 더 가속화하고 있다는 것이다. 저자들에 따르면 주일미군은 꼭두각시 정권을 지켜주는 최강의 파수견이나 다름없고, 자기들의 권력을 지켜주는 훌륭한 파수견에게는 '맛있는 먹이'를 주어야 한다. 주일미군기지의 75퍼센트를 오키나와에 배치해 그곳을 군사식민지화하고, 한반도의 분단을 영속화하고자 하는 속셈을 감추지 않는다. 아베가 골프장에서 트럼프를 따라가려다 벙커로 나뒹구는 장면은 단순한 가십이 아니라 외적 자기와 내적 자기의 분열 증상을 극명하게 보여주는 하나의 상징이라 할 수 있다. 일본 우익의 정치적 수장 아베의 몸짓에는 미국의 심기를 건드리지 않도록 몸과 마음을 다해 섬기고 모셔야만 한다는 '간절함'이 역력하다. 미국에 복종하지 않고서는 그 무엇 하나 자율적으로 할 수 없는 '유아'의 모습과 하등 다를 게 없다. 그런 굴욕의 대가로 아시아에서 호가호위가 허락되는지도 모른다.

일본 사회에서 금기나 다름없는 '속국론'을 전면에 제기한 것만으로도 이 책은 충분히 충격적일 수 있다. 그러나 여기에서 멈추지 않는다. 하나의 주제에 대한 전문적인 논의를 체계적으로 펼치는 것은 아니지만, 미국의 속국인 일본이 현재 처한 정치적·사회적·문화적 상황을 일상적이고 흥미로운 예를 통해 예리하게 비판하고 있다는 점에서 이 대담집은 충분히 주목할 만하다. 세계화와 지역화, 소비사회와 민주주의의 위기, 일본 사회의 전반적인 유치화幼稚化, 경제성장의 허구성 등등의 테마는 우리의 상황에 비춰보아도 전혀 낯설지 않다. 예컨대 교육의 상품화를 비판하는 부분이 그러하다. 입시 중심의 교육 문제는 말할 것도 없고 대학마저 시장으로 바뀌어버린 일본의 상황은 우리의 현실과 크게 다르지 않다. 또 '나는 소비한다. 고로 존재한다'라는 말이 정언명령처럼 자리 잡은 소비사회에서 인격이 아니라 소비자로서만 취급받는 인간의 굴욕적인 실존 방식에 대한 비판도 예사롭지 않다. 민주주의에 대한 관심, 증여의 확산, 신체성의 회복, 윤리적 주체의 확립 등이 이러한 문제들을 돌파할 수 있는 길일 수 있겠지만 구체적인 방법은 여전히 독자의 몫으로 남겨둘 수밖에 없다. 다만 저자들의 얘기 속에 섬광처럼 번득이는 지혜와 통찰이 보인다는 점만을 지적해두기로 한다.

한국의 근대가 어떤 식으로든 일본과 떼려야 뗄 수 없을 정도로 긴밀하게 관련되어 있다는 점에 이의를 제기하는 사람은 많지 않을 것이다. '속국' 일본이 처한 상황을 두 사람의 대담을 통해 전해 들으면서 우리가 처한 상황은 어떠한지 묻지 않을 수 없다. 시라이 사토시는 자신의 저서 『영속패전론』에서 '패전의 부인'이야말로 전후 일본인의 역사의식의 핵심이라 했거니와 부인으로 일관해온 일본과 우리는 얼마나 다를까. 주일미군이 자민당 정권을 지키는 파수견이라면 주한미군은 무엇인가. 반성 능력을 상실하고 기득권 지키기에 몰두하고 있는 파렴치한 정치꾼들과 이 책의 저자들이 비난해 마지않는 일본의 정치꾼들은 얼마나 다른가. 북한을 향해 일본 극우 세력과 하등 다를 게 없는 혐오 발언을 쏟아내는 작금의 행태는 또 어떠한가. 일본의 '발광'을 막기 위해서 지금 – 여기의 우리는 무엇을 할 수 있을까. 정치적인 측면뿐만 아니라 소비사회를 조종하는 자본의 프레임에 갇혀 인간다운 삶에 대한 고민을 포기하고 점점 더 유치해지는 이들을 어찌할 것인가. 간신히 민주주의의 불씨를 살린 한국의 시민들은 앞으로 어떻게 생각하고 행동해야 할까. 물음이 꼬리에 꼬리를 문다. 이 책이 이 물음들에 만족스러운 대답까지 담고 있다고 말하기는 어렵다. 그러나 늘 그렇듯 물음은 새로운 사유의 긴장을 동반한다. 그런 점에서 우리는 지속적으로 깊이 있게 '일본이라는 텍스트'를 다양한 관점에서 읽어야 할 것이다.

이 책이 일본이라는 반면교사를 통해 우리의 과거와 현재를 돌아보고 미래를 가늠하는 데 도움이 되기를 기대한다.

2018년 1월
매서운 추위가 몰아친 날에
정선태 적음

속국 민주주의론

일본은 미국의 지배에서 벗어날 수 있을까?

초판 1쇄 발행 2018년 2월 26일

지은이   우치다 다쓰루, 시라이 사토시
옮긴이   정선태
기획   박우현
펴낸이   김철식
펴낸곳   모요사
출판등록   2009년 3월 11일(제410-2008-000077호)

주소   10209 경기도 고양시 일산서구 가좌3로 45 203동 1801호
전화   031 915 6777
팩스   031 915 6775
이메일   mojosa7@gmail.com

ISBN   978-89-97066-35-3 03300